GISA JOHN

MEIN MANN IST MEIN HOBBY

Eine unwiderstehliche Liebesgeschichte

WILHELM HEYNE VERLAG
MÜNCHEN

HEYNE ALLGEMEINE REIHE
Nr. 01/9460

8. Auflage

Lizenzausgabe mit Genehmigung des Franz Schneekluth Verlages
Wilhelm Heyne Verlag GmbH & Co. KG, München
Printed in Germany 1997
Umschlagillustration: Comstock, Berlin
Umschlaggestaltung: Atelier Ingrid Schütz, München
Gesamtherstellung: Presse-Druck Augsburg

ISBN 3-453-08286-9

Für Jonny, Kay und Lupo

Was ist eine *Powerfrau*?
Der dreieinige Gott, dem sie huldigt, heißt Erfolg Macht Geld, ihre Maximen sind Kompetenz und Effizienz. Das tägliche Powerplay betreibt sie cool bis in die Nervenspitzen. Sogenannte Soft Skills hat die Powerfrau nicht auf dem Programm. Ihre Qualifikationen sind abrufbar wie die Daten der Software: Hoch angesiedelter IQ, extremer Sachverstand, Speed Management, sündteurer Understatement Look, unterkühlte Ausstrahlung.
Die Powerfrau der Extraklasse, etabliert in den höheren Etagen des maskulin geprägten Topmanagements, Amazone im kalten Wind des Gipfelbereichs der männlichen Aufsteiger, ist nach Extra-Normen geprägt.
Aus ihrem Mund fließt Fachterminologie ohne Ladehemmung, und was sie vorträgt, hat Logik und Biß. Geschult auf schnelle Problemlösungen, ist sie fähig, Männer im Redefluß zu unterbrechen, um eigene Meinungen zu vertreten, eigene Strategien durchzusetzen.
Ihre unterkühlte Ausstrahlung erzielt sie gekonnt über das dezente Styling durch Personality-Spezialisten, Fachpsychologen und Imagestrategen. Die Powerfrau trägt Null-Farben wie creme, kitt, eierschale, marine, sahara, anthrazit. Achtung: rot macht wild, gelb macht aggressiv, Blümchen sind lächerlich. Sie trägt Edelstoffe wie Kaschmir, Seide und Leinen, bevorzugt Stardesigner-Modelle mit versteckt, aber sichtbar angebrachtem Marken-Label. Die rasanten Schnitte geben ihr Stromlinienform.
Ihr Haarschnitt wird in Frisiertempeln zelebriert, millimetergenau und haarscharf, vorzugsweise stirnfrei. Sinnlichkeit ist tabu. Trotzdem – die Powerfrau zeigt

Bein. Zwischen edlem Schuh und edlem Rocksaum tritt sie mit Klassebeinen den Beweis an, daß hier eine Powerfrau ihren Auftritt hat.
Und sonst? Privatleben: Männer kriegen Potenzangst. Heirat: Gottbewahremich. Kinder: Erst ab dreiundvierzig. Freundinnen: Ja, zum Ausquatschen. Emotionen: Nach außen nie.
Ein Leben mit vorprogrammierter Leitlinie? Nicht immer. Das Leben bietet aus der Hinterhand Überraschungen jeder Spielart, die können auch eine Powerfrau umwerfen, denn eine Powerfrau ist eben auch nur eine Frau . . .

1.

Die Ampel springt auf Rot. Ihr Fuß im Seidenstrumpf steigt aufs Bremspedal, ihre Hand greift zum Telefon. Die vorprogrammierte Taste stellt die Direktverbindung her.

»Hier Dr. Lisa Mayer, die Systemanalyse für Direktor Ebenhart ist fertiggestellt.« Ihr IQ ist aktiv, ihr Gehirn schnellt Impulse ab, sie ist in Hochform. Powerfrau Dr. Lisa Mayer, neununddreißig, Bustelli-Brille, Haare zurückgestylt ohne Firlefanz mit Dreihundertmark-Designer-Haarschnitt, im Business Outfit in Kaschmir und Seide, ist auf Erfolgskurs, und das macht sie an. Sie nutzt – time is money – die Rotlichtpause im City-Stau.

»Notieren Sie doch gleich mal für die Chef-Konferenz um zehn die Schwerpunkte im Zuge der Umstrukturierung . . .«

Ihr Blick auf die Ampel. Die ist immer noch rot. Auf der Mammutkreuzung hat der Verkehr von links jetzt Grün. Beim Telefonieren ihr Blick auf den Mercedesfahrer in der Nebenspur – grauer Anzug, graue Haare, graue Haut, grauer Bart – schätzungsweise Mittelmanagement, Midlifekrise, kaputte Ehe, Profilneurose.

Sie powert ins Telefon: ». . . die Schwerpunkte im Zuge der Umstrukturierung auf Lean Management, Doppelpunkt, a) Kompetente Business Units, b) Eigenverantwortliche Profit Centers, c) Bereichsübergreifende Projektteams . . .«

Der Typ in der Nebenspur verschlingt sie, blinzelt lüstern hinter randlosen Gläsern. Der Widerwille steigt

ihr zwischen den teuren Seidendessous die Wirbelsäule hoch und stellt ihr die Nackenhaare auf.
Nein danke, Lisa ist Single. Männer sind okay als Auftraggeber, Vertragskontrahenten, als Figuren im Business Play, man verkauft ihnen Systemanalysen, macht Beraterverträge, zieht Verschlankungsprojekte durch.
Grün! »Ich rufe wieder an.« Ihr bestrumpfter Fuß gibt Gas, der Wagen sprintet los, der Mercedesfahrer neben ihr ist genauso schnell, verzieht sein rotes Mündchen in dem Ho-Chi-Minh-Bart zu einem strichdünnen Lächeln.
Nein danke. Für tödliche Langweiler hat Lisa keine Verwendung. Einmal geschieden reicht ihr.
Beim Endspurt zum Messepark nimmt sie dem grauen Mercedes-Typ ganz effizient die Parklücke, nun ist sein strichdünnes Lächeln weg.
Ihre bestrumpften Füße angeln nach den Charles-Jourdan-Pumps mit den Designer-Metallabsätzen, ein Hochrecken zum Rückspiegel: Frisur, Brille, Make-up – alles perfekt, ein Blick auf die Cartier-Uhr, das Timing entspricht der Programmierung: Neun Uhr fünfzehn Kontrolle des *Compumax*-Messestandes.
Lisa steht unter Zeitdruck, der nächste Termin, eminent wichtig: zehn Uhr dreißig am Airport mit dem indischen Großindustriellen Dr. Gandhi: Das Global-Sourcing-Projekt zur Nutzung der Jute als Alternativ-Rohstoff mit Partizipation am International Fond der United Nations. Da will sie der Konkurrenz zuvorkommen.
Sie greift zum Aktenkoffer, steigt aus, schlägt die Tür ins Schloß, schließt ab. Daß der Mercedesfahrer sie langsam auf Parkplatzsuche passiert, gibt ihr einen Kick.

Mit ihren Klassebeinen in den metallbestückten Modell-Schuhen setzt sie flott übers Steinpflaster in Richtung Messehalle.
Die Stahl-und-Glas-Tür öffnet sich, sie steuert zielstrebig und mit Tempo durch den Mittelgang auf den Messestand der *Compumax* zu.
Die Messe steht kurz vor der Eröffnung, noch wird gehämmert und gesägt. Zahllose verwechselgleiche Blazer-und-Bügelfalten-Typen eifern für ihren Fetisch: die hochkarätige Hochglanz-High-Tech-Palette der Computer-Industrie. Es wird werbetechnisch aufgebaut, ausgeleuchtet, installiert bis zum Beweis der Funktionalität. Signale, rote, grüne, gelbe; gesteuertes Surren, Pfeifen, Schnarren, Rattern; über die Monitore fackeln die Testbilder. Das ist ihre Welt.
Dr. Lisa Mayer, gefragte Unternehmensberaterin, etabliert in den höheren Etagen des maskulin geprägten Managements, zieht aus der Elektronik ihre Nervennahrung, ihr Puls, ihr Blutdruck reagieren auf die Signale, sie braucht kein Coffein, kein Nikotin, kein Kokain – aber das hier braucht sie: das elektronische Mega-Spiel.
Beim hochmodernen Stromlinien-Desk der *Compumax* wird noch gehämmert, an den Aufbauten der neuesten PCs experimentiert. Der grafisch gestylte Schriftzug *Compumax* unübersehbar rundum, auch auf den zwei Firmenvertretern im Corporate Identity Look: stahlblaue Anzüge, rote Krawatten, die angesichts der heransteuernden Powerfrau ihr breitestes Berufslächeln zeigen.
Auch der lässige Typ in Jeans, der am Boden hockt und mit aufdringlichem Hämmern Stahlnägel in die Hart-

faserplatten eintreibt, hält den Hammer und den Atem an, als Dr. Lisa Mayers Klassebeine in sein Blickfeld geraten, mit der von den Metallabsätzen pfeilgerade aufsteigende Strumpfnaht bis hoch zum Rocksaum, der messerscharf, wie mit der Wasserwaage geeicht, ihre sinnlichen Kniekehlen durchkreuzt.
Lisa, in Eile, begutachtet den Aufbau der PCs, lobt das Resultat des von ihr vorgeschlagenen Corporate-Identity-Programms, zieht aus dem Aktenkoffer vorbereitete Ausdrucke, reicht sie dem graublondmelierten Firmenvertreter mit dem eingefleischten Berufslächeln, unterstreicht mit dem Mittelfinger eine bemerkenswerte Textstelle, erläutert in einem last-minute-Schnelldurchgang ihre firmenspezifische Marketing-Strategie und das aktuelle kundenorientierte Konzept – akustisch gestört und unterbrochen von den aufdringlichen Hammerschlägen.
Verärgert nimmt sie den Störfaktor ins Fadenkreuz: ein Typ in Jeans und Cowboystiefeln, der mühelos und anscheinend bequem in der Hocke auf seinen silberbeschlagenen Stiefel-Hacken wippt und die sperrigen Platten in die vorgegebene Stromlinienform nagelt. Lisa registriert: schulterlange Haare, goldener Ohrring, Stirnband, peruanisches Halstuch, Mitte, Ende zwanzig, ziemlich exotisch die befranste Trapperweste auf nackter Haut, darunter halb sichtbar eine tätowierte Rose. Ein *Stadtindianer.*
Unter dieser Röntgenschau verkneift sich der das Hämmern. So wie die schaut, kann er auch.
Ihre Blicke treffen sich, verhakeln sich, messen sich, verfangen sich, bleiben hängen – das ist für Lisa schon

eine ärgerliche Sekunde Zeitverlust zuviel, für ihn ein kleiner Moment der Lust.
Lisa konzentriert sich voll auf die Firmenvertreter, bedrängt sie mit Fragen, klopft auf ihre Cartier-Uhr am Handgelenk. Der jüngere schleppt das neueste Computermodell heran, der ältere weist auf technische Details hin: »Sie werden begeistert sein: die technischen *Delikatessen* von diesem verbesserten Modell . . .«
Lisa unterbricht ihn: »Delikatessen! . . . Sie wollen den Computer doch nicht zum Essen anbieten!«
Der Firmenvertreter lacht irritiert. »Nein, natürlich nicht, Frau Dr. Mayer.«
»In Fachgesprächen sollte man exakt bei der Terminologie bleiben.«
Es wird erneut aufdringlich laut gehämmert, und Lisa muß warten, ehe sie weitersprechen kann. »Okay, den PC nehme ich zum Testen gleich mit. Packen Sie ihn mir ein, aber Tempo. Ich habe zehn Uhr dreißig einen Termin auf dem Flughafen.«
Der jüngere Firmenvertreter hebt den schweren Apparat in den dazugehörigen Karton, den er oben offen läßt.
Mit ein paar Schritten ist Lisa bei dem Typ mit dem Hammer, bestimmt ganz selbstverständlich: »Sie da, bringen Sie mir doch mal schnell den Computer zu meinem Wagen!«
Der erhebt sich grinsend zu eindrucksvoller Größe und macht bereitwillig den Kuli für diese Frau der Extraklasse.
Lisa, mit kurzem Handwinken zu den Firmenvertretern hin: ». . . also bis später. Sie kriegen einen Testbericht.«
Flott voraus steuert sie den Mittelgang entlang, er mit

dem teuren Gerät hinterher, durch die Stahl-und-Glas-Tür, die sich für sie öffnet, über den Messevorplatz in Richtung Parkbucht. Trotz des sauschweren Kartons folgt er ihr schnellgängig und dicht, immer mit Blick auf ihre Klassebeine in den Klassepumps, ein *Stadtindianer* auf der Fährte.

Plötzlich passiert es: der eine Absatz von Lisas Pumps bleibt in einem Abflußgitter stecken, der Absatz bricht ab, Lisa verliert das Gleichgewicht. Er läßt den PC fallen, der aufs Pflaster knallt, fängt Lisa von hinten auf und erwischt mit beiden Händen beide Brüste.

Seine Reaktion: die Brüste unterm Kaschmirblazer sind üppiger als vermutet.

Ihre Reaktion: eine Art erotischer Schock, ihr Gesicht überzieht ein flammendes Rot.

Er richtet Lisa auf, ihre Brüste immer noch fest im Griff. Zwischen beiden eine bruchteilkleine Ewigkeit atemloser Körperlichkeit.

Mit einem Ruck befreit sich Lisa aus seinem Griff, zieht den Kaschmirblazer glatt und geht zur Tagesordnung über, betont geschäftlich, fast kaltschnäuzig: »Das hat mir gerade noch in meinem Terminplan gefehlt: Sie zerschmettern hier das neueste Computer-Testmodell – zirka achttausend Mark –, durch Sie versäume ich vermutlich Dr. Gandhi vor seinem Abflug nach Indien – Verlust mindestens vierzigtausend Mark.«

Während sie ihn zusammenstaucht, ist er in die Hocke gegangen, will wegräumen, greift in die Splitter, zerschneidet sich die Hand, sie blutet stark. Lisa ist noch mehr irritiert und verärgert: »Sind Sie überhaupt versichert?«

»Seh ich so aus, Lady? Ich arbeite schwarz.« Er hält seine blutende Hand hoch. »Diese Hand ist leider nicht krankenversichert.«
Lisa zückt ihr elektronisches Notebook: »Ich werde Sie zur Schadensregulierung heranziehen. Geben Sie mir Ihren Namen!«
»Franz Ferdinand von Schloßberg.«
Das gibt ihr den Rest: *»Franz Ferdinand von Schloßberg?!«*
Er nickt wie schuldbewußt.
Lisa tippt den Namen widerwillig ein. »Und der Wohnsitz?«
»Keiner.«
Lisa reicht das, sie humpelt mit dem absatzlosen Schuh zum Auto.
Er ruft ihr nach: »Sie sind wohl aus dem Tiefkühlfach!«
Aufgebracht steigt sie in ihren nachtblauen Peugeot, startet und jagt mit jaulenden Reifen davon.
Er grinst. Angetörnt nimmt er sein peruanisches Halstuch, wickelt es um seine blutende Hand.

2.

Lisa, an den Füßen die eben gekauften Schuhe – diesmal Farmstraußenleder –, verläßt den verspiegelten Messing-und-Marmor-Lift, einen Packen Post und Hochglanzbroschüren unter den Arm geklemmt, nimmt zügig die schwarzen Marmorstufen zu ihrer Etage, schließt die Appartementtür auf, stürmt quer durchs *Cockpit* (denn nur *Cockpit* kann man Lisas Zuhause nennen), schnappt sich das schnurlose Telefon aus der Halterung und drückt eine vorprogrammierte Taste. »Hier Dr. Lisa Mayer – ich muß sofort Frau Dr. Busse sprechen!«
Ihr Zuhause – ein *Cockpit*? Allerdings. Eine High-Tech-Orgie; nichts fehlt, was gut und teuer ist und neu auf dem Markt. PCs, Monitore, Scanner, Laserdrucker, Modems mit BTX-FAX-Datentransfer, selbstverständlich TV und Video, ein *Muß* der Anrufbeantworter mit kabelfreiem Zweittelefon. Aufgereiht: Laptop, Diktaphon, Kopierer, Aktenvernichter. Das optimale Home Office, eine Achtzigtausendmark-Investition, mattglänzend schwarz mit blinkendem Chrom. Lichtpunkte und akustische Signale übermitteln unterschwellig die Message: *Hier ist dein Schaltzentrum, Lisa!*
Kein Zuhause? Für Lisa schon. Immerhin ist da noch ein Kingsizebett und – als persönlicher Touch – ein aus der Kindheit hinüber geretteter Plüschteddy auf dem Kopfkissen, der eine rote Zipfelmütze auf hat. Außerdem ein kleiner Eßtisch und zwei Stühle, ein gasbetriebener Kamin – der zum Luxus-Einbaustandard dieses Nobelwohnblocks mit der Renommier-Adresse gehört.

Die Unruhe treibt Lisa mit dem Telefon am Ohr zum Arbeitstisch, wo sie einen Blick auf die Post wirft, zum FAX, das einen Bericht ausspuckt, zum TV, das die BTX-Nachrichten sendet.
Der Hunger treibt sie in die Küche, wo sie ergebnislos nach Eßbarem forscht. Lisa, auf Dauerdiät im Kalorienkampf gegen ihre knackigen Formen, die sie mit rasant geschnittenen Modellkostümen überspielt, öffnet und schließt wider besseres Wissen Kühlbox und Einbauschränke. Alles leer. Mit Absicht. Voll Ungeduld tigert sie zurück ins Cockpit.
»Ja, Lisa, wo brennt's?« Die Stimme von Dr. Anja Busse.
»Na endlich!« Lisa ist inzwischen auf hundertachtzig.
Rechtsanwältin Dr. Anja Busse, Lisas engste Freundin und ihre juristische Beraterin, ist genau wie Lisa eine clevere und erfolgreiche Karrierefrau, genau wie Lisa ist sie Single. Lisa kann sie durchs Telefon nicht sehen, noch ist die Technik nicht soweit, leider, aber sie weiß, daß ihre Freundin Anja beim Telefonieren jetzt lässig auf der Kante ihres überdimensionalen Schreibtisches sitzt und, wie immer beim Telefonieren, mit den langen Beinen den Papierkorb mißhandelt, wie immer im City Look, die Haarmähne mit einer Jugendstilspange gehalten. Was Anja von Lisa unterscheidet, ist ihre Gemütslage, Anja kann noch lachen, wo Lisa vor Empörung schon auf der Palme sitzt.
»Anja, du wirst es nicht fassen, was mir passiert ist! Mach mal eine Schadens-Liste:
Erstens: Totalverlust: ein *Compumax*-Computer, neuestes Test-Modell: DM achttausend.
Zweitens: der geplatzte Auftrag von Dr. Gandhi, dem

indischen Großindustriellen – der sitzt längst in seiner Maschine nach Delhi – Verlust: mindestens DM vierzigtausend ...«

Lisa holt tief Luft: »Und meine Charles-Jourdan-Schuhe sind auch hin! Das Ersatzpaar: DM fünfhundertdreißig!«

Anjas Stimme klingt alarmiert: »Moment mal, Lisa. Was war? Ein Autounfall?«

Lisa: »Viel schlimmer! Und der Schadensverursacher – halt dich fest – ist ein unverschämter Straßen-Macho: lange Haare, Cowboystiefel ... sowas wie ein Stadtindianer, mit Stirnband und Ohrring!«

Dr. Anja Busse scheint eher amüsiert. »Und der Name?«

Lisa schnaubt empört: »Nennt sich Franz Ferdinand von Schloßberg ... hat nicht mal einen Wohnsitz!«

»Moment mal!« Jetzt hakt es bei Anja aus. »Ein Stadtindianer verpatzt dir einen vierzigtausend-Mark-Auftrag, und außerdem sind deine Schuhe kaputt ...?!«

In Lisas Appartement ertönt die Türglocke, sie geht sofort in Richtung Tür, dabei erklärt sie Anja empört: »Er hat den Computer fallen lassen ...« Sie bleibt erregt stehen. »... und mir an die Brüste gefaßt! ...« Sie geht zur Tür. »... auf *offener Straße*!« Sie drückt die Sprechanlagentaste: »Hallo?«

Dr. Anja Busse ist um den Sachverhalt bemüht: »Und deshalb hast du Dr. Gandhi verpaßt?«

Aus dem Türlautsprecher meldet sich eine Männerstimme: »Der Ersatzcomputer.«

Lisa triumphiert: »Na bestens!« Und zu Anja: »Sollte ich vielleicht mit Schuh ohne Absatz am Airport anhumpeln?!«

Anja: »Ich kapier überhaupt nichts mehr. Du bist doch sonst so präzise.«
Lisa, erhitzt, klemmt das Telefon unters Kinn, zieht den Kaschmirblazer aus, hängt den Blazer auf einen Bügel in die Garderobe. »Ich kaufe doch nicht so im Vorbeigehen im Discount irgendwelche Treter!«
Jetzt gongt es an der Appartementtür. »Anja, ich ruf dich wieder an«, Lisa öffnet.
In der Tür steht, in Jeans, T-Shirt und Bomberjacke, dieser Stadtindianer, Franz Ferdinand von Schloßberg – mit selbstherrlichem Lächeln.
Er schleppt mit beiden Armen an einem schweren Karton, die eine Hand noch umwickelt mit dem blutbefleckten peruanischen Halstuch.
Lisa, aufs äußerste irritiert, dirigiert ihn zum Tisch: »Bitte ... hierher ...«
Er stellt den Karton auf dem Tisch ab, öffnet ihn und fördert eine Überraschung zutage: Ein Bukett rote Rosen, die er der verblüfften Lisa überreicht: »Rosen für die strenge Lady ...«
Was er als nächstes zutage befördert – (Das darf doch nicht wahr sein! Lisa steht da mit dem Rosenbukett wie eine Schauspielerin, die ihre Rolle nicht kann) – ist ein dampfender Kochtopf, er stellt ihn auf den Tisch, öffnet den Deckel und preist an: »Pellkartoffeln, brüh-heiß!«
Er lächelt Lisa vielversprechend an, präsentiert als nächstes eine Riesendose Kaviar: »Kaviar – vom Feinsten!«
Zuletzt eine Flasche Wodka: »Zum Aufheizen von Tiefkühlware!«
Lisa ist so ausgerastet, daß ihr System fast aussetzt. Soviel Originalität steht sie sprachlos gegenüber und

sie sieht sich an, was Franz Ferdinand von Schloßberg an weiterem Zubehör aus den Taschen seiner Bomberjacke auf Lisas Eßtisch befördert: zwei Pappteller, zwei Plastikgabeln, zwei sauber ausgespülte Joghurtbecher und ein uraltes Fahrtenmesser.
Abschließend präsentiert Franz Ferdinand siegessicher feixend als Trophäe den abgebrochenen Metallabsatz von Lisas Schuh: »Den behalte ich als Gedächtnisstütze.«
Lisa hat gegen diesen Mann einfach keinen Widerstand. Ist er der Macho, der vital und unbedenklich mit dem berühmten Maurer-Sex jede Frau rumkriegen will, besonders wenn sie tiefgekühlt ist?
Und was heißt hier Gedächtnisstütze? Braucht er Versatzstücke zum Abrufen seiner Liebesabenteuer, darunter vielleicht auch sie, Dr. Lisa Mayer, als eine von vielen, oder was?
Ihre Nerven signalisieren Alarmbereitschaft, signalisieren aber gleichzeitig auch eine ganz andere Bereitschaft, die den Atem knapp und die Knie weich macht.
»Und wo ist der Computer?« fragt sie lahm.
Mit einer lässigen Rundum-Geste zu ihrem Cockpit: »Die gibt's hier doch mega-weise!«
Lisa reißt sich zusammen, immerhin kann sie als Fachfrau für Persönlichkeitstraining und Stilfragen eine kompetente Analyse zur Situation erstellen, sie versucht's mit Sarkasmus: »Stil hat es ja, dieses Papp- und Plastik-Happening. So eine Art Müllverwertungs-Dekor!«
Aber gegen Sarkasmus ist dieser Mann immun. »Ach Quatsch«, ist alles, was er sagt.

Sie versucht's mit Ironie: »Ein Stadtindianer mit billiger Anmache. Das habe ich eigentlich noch nicht auf meiner Liste.«

Mit dem uralten Fahrtenmesser öffnet er die Kaviardose. »Die geilsten Nummern stehen nie auf der Liste.«

Eine Erkenntnis aus seinem offenbar reichen Erfahrungsschatz.

Und weil er der Küchenchef ist, nimmt er sie an beiden Schultern, drückt sie gegen ihren Widerstand mit sanfter Gewalt in den Stuhl: »Jetzt machen wir mal, was Sache ist! Pellkartoffeln muß man heiß essen ...«

Bei Lisa bröckelt der Widerstand gegen diesen Franz Ferdinand von Schloßberg und dessen *action*.

Auf der Gabel ein Stück Kartoffel, von seiner peruanisch umwickelten Hand wird mit dem Fahrtenmesser Kaviar draufgehäufelt. Er beugt sich zu Lisa, führt die Gabel zu ihrem Mund, nimmt ihr die Brille ab: »Augen zu – Mund auf!«

Lisa gehorcht, nimmt den Happen, kaut.

»Gut, was?«

Lisa öffnet die Augen, schluckt runter: »Ich bin eigentlich auf Diät.«

Er gießt Wodka in die Joghurtbecher, sie trinken. Franz Ferdinand: »*Wodka scharf – Liebe süß!* Kaukasisches Sprichwort – schon mal gehört?«

Schon kommt der nächste Bissen: »Augen zu – Mund auf!«

Lisa macht die Augen zu, sagt: »*Kaukasisches Sprichwort!!* – Dümmer geht's nicht!« Sie macht den Mund auf, nimmt den Gabelbissen.

Franz Ferdinand gießt Wodka nach, begutachtet ange-

turnt Lisa, die – diätgeschädigt – genußvoll kaut und runterschluckt.
Noch nie haben Lisa Pellkartoffeln so gut geschmeckt. Schnapstrinken ist sie nicht gewöhnt und Männer, die mit solchen Bazargeschichten eine Frau einnebeln, erst recht nicht.
Lisa öffnet die Augen, sie trinken Wodka.
Achtung, der nächste Happen: »Augen zu – Mund auf!«
Lisa schließt die Augen: »Ich glaube, ich bin im falschen Programm.«
Sie öffnet den Mund.
Er: »Nein, nein, das Programm ist echt Klasse.«
Franz Ferdinand beugt sich zu ihr, küßt sie auf den geöffneten Mund.
Ein Kuß ist ein Kuß ist ein Kuß ist ein Kuß... ein Geschmack nach Kaviar und nach Wodka und nach Mann und nach Kraft und nach Unbedenklichkeit...
Lisas Leitsystem gibt die Sensationen weiter, die Zellen spielen verrückt, seine Hand legt sich auf ihr Knie, die Körperchemie wird nochmal aufgekocht, leitet die feurigen Botschaften bis in die geheimsten Zonen.
Auch für Franz Ferdinand ist es nicht mehr die übliche Anmache als vergnüglicher Zeitvertreib – sie hat was, das ist mehr, was ist das? Das gewisse Etwas: Klasse, Stil und ein spürbares Potential bisher ungenutzter Emotionen.
Für Lisa ist es das totale Wagnis. Er hat was, das kennt sie noch nicht. Das gewisse Etwas: Power, Flair und unbekümmerte Selbstherrlichkeit.
Mitten im erotischen Check Out fängt sie ein akustisches Signal auf: Das Quäken des Anrufbeantworters.

»Hier ist der Anschluß von Dr. Lisa Mayer. Der Apparat ist zur Zeit nicht besetzt. Bitte sprechen Sie nach dem Pfeifton.« Es pfeift.
Die Realität holt sie zurück, als sie die Stimme des Anrufers erkennt: »Frau Dr. Mayer, hier spricht Jochen Fellner, Firma *Aliterm*, wir hatten für heute ein Telefonat terminiert ...«
Der Bann ist gebrochen, Lisa macht sich frei aus seinem Zugriff, spurtet zum Anrufbeantworter, schnappt sich das Telefon aus der Halterung, reißt es an sich wie ein Lebensrettungsgerät, legt los mit einem Geschäftschinesisch, daß Franz Ferdinand die Ohren schlackern. »Das Consulting-Konzept, Herr Direktor Fellner, ist bereits im Computer, die Break-Even-Analyse bedarf noch der Optimierung durch spezifisches Zahlenmaterial. Die Strategie für den Logistik-Aufbau ...«
Franz Ferdinand hat sich auf leisen Sohlen hinter sie gestellt, tuschelt in ihr freies Ohr, daß die Pellkartoffeln kalt werden und der Wodka warm. Lisa kann kaum noch das Telefon halten, denn er küßt sie auf den Hals, öffnet den obersten Knopf ihrer Bluse. Seine andere Hand tastet nach dem Anrufbeantworter, seine Finger drücken wahllos auf sämtliche Knöpfe des Geräts, einer darunter ist die AUS-Taste. Das Gespräch ist beendet.
Lisa blitzt ihn wütend an, aber er dreht sie herum, zieht sie eng an sich, so eng, daß beide vom anderen alles, ja *alles* checken.
Er nennt sie *Leisa*, weil Lisa zu brav ist, sie hat Schwierigkeiten mit dem hochtrabenden Franz Ferdinand und er sagt: »Nenn mich FF.«
Die Spannung wächst, die Flamme brennt. FF weist mit

dem Kinn zum Kingsize-Bett mit dem Plüschteddy drauf. »Sollen wir ...? Wollen wir ...?«
Was beide sich wünschen, scheitert an einem hochmodernen Problem. Sie reden um den heißen Brei. Lisa fragt mit leichter Hemmung: »Haben Sie welche? Ich habe keine ...«
FF weiß, was sie meint. Er amüsiert sich ein bißchen über ihre Befangenheit. Er gräbt in seinen Jeanstaschen. Nein, ein Kondom hat er auch nicht. Aber er zeigt ihr seinen frischgestempelten Blutspender-Ausweis, er ist *clean*, wenn sie *das* meint ...?
Aber sie nimmt nicht die Pille und gesteht: »Ich habe schon seit Ewigkeiten nicht mehr ...!«
Da kann FF nur aufstöhnen. »Ich kratz ab! Ein fehlender Präser als Stimmungskiller!« Lisa wird feuerrot bei dieser Direktheit. Aber die Flamme brennt. Sie wollen sich wiedersehen, kennenlernen, *das* tun.
Er fragt: »Wann hast du Zeit?«
Sie befragt ihren elektronischen Terminplan. Der ist randvoll. »Das werden wir gleich haben.« Sie sucht nach Freistellen.
»Montag von siebzehn bis einundzwanzig Uhr?«
»Ja.«
Sie tippt ein: *Franz Ferdinand.* »Mittwoch von zehn bis zwölf?«
»Ja.«
Sie tippt ein: *Franz Ferdinand.* »Samstag von zweiundzwanzig bis ... bis Open-End?«
»Jaa!«
Lisa: »Haben Sie ... ich meine du ... denn *immer* Zeit?«
Franz Ferdinand: »Ja.«

»Dienstag von achtzehn bis einundzwanzig?«
»Ja.«
»Donnerstag von zehn bis vierzehn?«
»Ja.«
Mein Gott, denkt Lisa, *ich bin wahnsinnig!*

3.

Ein intensiver Duft nach Melissen-Essenz parfümiert den Raum. Das Bad ist zwar klein, aber nach Nobelstandard im schwarzweißen Checkermuster ausgekachelt und optisch vergrößert durch zwei riesengroße Spiegel, einer deckenhoch hinter der Einbauwanne, einer über dem Doppelwaschbecken, bestückt mit fünf Kugelbirnen, die man zu Schummerlicht dimmen kann.
Lisa hat dieses Schummerlicht an, liegt im heißen Melissen-Ölbad, ist entschlossen, sich zu entspannen. Das funktioniert leider nicht. Macht sie die Augen zu, spult immer wieder dieser Film ab: Ein Mann, von dem sie weiß, daß er unter dem T-Shirt eine tätowierte Rose auf der Brust hat, der immer wieder suggestiv fragt: *Sollen wir? Wollen wir?*
Macht sie die Augen auf, fängt sie sofort an, automatisch und wie blöde die Kacheln zu zählen, die schwarzen und die weißen, waagrecht und senkrecht und diagonal. Der

perfekte Verdrängungsmechanismus. Aber er funktioniert nur oberflächlich. Sie will ihre Maximen zurück: Rationalität, Souveränität, Coolness – die Rückholtechnik versagt.
Sie möchte, daß er nackt mit ihr in der Wanne liegt und fragt: *Sollen wir? Wollen wir?*
Sie lacht sich kaputt: Die Einbauwanne wäre *dafür* viel zu klein. Sie möchte, daß er am Wannenrand sitzt und ihr den Rücken seift, und nicht nur den Rücken.
Sie muß sich, was sonst ihr höchstes Entspannungs-Vergnügen ist, zur Körpermassage mit Luffaschwamm und Body-Gel geradezu zwingen. Also los! Sie steht auf, beginnt mit System, von unten nach oben ihren Körper mit dem Luffaschwamm zu rubbeln.
Der deckenhohe Wandspiegel direkt neben ihr präsentiert ihr hautnah und lebensgroß ihr nacktes Ich in allen Details:
die knackigen, aufgerichteten Rundungen in Rubbelrosa, das kaum sichtbare, ungeliebte Speckröllchen als einziger Schwachpunkt in der Taille, die tadellosen Kurven hinten und vorne über dem schaumbesetzten struwweligen Gekräusel. Alles was sie sonst unbesehen wegpackt in Seidendessous und unter Klassekostümen, weil die Karriere Vorrang hat, weil Männer aus den höheren Chefetagen entweder tödliche Langweiler sind oder verheiratete Luxushotel-Geschäftsreisen-Machos. Weil man Männer mit Business nicht mixen soll, wenn man Minuspunkte in *Autorität* und *Authentizität* vermeiden will (ihre eigenen Worte aus dem Seminar für Persönlichkeitstraining!)
Aber *Er*, aber *Er*, aber *Er*. Er will einfach zugreifen, sich

nehmen, was sonst höchstens ihre Freundinnen in der Sauna oder im Whirlpool zu sehen bekommen?

Und sie, und sie? Will sie sich einfach nehmen lassen?

Ja! Nein!

Sie klatscht den Luffaschwamm gegen ihr Spiegelbild, daß der Schaum herumspritzt, läßt sich ins Wasser fallen, daß es eine Welle gibt, die ölig gegen den Spiegel klatscht (Himmel, das möchte sie nicht sauber putzen). Sie taucht mit dem Kopf unter Wasser, prustet, taucht auf wie ein Seehund im Planschbecken.

Sie muß wahnsinnig gewesen sein. Praktisch jede freie Stunde der nächsten zwei Wochen hat sie als Termin für diesen *Franz Ferdinand* einprogrammiert. Sie wird ihm absagen.

Aber er hat ja nicht einmal einen Wohnsitz!

Sie wird die Termine einfach platzen lassen. Aber das widerspricht der Berufsethik, die sie grundsätzlich als Leitlinie vertritt, die sie im Seminar lehrt und die im brutalen Dschungel von Machtausübung und Gelddenken für sie einfach unverzichtbar ist.

Trotzdem! Sie will ihn nicht wiedersehen!

4.

Das Stroganoff ist ein russisches Emigrantenlokal, vollgestopft mit Volkskunst und Kitsch und ein paar wertvollen Ikonen, ein multikultureller Umschlagplatz, ein Insider-Treff, irgendwo in München-Thalkirchen. Billard, Schach, Backgammon, Balaleikamusik und Fußballübertragungen werden hier geboten. Hier gibt's die wildesten Typen und peppige Mädchen.
Strofanoff-Chef Ivan lebt und stirbt für seine Kochkünste. Seine Küche ist die genial-chaotische Russenküche eines besessenen Kochs. Feinschmecker mit Draht zur Undergroundszene schwören auf ihn.
Für FF ist das Stroganoff mehr als nur die Stammkneipe, das Stroganoff ist sein Zuhause, sein Anlegeplatz, die Ersatz-Heimat und heute der Schauplatz, an dem er mit *ihr* verabredet ist: mit Leisa.
In der Lokalmitte am Billardtisch spielt FF, wie immer in Jeans und Cowboystiefeln, eine Runde mit zwei Easyridern, blickt alle zwei Minuten auf die Uhr, mal auf die russische Militäruhr am inneren Handgelenk und mal zum Vergleich auf die große Wanduhr über der Theke. *Es ist zehn vor.* Die Easyrider sagen »He Mann!« und »Wohl nicht gut drauf?« – denn so bescheuert spielt er sonst nicht Pool-Billard.
Der Gelegenheitsjobber FF, der freie Vogel, der Ich-mache-was-mir-Spaß-macht-Typ, der keinen festen Wohnsitz braucht und keine Lohnsteuerkarte, der kein Aussteiger ist, weil er nie den Einstieg machte, der hat auf einmal Probleme mit seinem Innenleben: Kommt

sie? Kommt sie nicht? Sie wird nicht kommen! Sie kommt . . .
Extra für sie hat er das frischgestärkte Leinenhemd aus der Wäscherei geholt, läßt es bis zum Gürtel ungeknöpft, mit Durchblick auf die tätowierte Rose. Will sie wohl damit anmachen . . . ach was, ihm ist nur heiß.
Der hochgehängte Fernseher überträgt (sonst seine Leidenschaft, heute null Interesse) eine Sportreportage zum aktuellen Fußball. Zusätzlich gibt's Balalaikamusik vom Band, die macht Stimmung im Lokal, aber für Stimmung hat FF jetzt keinen Nerv. Sein Blick auf die Uhr: *Eins vor.*
Mit dem Billardstock im Anschlag, gebeugt über den Spieltisch, sehr zum Verdruß der zwei Easyrider, verharrt FF regungslos satte sechzig Sekunden mit Blick hoch zur Wanduhr.
Dann springt der Zeiger auf die Sieben.
FF richtet sich auf und sieht zur Eingangstür.
Und da ist sie: Durch die schwingende, hölzerne, grün und rot bemalte Lokaltür tritt Leisa – punkt neunzehn Uhr, direkt vom Flugplatz. Die Haare zurückgestylt, topchic in Kaschmir und Seide, mit Aktenkoffer – absolut exotisch in diesem Ambiente.
Die im hinteren Eck sitzenden zwei Geschäftemacher, ein gewichtiger Iraner und ein Herr mit Goldrandbrille, hören auf zu löffeln und beäugen die Superfrau mit dem Top-Management-Flair.
FF ist schon bei ihr. Lisa öffnet den Mund, um zu sagen, daß sie absagt, daß sie gekommen ist, um wieder zu gehen, aber FF verschließt ihr die Lippen mit einem hemmungslosen Kuß.

Am Billardtisch stoppen die Easyrider ihr Spiel und grinsen.
Stroganoff-Chef Ivan segelt durchs Lokal, mit strahlender Miene und einer Wolke von Zwiebel-und-Kohl-Geruch, streckt zu Lisa und FF den Arm aus, führt sie zu einem für besondere Gäste bevorzugten Tisch, der, eng hineingeschoben in eine Rundum-Bank mit extrem hoher, reich geschnitzter Lehne, zum Niederlassen einlädt.
»Bitte sehrr . . . hier bestes Tisch von Lokal!«
Lisa, mit Aktenkoffer, und FF quetschen sich rein, setzen sich. Ivan legt ein sauberes, bestícktes Tischtuch auf, bringt Kerzen und Strohblumen, eine Flasche Krimsekt und Gläser, zündet die Kerzen an, schenkt mit Gefühl ein, alles launig kommentiert mit viel Eigenlob.
FF legt seine Hand auf Lisas Hand und entfacht das Feuer.
Ivan und FF beginnen ein russisches Palaver, ob er Borschtschsuppe servieren soll, die heute besonders gut ist. FF macht die Bestellung auf russisch, dazwischen fängt er Lisas perplexen Seitenblick auf. Russischkenntnisse hat sie bei ihm wohl nicht vermutet. FF bucht das als Pluspunkt zu seinen Gunsten. Bei aller Cleverness ist diese hochgestochene Computerfrau, auf die er so abfährt, ganz schön naiv und ahnungslos, mit wem sie hier das *Kätzchenspiel* startet.
Ivan verzieht sich mit einem Schwall russischer Versprechungen in die Küche. Sie nehmen die Sektgläser und prosten sich zu.
Vertraulich sagt FF zu Lisa: »Ich hab was für uns . . .«
Er hebt seine Hand von ihrer Hand, ein kleines Päckchen liegt auf ihrem Handrücken. FF lächelt vielversprechend.

»Was ist das?« fragt Lisa, schaut genauer hin und sieht es: »Ein Kondom?!« So etwas findet sie unmöglich. »Das ist hochgradig geschmacklos!« Und sie doziert, als wäre sie im Seminar für Persönlichkeitstraining: »In Situationen, die eine gewisse intime Zielsetzung beinhalten, sollte man auf direkte und anzügliche Hinweise verzichten.«

»Ach Quatsch!« sagt FF, »Ich mache, was ich will – wenn ich kann.«

Kumpels von FF, mit Indio-Klamotten und Indio-Klunkern, und ihre Szene-Mädchen entdecken FF und seinen seltenen Vogel und kommen an den Tisch. Lisa läßt blitzschnell das Kondom in die Tasche ihres Kaschmirblazers verschwinden. FF sieht's und feixt.

Die Szenetypen, mit Trapperhüten und bestickten Westen, einer mit Perlschnüren fünffach um den Hals, lassen sich ungeniert am Tisch nieder. Lisa und FF müssen auf der Bank ganz nach hinten rücken, hautnah zusammen. Eine Schwarzlockige in Motorradleder, schwarz und silber, den Sturzhelm unterm Arm, sehr schlank, sehr jung, quetscht sich neben FF in die Bank, gibt ihm ein Küßchen, man merkt, sie steht auf ihn. Lisa taxiert sie kritisch.

Mitten in die Runde hinein sagt FF: »Das ist Leisa«, so, daß es alle hören können.

Ivan kommt mit strahlender Miene und vollem Tablett an, die Typen schreien gleich los: »He, Ivan, für uns das Übliche!«

Aber Ivan serviert erst einmal für Lisa und FF in großen Terrinen Borschtschsuppe, dazu in Silberschüsseln saure Sahne, legt altrussische, riesengroße Suppenlöffel auf,

palavert auf russisch mit FF, zeigt dann auf Lisa und küßt sich vor Begeisterung die Fingerspitzen.
FF lacht und antwortet Ivan, dann übersetzt er für Lisa mit rollendem Akzent: »Du sein wunderschönes Ebenbild von über alles geliebtes Zaaarin!«
Lisa hebt das Sektglas in Richtung Ivan: »Danke, Herr Ivan.«
Mit unterschwelliger Begeisterung fügt FF hinzu: »Ivan hat einfach den Nerv für das Besondere.« Er sieht Lisa in die Augen – ein Moment sensibler Intimität, als seien sie beide allein zwischen den lauten Typen. »Es ist wahr: Du hast Klasse ... wie 'ne Zarin!«
Die Typen sind nicht so sensibel, sie begutachten ungeniert grinsend Lisa, und der Trapperhut will von FF wissen, wie und wo er diesen heftigen Paradiesvogel erlegt und umgelegt hat: »Verrate doch mal deine Schußtechnik!«
FF löffelt seine Suppe und feixt: »Bei uns hat's einfach geknallt, was, Leisa?«
Ehe Lisa eine Meinung äußern kann, wirft sich die Schwarzlockige neben FF mit einem kleinen Kreischer an seinen Hals und flüstert ihm etwas ins Ohr, was sich, wenngleich sie es auch nicht versteht, in Lisas Ohren nach Verrücktem und Obszönem anhört. FF lacht schallend und Lisa fragt sich: Was um Himmels willen mache ich hier in dieser Randgruppe?!
»Leisa, du bist eingeladen!« verkündet FF, »und das ist eine Ehre! Unsere Leder-Babsi hier schmeißt heute Nacht 'ne Fete, da kannst du noch was lernen: Abgefahrenes Vollprogramm, jede Menge krasse Einstiege ...«
Alle sehen gespannt Lisa an.

Die lehnt instinktiv ab. »Ohne mich!«
Sie fühlt sich auf einmal gräßlich fehl am Platz, weil sie so ist, wie sie ist, weil ihr Erfolgs-Styling hier keine Signalwirkung hat, weil ihre Tiefkühl-Masche hier nicht funktioniert, weil sie hier am Tisch nur zugelassen ist als leckere Beute von FF, als exotischer Vogel, der sich verflattert hat, der gerupft werden soll, weil das *Vogel-Rupfen* beinah so schön ist wie das *Vögeln*.
Sie will nicht unhöflich sein und begründet, weshalb sie die Einladung zu der mutmaßlichen Orgie ablehnt: »Ich erwarte einen Anruf aus New York um einundzwanzig Uhr dreißig. Morgen sieben Uhr fünf geht mein Flugzeug nach Frankfurt. Dazwischen muß ich noch eine Systemanalyse machen.«
Was folgt, ist ein stacheliges Schweigen und dümmliches Feixen. Und dann – in die Stille hinein – ein gekonnt zelebriertes, entsetzlich ordinäres Rülpsen.
Ehe der Rülpser, der Typ mit dem Halsschmuck, zu einer neuen Beleidigung Luft holen kann, hat sich FF unter Nichtachtung von Tellern und Gläsern und vollen Aschenbechern, begleitet vom Kreischen der Leder-Babsi, quer über den Tisch geworfen und ihn am Hals gepackt bei seinen Perlschnüren, Lisa hat blitzschnell die Terrine beiseite gezogen und ihr Kaschmirkostüm vor der Borschtschsuppe gerettet. FF, quer überm Tisch, wartet genüßlich, bis sein Opfer anfängt zu röcheln, und sagt mit Drohton: »Es hat sich *ausgerülpst!!*« und als Zusatz: »Ich prügel dir das in deinen Schädel rein!!«
Gut für FF und gut für den Typ: die Schnüre reißen. Die Indianerperlen springen wie die Hagelkörner über und unter den Tisch, der Typ flucht und kriecht unter

den Tisch, FF lacht und wirft sich zurück in die enge Lücke zwischen Lisa und Babsi auf die Bank, er ist bullig wie der Torro nach dem siegreichen Kampf, die Borschtschsuppe rinnt ihm über die Brust unterm offenen Hemd, und Lisa muß zusehen, wie Leder-Babsi ihm mit der Papierserviette die Suppe abwischt unter seinem offenen Hemd, von seiner tätowierten Rose auf seiner nackten Brust. Sie spürt sekundenkurz den Messerstich von Neid und Eifersucht.

Unter dem Tisch tauchen der Typ und seine Helfer auf, sie sammeln die Holzperlen in einem leeren Weißbierglas ein.

Lisa löffelt, um irgendwas zu tun, ihre gerettete Suppe aus der Terrine. Sie will sich kumpelhaft geben und sagt: »Die Borschtschsuppe schmeckt wirklich super. Eigentlich bin ich ja auf Diät.«

In der Suppe schwimmen ein paar Holzperlen, und sie hat auch welche im Mund. Fein säuberlich spuckt sie zwei bunte indianische Perlen auf den altrussischen Suppenlöffel, reicht sie auf dem Löffel rüber zu dem Typ und erstickt fast an einem aufsteigenden Lachanfall bei der Vorstellung, wie sie, gesetzt den Fall, im Seminar ein solches Verhalten rigoros geißeln würde als abartig und unhygienisch.

Der Typ nimmt die Perlen vom Löffel und befördert sie ins Bierglas.

Und FF, mit Goodwill, sagt: »Ihr könnt sie ruhig duzen, sie wird sich schon dran gewöhnen.«

Da meldet sich – und sorgt erneut für Irritation – in Lisas Aktenkoffer mit Schnarren ihr schnurloses Telefon, Lisa holt es hervor, meldet sich: »Hier Dr. Lisa

Mayer ... Ja, Herr Dr. Burghausen, bin gerade aus Frankfurt zurück. Ja, danke, ich konnte im Flugzeug noch einiges überarbeiten. Den Strategie-Entwurf für das *Turn around* habe ich bereits zu Papier gebracht ...«
Sie führt ihr Geschäftschinesisch vor, die anderen halten die Luft an.
»Ich werde heute noch die Vorschläge zur Realisierung des Funktionsprozesses ausarbeiten. Morgen um zehn Uhr dreißig bin ich mit dem *Outsourcing* und *Global sourcing* Programm bei Ihrem Dr. Nolte in seinem Frankfurter Büro ... Ja, vielen Dank, ich halte Sie wegen des Timings à jour. Auf Wiedersehen.«
Sie glotzen, sind echt überstrapaziert, dann bricht die große Lache los. Ivan stellt im Vorbeigehen eine Flasche Wodka auf den Tisch. Die Schnapsgläser holen sie sich von der Theke. Es wird eingeschenkt, man stößt an: »Ein Hoch auf unsere Telefon-Mieze!«
Die Mauer ist durchbrochen, sie ist akzeptiert, sie jubelt innerlich. Gleichzeitig findet sie es blöd, hat sie das denn nötig?
FF grinst anerkennend, seine Hand tastet unter ihrem Kaschmirblazer nach Körperkontakt, findet zwischen Seidenbluse und Dessousspitzen über dem Taillenbund das kleine, ungeliebte Speckröllchen und knetet es mit Fingerspitzengefühl. Er flüstert in ihr Ohr, und seine schulterlangen Haare kitzeln sie am Hals, als er fragt: *»Sollen wir? Wollen wir?«*
Da ist er wieder: *Der Wahnsinn*, den sie absagen wollte. Die fröhliche Runde will ihr haarsträubende Geschichten von FF erzählen, aber der blockt ab. Seine Sammlung an schrillen Lebenserfahrungen hält er bei ihr lieber

unter Verschluß und verkündet: »Jetzt spielen wir Billard mit Leisa!«
Auch das noch. Lisa stöhnt. »Kann ich leider nicht.«
Das ›leider‹ ist gelogen.
Der mit dem Trapperhut klärt sie auf: »Ist so leicht wie Eier-Polo!«
Drei Balalaikaspieler kommen an den Tisch, mit Musik und Gesang. Es wird laut und russisch. Trapperhut Joschi überschreit die Musik! »FF! Bei Eier-Polo fällt mir ein: Ich hab einen Hühnertransport für dich! Für eine Eierfarm! Übermorgen ...!« Und zu Lisa: »... firstclass Gelegenheitsjob – kackt jede Menge Kleingeld!«
FF schreit zurück: »Ist gebongt! Mach ich!«
Lisas Speckröllchen entgleitet seinen Fingern, denn Lisa steht auf, scheucht auch die anderen auf, die ihr im Weg sitzen, vertreibt mit ihrem Aktenkoffer und mit ihrem pünktlichen Aufbruch – *genau einundzwanzig Uhr* – die Balalaikaspieler und die ausgeflippte Stimmung. Der für FF vorgeplante, elektronisch einprogrammierte Termin ist beendet. Punktum.
Innerlich startet sie bereits durch: Anruf New York, Ausdruck Systemanalyse, Abflug sieben Uhr fünf Frankfurt – *ihre Welt*, da hat sie Resonanz, da benutzt man die gleiche Terminologie, einfacher – obwohl schwierig, aber nicht so schwierig wie dies hier: was so schwer einschätzbar ist, weil menschlich nicht kalkulierbar, weil hier Empfindlichkeiten über verstreute Holzperlen, über kleine Obszönitäten, weil hier Rülpser und verspritzte Borschtschsuppe die Stellenwerte bestimmen.
Dr. Lisa Mayer ist darauf geschult, schnell und effizient Problemlösungen durchzuziehen. Aber hier, auf dem

nächtlichen Vorplatz vom Stroganoff, angesichts ihres total und rücksichtslos und offensichtlich absichtlich zugeparkten Autos fühlt sie sich erneut den Unwägbarkeiten der Undergroundszene ungeschützt ausgesetzt. Kein Parksünder meldet sich, der sein Auto wegfährt, und laut Auskunft von Ivan gibt's ein Taxi frühestens in einer Stunde, und FF steht seelenruhig da und fertigt sich mittels Zigarettenpapier und Tabak aus den Tiefen seiner Taschen eine Selbstgedrehte.
Sie denkt an den terminierten Anruf einundzwanzig Uhr dreißig aus New York, den sie keinesfalls verpassen darf. So steigt sie, gütlich eingeladen von FF, mit Todesverachtung hinter FF auf dessen uraltes Motorrad, zeigt beim Aufsteigen zwangsläufig unter ihrem hochgezogenen Rock ihre Klassebeine bis zum Anschlag und erntet anerkennende Pfiffe.
Die schwarzlockige Leder-Babsi leiht ihr bereitwillig den schwarzen Sturzhelm, wie sie auch sonst bereitwillig alles mit jedem teilt, ob Sturzhelm oder Wohnung oder Geld oder intime Schwächen.
Nun gut. Also los. Aber nur bis zum nächsten Taxistand.
Die wilde Motorradfahrt durch die nächtliche Vorstadt überwältigt Lisa als eine Art archaisches Schlüsselerlebnis, um nicht zu sagen Schüttelerlebnis. Sie klammert sich an, sucht Schutz hinter FF, die Mann-Weib-Ursituation schlechthin. Eigentlich schade, daß der Aktenkoffer zwischen ihnen die Umklammerung behindert.
FF fährt an zwei Taxiständen vorbei, trotz Protestgeschrei von ihr, biegt dann durch einen Torweg ein in einen dunklen Hinterhof, stoppt die Maschine, zeigt

hinauf zu einem der Fenster dieser abgewrackten Wohnkaserne und verheißt ihr, daß es da oben ein Zimmer gibt, ein feines (wenn auch nicht seines) mit einer supergeilen Couch ...

Er will sie abschleppen! Sie schnappt nach Luft. Sie steigt ab, reißt sich den Sturzhelm vom Kopf, wirft ihn gegen seine Maschine und empört sich über die Mißachtung ihrer Termine und weltweiten Telefonate.

Sie zieht den Rock runter zu den Knien und setzt sich mit ihren Pumps entschlossen in Bewegung, über die schadhafte Asphaltierung des Hinterhofs, durch den Torweg auf die Straße, die Vorstadtstraße entlang ... Gott gebe, daß hier irgendwo eine Telefonzelle existiert ...

FF auf seinem Motorrad begleitet sie im Schrittempo und überschreit das Geknatter mit Gut-Wetter-Versuchen, so ausdauernd und ohne einen Gedanken an die ruhebedürftigen Anwohner, daß sie fast schon wieder kichern muß.

Endlich, nach mindestens einem Kilometer, taucht eine Telefonzelle auf. Eine Reklametafel von *Taxi-Huber* erspart ihr das Nummern-Suchen. Sie wählt, bestellt, weiß leider nicht, wo sie ist, Moment, sie muß FF fragen. Der quetscht sich nur zu gerne zu ihr in die Telefonzelle, drückt sich wegen Platzmangel eng an sie, nimmt ihr den Hörer ab, spricht dicht an ihrem Ohr, daß sie sich Brunnhuberstraße, Ecke Thalhammerstraße befinden.

Er nutzt die Zeit, bis das Taxi kommt: er knutscht sie, und sie läßt sich knutschen – denn FF ist nun mal FF, und sie will nicht und sie kann nicht auf ihn verzichten.

Als das Taxi kommt, erinnern sie sich gegenseitig daran, Mittwoch zehn bis zwölf – bei *ihr!*

5.

Was macht man und was läßt man, lebt man oder stirbt man an einem so umwerfend aufregenden Vormittag wie an diesem gewöhnlichen Mittwoch? Der knallblaue Föhn und der pausenlos heftige, suppenwarme Wind vom Gardasee treiben jedem den Adrenalinspiegel auf Wellengang und je nach Veranlagung die Laune ins Hoch oder Tief.

Vor dem Nobelwohnblock Holbeinstraße vier, nach dem Einkauf im Supermarkt, stehen zwei ältliche Anwohnerinnen beisammen, gekennzeichnet durch Versandhaus-Konfektion, die eine mit der wöchentlichen Frau im Spiegel und mit Krückstock, die andere mit zweimal Bergbauernmilch fettfrei in Flaschen. Sie widmen sich der Erörterung der Auswirkungen des Föhns auf ihr Befinden. Dame A leidet an Migräne, Dame B an Kreislaufattacken. Als das Thema in allen seinen widrigen Details erschöpft ist, halten sie Ausschau nach neuen Ärgernissen.

Damit werden sie sogleich bedient: Direkt vor ihrem Standort, Holbeinstraße vier, bremsen hart am Bordstein mit unzumutbarem Bremspegel und Dieselabgas, Schnauze gegen Schnauze, ein nachtblauer Peugeot 205 GTI und – dasdarfnichtwahrsein! – ein Großraumfahrzeug, rostig, stinkig, gammelig, klapprig, aber bunt aufgepeppt mit großen Werbetafeln von glücklichen, eierlegenden Hühnern, die die Illusion von Frischeiern suggerieren.

Im Hühnertransporter gackert's und flattert's bei dem plötzlichen Bremsakt.

Es wird aber noch interessanter für die zwei föhngeschädigten Damen: Fast wie Fernsehen live, entsteigt aus dem nachtblauen Peugeot eine makellose Schönheit, schlägt die Autotür ins Schloß, zieht die Autoschlüssel ab, setzt mit irre schönen Beinen in Designerpumps übers Plattenlegemuster, während gleichzeitig – Achtung action! – aus dem hohen Führerhaus des Hühnertransporters ein Mann, ungefähr so unwiderstehlich wie Burt Reynolds, nur jünger, im verdreckten Overall elastisch aufs Plattenlegemuster springt, und – surprise! – mit einem Riesenrosenbukett auf die Frau zuläuft; er ruft: »Es ist genau zehn Uhr!« Er drückt ihr die Rosen in den Arm, und sie verschwinden in dem eleganten Eingangsportal der Holbeinstraße vier. Soviel Romanze ist für die Damen mit dem Föhn-Grant nicht konsumierbar, deshalb wenden sie sich mit giftigem Eifer und böswilliger Kritik gegen den Hühnertransporter.

Was sich von zehn bis zwölf in Lisas Cockpit-Appartement, vielmehr in ihrem Kingsizebett abspielt, ist genau *das, das, das,* was sie von Termin zu Termin hochgesteigert, in ihrem Fantasy-Bereich und in ihren aufgeheizten Körperzellen vorgespeichert haben.

Daß der Termin von zehn bis zwölf keine Zeit für lange Vorspiele läßt, zeigt die Spur von entledigten Kleidungsstücken wie Cowboystiefeln, Overall, Socken, T-Shirt und Boxershorts, die FF von der Appartementtür bis zum Tatort Bett hinterläßt, wo er sich nackt seine Leisa schnappt, die mit Entkleiden nur Rock und Jacke und die Knöpfe ihrer Bluse geschafft hat, um so schöner, weil eine Frau in offener Seidenbluse und Spitzendessous einen nackten Mann erst richtig wild macht. Er wirft sich mit ihr aufs Bett, und weil er mit Leisa und dem Sex allein sein will, zieht er dem glotzenden Plüschteddy die rote Zipfelmütze über die Augen.

Ohne Wenn und Aber beglückt er sie so lustvoll, daß in Lisas Tiefen alle Verkapselungen aufspringen und ihr Innenleben preisgeben, so delikat wie Austern, so fruchtig, so fleischig, so saftig. So hemmungslos, daß sie ohne Scham unkeusch unter dem hochgeschobenen BH ihre nackte Üppigkeit herzeigt und seinem Zugriff freigibt; so total, daß auch die Sprungfedern des Kingsizebettes bis zur vollen Auslastung sich als Qualität erweisen dürfen; so erbarmungslos, daß der arme, zwangsweise erblindete Teddy in hohem Bogen in Richtung Cockpit katapultiert wird.

Ist die Ekstase so überdimensional, weil Föhn ist? Oder spielt hier das Schicksal eines seiner kleinen, gefährlichen Glücksspielchen? Für Lisa und FF ist es wie eine Magnetkoppelung, die sie zusammenwuchtet, ob nun Föhn oder nicht.

Die Auswirkungen des Föhns zeigen sich da schon eher unten im Verkehrsbereich Holbeinstraße. Aus dem von der knalligen Sonne aufgeheizten Hühnertransporter in der Parkverbotszone stinkt es übel, und eine Gruppe engagierter Mitbürger empört sich über das nervtötende, endzeitmäßige Gegacker und Geflatter aus dem Innern hinter der bunt und lustig bemalten Werbetafel. Tierquälerei und Hühnermord! Man ruft nach der Polizei, dem Veterinär, nach dem Fahrzeugführer, man notiert das Nummernschild, droht mit Anzeige. Man überbietet und bereichert sich gegenseitig mit Diskussionsbeiträgen aus der Tierschutz-Ideologie. Einer mit Öko-Aura, in handgestrickter Hirtenjacke und mit Vollbart, kommt angerannt mit Brechwerkzeugen, entschlossen, den Hühnertransporter zu demolieren und die mutmaßlich überlebensunfähigen Hühner in die wahrscheinlich tödliche Freiheit zu entlassen. Darüber entbrennt erneut eine heftige Diskussion, Sachbeschädigung kontra Zivilcourage.

Oben in dem zum Liebesnest umfunktionierten Cockpit, im vierten Stock der Holbeinstraße, geht's – es ist fast zwölf, Terminzeit bedrohlich nah am Endpunkt – unter Zeitdruck eher profan zu.

Lisa, noch immer mit offener Seidenbluse und hochgeschobenem BH und ohne Höschen, spurtet zum quäkenden Anrufbeantworter, Direktor Fellner meldet sich mit einer dringlichen Rückfrage.

FF, selbstherrlich im Liebeserfolg, nackt und mit drei benutzten Kondomen, fragt feixend: »Wo ist das Klo?«

Lisa zeigt in Richtung Bad, während sie Direktor Fellner die Leitlinie und die entscheidenden Punkte der Turn-Around-Strategie erläutert.

Als FF frischgewaschen aus dem Bad kommt, powert sie immer noch ihr Geschäftschinesisch ins Telefon. Er

kommt heran und tätschelt ihre knalligen Brüste im Nachgenuß: »Wo ist die Küche?«
Lisa zeigt ihm die Tür zur Küche, befragt ihren elektronischen Terminplan, spricht ins Telefon: »Ich bin um zwölf Uhr fünfundvierzig bei *Compumax* ...«
FF, aus der Küche zurück, bemerkt genervt: »Es ist *nichts* zu essen da!«
»... danach hätte ich zwischen fünfzehn und siebzehn Uhr einen Termin für Sie frei.«
FF steigt mit geübtem Affenzahn in seine Klamotten, Boxershorts, T-Shirt, Overall, Socken, Cowboystiefel. »Ich brauch jetzt 'ne Currywurst!«
»Warte!« ruft Lisa und ins Telefon: »Bis fünfzehn Uhr dann, Herr Direktor Fellner.«
Sie zieht sich splitternackt aus, sprintet ins Bad, zurück durchs Cockpit, sucht sich ein frisches Höschen, einen BH, steigt im Blitztempo in die Strumpfhosen, die Seidenbluse und das Kostüm.
FF lehnt am Türpfosten und verschlingt fasziniert diese Slapstick-Umwandlung seines Betthasen in eine managermordende, computergesteuerte Science-fiction-Perfektionistin. Da haut's dir ja den Vogel raus!
Gebürstet, gepudert, dezent parfümiert steht sie vor ihm: »Okay, startbereit, du auch?«
»Moment«, sagt FF, befördert aus der Brusttasche seines verdreckten Overalls ein dreizehnachtzehn Multicolorfoto und präsentiert es Lisa.
Das Multicolorfoto zeigt FF – sehr nackt, sehr sexy, mit einem Werbeartikel vor seiner Blöße, das Ergebnis eines Gelegenheitsjobs, quer darüber mit Fettstift: *Für Leisa von FF.*

»Für dich«, er grinst abgrundtief, »als Gedächtnisstütze ...«
Als Lisa und FF mit geröteten Gesichtern, blitzenden Augen und mit einem Strahlen von innen heraus punkt zwölf im eleganten Portal Nummer vier erscheinen, trifft sie die Realität der Straße wie eine eiskalte Dusche.
Angesichts des empörten Haufens engagierter Bürger um den Hühnertransporter entfährt FF ein lautes »O Scheiße!« und Lisa rennt, so schnell es ihr enger Rock und ihre Absätze erlauben, über das Plattenlegemuster zu ihrem nachtblauen Peugeot, schließt auf, schmeißt sich hinters Steuer, startet furios, flüchtet mit aufjaulenden Reifen.
FF wird inzwischen von den Tierschützern und Öko-Freaks angegriffen. Er kriegt Hiebe ab mittels Rentnerkrücken, begleitet von ideologisch geprägten Beleidigungen.
»Leute, regt euch ab!« überschreit er sie, während er hochleistungssportlich ins Führerhaus hochturnt, »es ist alles gesetzlich!«
Von oben, vom Fahrersitz ruft er ihnen zu: »Kapiert ihr denn nicht? Schaut doch mal auf das Werbebild: Ich transportiere Glückliche Hühner!!«
In einer Dieselabgaswolke, die sich mit dem Pestgestank mischt, entkommt er dem Bürgerspektakel, ehe die Polizei da ist.

6.

Lisa, mitten im Berufsverkehr, siebzehn Uhr dreißig, nach zwei Geschäftsbesprechungen und einer Konferenz, notiert das weitere Programm: Anruf bei ihrem Vater wegen Golf (beim Stichwort *Vater* schnellt eine steile Falte zwischen ihren Augenbrauen hoch), außerdem Anruf bei Anja und Susanne, sie könnten sich morgen *Bei Mario* treffen, zu einem halben Hummer (die Freundinnen sind schon reichlich sauer auf Lisa wegen der abgesagten Fitness-Termine), heute zwanzig Uhr Essen im *Schwarzwälder* mit diesem sägemesserscharfen Immobilienhai ...

Da meldet sich ihr Autotelefon, und die Stimme von FF sagt: »Hast du Lust auf eine Currywurst?«

Und da Lisa nicht gleich antwortet, weil sie die Spur wechseln muß, sagt er schuldbewußt: »Ich weiß, ich bin nicht eingetippt in dein elektronisches Ding, aber hier gibt's die besten Currywürste der ganzen Stadt ...«

»Wo bist du?«

»In der Telefonzelle gleich neben dem Bratwurststand von Mehmet und Kadir Ürküt am Niedereichplatz ...«

Lisa überlegt.

»Ganz leicht zu finden: Am Schlachthof vorbei und dann am stillgelegten E-Werk entlang und über die Isarbrücke ...«

»Okay, ich komme«, sagt Lisa, »aber ich glaube, du bist wahnsinnig, und ich bin auch wahnsinnig.«

Lisa fährt am Schlachthof vorbei und am stillgelegten E-Werk und über die Isarbrücke zum Niedereichplatz.

Hier trifft sie FF bei der vierten Currywurst und dem fünften Bier. Einer von seinen Anlegeplätzen wie es scheint: irgendwie gemütlich mit den alten Kleinbürgerhäusern ringsum, ein paar Bäume, ein Brunnen mit speiendem Fisch. Viel Autoverkehr, Busse und Straßenbahnen, Gemüsestände und spielende Kinder.

Lisa hat ihren Wagen mit Zentralverriegelung gesichert und stellt sich zu FF und den Männern vor und hinter dem Bratrost. FF sagt zu Lisa: »Das sind Mehmet und Kadir Ürküt, die besten Currywurstbrater der Stadt«, und zu den Türken und den Männern, die nach der offensichtlich öden Arbeit und vor einem offensichtlich öden Abend ihre Würste mampfen und ihr Bier kippen: »Das ist Leisa!«

Die nicken erfreut, denn so eine hochgestylte Superlady kriegt man sonst höchstens im Fernsehen oder im Kino zu sehen.

»Leisa!« begeistert sich FF, »bist *einsame Spitze*, kommst bis hierher, fährst in der Gegend rum, am Schlachthof und am alten E-Werk ...«

FF will Lisa küssen, aber sie weicht zurück, denn sie fürchtet Fettspritzer auf ihrem zweitausendachthundertmark-Kostüm.

»... nur um mich zu sehen, wie findet man das? Das gibt's doch gar nicht auf echt! Eine Frau wie die, die solltet ihr mal in action sehen ...«

Mein Gott, denkt Lisa, der ist ja voll.

»Eine Lady, die pausenlos Geld macht, ganz cool, per Autotelefon, per Fax, per Computer, mit Turnaround und Outsourcing und Globalsourcing und Input und Output ...«

Die bratwurstbratenden Türken bemerken gutmütig lachend zu Lisa: »Madam! Mann hat zuviel Bier.«
Aber FF protestiert. Er hat nicht zuviel Bier, er hat einen Erkenntnis-Schub: »Leisa, ich sag dir mal, was du noch nicht weißt: *Das Leben ist ein Spiel!* Was machen die Kinder da? Die *spielen*. Ihre Spiele heißen Wer-ist-der-Stärkste oder Wer-ist-die-Schönste ... und weißt du was ...?«
Lisa läßt sich eine Cola geben, das hier scheint länger zu dauern.
»Das Spiel hat Fantasie, da ist alles reingepackt: Tatendrang, Kampfgeist, Machtstreben, Erfolgserlebnisse! Niederlagen!! – Das Spiel ist eine sauernste Arbeit! Und das drehst du jetzt einfach um: Ernste Arbeit ist gleich Spiel!«
Er holt tief Luft und will noch ein Bier. »Was ihr tagtäglich im Business macht, da fehlt doch der *Spiel*raum, jeden Tag im Terminstreß: Workmaniac gegen Workaholic! Das ist auf Dauer doch tödlich ...«
Lisa ist hellhörig geworden, was er da von sich gibt, ist gar nicht so dumm.
»... da fehlt doch der *Spaß*, da wird doch jeder Erfolg pausenlos durch einen beknackten neuen Erfolg ersetzt. Ein ziemliches Scheißleben, so wie ich das sehe, das sollte man ganz anders machen ... O-Mann-o-Mann, hör weg, Leisa, ich rede im Suff!«
Er bricht in Gelächter aus und fängt an, sich eine Selbstgedrehte zu fertigen.
Lisa ist fasziniert, abgestoßen, verunsichert, besorgt und verliebt. »Soll ich dich nach Hause fahren?«
»Nicht nötig, ich hab kein Zuhause.«

7.

Freitag, fünfzehn bis sechzehn Uhr Treff im In-Bistro *Bei Mario*: Lisa, Anja und Susanne.
Powerfrauen haben als Freundinnen Powerfrauen, logisch; so wie Lisa brauchen auch Rechtsanwältinnen wie Dr. Anja Busse und Psychologinnen wie Dr. Susanne Fichtner Freundinnen für ihre seelischen Streicheleinheiten als Singles.
Wo sonst, wenn nicht im vertraulichen Miteinander, sollen sie sich reanimieren und wärmen vom Ausgesetztsein im kalten Wind des Gipfelbereichs der männlichen Aufsteiger und im ewig wogenden Seelenmüll der Gestrauchelten.
Powerfrauen sind als Freundinnen total: uneigennützig begeistert bei Erfolgen, hilfsbereit bei Pannen, tröstlich bei Flops. Sie geben Tricks weiter zum Austricksen von Geschäftshaien, sie tauschen Kosmetiktips und Diätprogramme, sie quatschen über Männer und berichten von sexuellen Erfahrungen. Sie sind eine echte Wohltat und eine echte Landplage, weil sie keine Heimlichkeiten dulden.
Lisa hat ein schlechtes Gewissen, und Anja spart nicht mit heftigen Vorhaltungen. Susanne ist noch nicht da.
»Ich bin deine beste Freundin«, beschwert sich Anja, »aber du hast seit Wochen keinen Termin mehr für uns! Du verschweigst doch was! Wie sieht's aus mit unseren Treffs im Fitness-Studio?«
Die zwei hochkarätigen City-Frauen, Anja in schwarzem Leinen, eine auffallende Jugendstilspange in der Mähne,

und Lisa in silbergrauem Kammgarn, bestellen halben Hummer und Mineralwasser.
»Das werden wir gleich haben«, sagt Lisa und zieht ihr elektronisches Notebook aus dem Aktenkoffer, dabei rutscht das Foto von FF heraus.
Anja greift blitzschnell zu, hält das Foto mit spitzen Fingern in Augenhöhe: FF – sehr nackt, sehr sexy, einen Werbeartikel vor seiner Blöße und quer übers Eck mit Fettstift: *Für Leisa von FF.*
»Für Leisa von FF?« liest Anja laut und mit Fragezeichen. Lisa holt sich das Foto blitzschnell zurück, läßt es im Aktenkoffer verschwinden. Im aufgeklappten elektronischen Notebook checkt sie die Termine durch, sucht nach Freiräumen fürs Fitness-Studio. Im Anzeigeblickfeld taucht immer wieder ein Name auf: *Franz Ferdinand.*
Anja, mit dem geschulten, untrügbaren Blick der Anwältin, sagt: »Moment mal! Franz Ferdinand?« Sie schaltet schnell! »Natürlich! Franz Ferdinand von Schloßberg! Der Schadensverursacher! Der Stadtindianer! Natürlich! FF!«
Lisa steckt das Notebook weg, steht auf: »Ich muß gehen ...«
Aber Anja hält sie am Ärmel fest. »Moment, dein Hummer ist im Anmarsch. Und außerdem: das Versteckspiel nützt dir nichts, ich hab's schon gecheckt ... Und da kommt Susanne, die wird dich gleich analysieren.«
Darauf ist Lisa gar nicht scharf.
Psychologin Dr. Susanne Fichtner, ganz in weißem Edelstrick mit breitem Gürtel, Powerfrau von gleichem Zuschnitt wie ihre Freundinnen, stürzt sich auf Lisa: »Er-

wischen wir dich endlich mal, Lisa! Ich dachte schon, du bist krank ... aber so peppig, wie du aussiehst ... da tippe ich eher auf eine neue Diät.«
Anja kann sich nicht zurückhalten: »Sie macht eine *Verjüngungskur!* Mindestens zehn Jahre minus!«
Susanne kapiert sofort, ist baff. Mit Rücksicht auf die Nebentische zwingt sie sich zu halber Lautstärke: »Ein Liebhaber! Lisa, du wolltest von Männern doch nichts mehr wissen! Hast du ein Foto?«
Anja platzt fast vor Vergnügen: »Hat sie, hat sie, will sie aber nicht herzeigen. Zu sexy!«
Lisa fühlt sich durchschaut und ausgeliefert, das ist der Preis, wenn man Freundinnen hat, die genau wissen, wo es langgeht, und deren Sport es ist, daß ihnen nichts entgeht.
»Ich geb's ja zu, ich habe Feuer gefangen ...«
Sie macht den Versuch, das Unfaßbare, das Ungeheuerliche, das ihr widerfahren ist, in seiner extremen Ausuferung zu erklären, aber alles was sie zustande bringt, sind fünf Worte: »Es ist mehr. Viel mehr!«
Bei Psychologin Susanne lösen diese fünf Worte die Alarmanlage aus: »Lisa! Da kann ich dich nur warnen! Wenn's guter Sex ist – okay! Aber: ›Mehr, viel mehr!‹, das klingt absolut gefährlich.«
Lisa wehrt genervt ab: »Mach's nicht so himmelschreiend dramatisch.«
Doch ihre Freundin Susanne, die auch Hummer und Mineralwasser serviert bekommt, warnt nachdrücklich: »Es kann alles hops gehen, alles, was du dir erkämpft hast!«
Das ist der Preis, wenn man Freundinnen hat, die genau

– wie Lisa selbst – pistolenschnell Schwachstellen treffen und diese erbarmungslos wie mit dem Skalpell sezieren, begutachten, beurteilen und ihr Knowhow anbieten. Da gibt es kein Entrinnen und so bricht es aus ihr heraus ohne Punkt und Komma:

»Wie wollt ihr das verstehen, wie soll ich das erklären? Er ... er hat Flair ..., er ist so unverschnürt ... so unausgeschöpft ... irgendsowas wie ein großes Versprechen ...«

Jetzt ist Anja an der Reihe mit ihrem freundschaftlichen Hammerschlag. »Unter uns sind wir ja für absolute Offenheit: Deiner Psychologin darf ich's also sagen: *Er ist ein Stadtindianer!*«

Susanne unterdrückt einen Aufschrei: »Ein Stadtindianer!«

Lisa bricht überstürzt auf. »Ich habe einen Termin, extrem wichtig, um siebzehn Uhr.« Sie flüchtet in Richtung Kasse.

Von der Kasse her ruft sie zurück, in einem Anfall von beinahe hysterischem Übermut: »Er hat eine tätowierte Rose auf der Brust!«

8.

Die sensationslüsternen Freundinnen mit ihrem Psychoterror haben Lisa länger aufgehalten als eingeplant, jetzt ist ihre legendäre Pünktlichkeit in Frage gestellt, ausgerechnet bei diesem Termin.
Mit gesteigertem Tempodruck setzt sie übers Pflaster in Richtung Tiefgarage, im Hirn aktiv bei der Vorprogrammierung der bevorstehenden Unterredung mit ihrem Vater.
Beim Bildabruf *Vater* schnellt wieder eine steile Falte von den Augenbrauen über die sonst marmorglatte Stirn.
Dabei geht es um nichts als um *Golf*! Aber auch beim Golf, das zur Karriere gehört wie das Salz zum Ei, erwartet Dr. Dr. Lorenz Mayer von seiner Tochter selbstverständlich Bestleistungen. Das nächste Turnier soll sie gewinnen, und deshalb hat er ihr aus London das exklusivste Golfschläger-Set mitgebracht, vom rennommiertesten Golfausstatter. Damit will er sie, damit kann er sie, das weiß sie, zum Erfolg auf dem grünen Rasen zwingen.
Es geht überhaupt nicht nur um Golf – es geht um FF! Sie hat sich mit FF vor dem Eingang zur Tiefgarage verabredet, jetzt, aus gutem Grund. Sie wird ihn mitnehmen zu ihrem Vater. Sie wird ihn vorzeigen. Sie ist jetzt auf Kampfkurs.
Sie wartet endlos an der Fußgängerampel. Der Stadtverkehr zu dieser Uhrzeit ist mörderisch, der Termindruck wird zum physischen Druck in ihren Halsrezeptoren.

Das Allerschlechteste bei Dr. Dr. Lorenz Mayer wäre Unpünktlichkeit.
Erst hört sie es, dann spürt sie es – ungewohnt weltentrückt, hinreißend gespielt: Blues und Honky-Tonk. Die Töne drängeln sich in ihr emotionales Reizleitsystem, ihre Beine bleiben abrupt stehen, direkt vor ihm, vor ihrem Stadtindianer.
FF lehnt lässig an einem Betonpfosten vor dem Eingang zur Tiefgarage, neben ihm sein Veteranen-Motorrad, spielt hinreißend vollblutmäßig Honky-Tonk auf der Mundharmonika. Alte, Junge, Kinder stehen herum, Passanten werfen im Vorbeigehen Münzen in den Motorradhelm vor seinen Füßen. FF zwinkert ihr zu.
Ein Straßenmusiker! In Lisa tobt der Zweikampf zwischen Begeisterung und Entsetzen.
FF beendet sein Spiel mit einem langgezogenen, effektvollen Ton. Die Leute klatschen, er nimmt seinen Helm, sagt zu zwei angetörnten Kids: »Macht mal die Hände hohl . . .« und schüttet ihnen die Münzen in die Kinderhände.
»Wenn du deinen Termin in der Rush Hour schaffen willst«, er stülpt Lisa den Motorradhelm auf, »dann nur mit meiner Maschine und mir!«
Okay, er hat recht, sie läßt ihren Peugeot stehen, zieht den Rock hoch bis zum Anschlag, erntet dafür bewundernde Pfiffe, schwingt sich hinter FF auf den Sitz, klemmt sich an seinen Körper, genießt die Auswirkung männlicher Kraft beim Antreten des Motors, gibt ihren Geist auf beim Vorwärtsschub und überläßt sich lustvoll ihren Sensoren auf der Stromschnellenfahrt durch den Berufsverkehr.

Das Villenviertel mit baumbestandenen Straßen, in das sie auf dem Veteranenbike schließlich einfahren, ist altmodisch, vornehm, mit efeubewachsenen, herrschaftlichen Villen in großen Parks.

In einer dieser Villen, in der Halle mit Wintergarten, steht Dr. Dr. Lorenz Mayer, vierundsechzig, hochgewachsen, Silberhaar, Wirtschaftsanwalt, zweifacher Aufsichtsratsvorsitzender, Golfchampion, und betätigt die Sprechanlage zur Küche.

»Hast du den Kaffee fertig, Edelgart? Es ist eine Minute bis siebzehn Uhr.«

Aus der Sprechanlage kommt die pikierte Stimme von Edelgart: »Ja, ja, ja!«

Die Türglocke ertönt mit melodischem Dreiklang. Dr. Dr. Mayer öffnet die Haustür, vor ihm steht seine Tochter Lisa – neben ihr FF.

»Tag, Vater. Bin ich nicht pünktlich? Genau siebzehn Uhr.«

Sie begrüßen sich, sie umarmt ihn. Dr. Dr. Mayer sagt: »Schön, dich mal wieder zu sehen, mein Kind.«

Lisa und FF betreten die Halle.

Dr. Dr. Lorenz Mayer, ganz Boß von Spitzenformat, nimmt sich Zeit, mustert wortlos ausgiebig und gnadenlos den Begleiter seiner Tochter: Jeans, Bomberjacke, Cowboystiefel! Lange Haare, Stirnband, goldener Ohrring! Mindestens zehn Jahre jünger!

FF erträgt die Musterung mit Gelassenheit, studiert unterdessen die auf Hochglanz polierten Schuhspitzen von Dr. Dr. Mayer. Als er hochblickt, trifft Dr. Dr. Mayer unversehens, wie ein elektrischer Blitz, aus den Augen von FF dessen ganze unverfrorene Aufmüpfigkeit.

Von der Küche her betritt Edelgart die Halle, vornehm vom weißen Scheitel bis zum Schnürschuh, Dr. Dr. Mayers Hausdame und seine drei Jahre ältere, leider verwitwete Schwester, sie trägt auf silbernem Tablett kostbares Kaffee-Porzellan herein.
Dr. Dr. Mayer bequemt sich zu einem »Du kommst nicht allein, Lisa?!«
Und Lisa geht gleich in die Vollen, sie verkündet, als Schocktherapie:
»Darf ich dir *Franz Ferdinand von Schloßberg* vorstellen – mein Liebhaber!«
Nun schnellt auf Dr. Dr. Mayers Stirn zwischen den Augenbrauen eine steile Falte hoch, gräbt eine tiefe Furche, und vom Kaffeetisch hört man bedenkliches Porzellanklappern.
»Das soll wohl ein Scherz sein?«
»Durchaus nicht!«
Dr. Dr. Mayer schießt, bei aller Beherrschtheit, das Blut zu Kopf.
Er maßregelt Lisa: »Ich habe dich nach eisernen Prinzipien erzogen, ich habe dir Benehmen und Erfolgsdenken beigebracht! Was ist in dich gefahren?! Du hast die Stirn, deinem Vater und deiner Tante Edelgart in diesem Hause einen offensichtlichen *Outsider* als Liebhaber zu präsentieren!«
Ein Aufbegehren so heftig wie ein Erdbeben, ganz oben auf der nach oben offenen Skala – was immer das auch heißen mag – überfällt Lisa, es ist so heftig, daß sie ohne weitere Hemmungen dem geliebten, gehaßten, bewunderten, verabscheuten Vater die neueste Information ins Gesicht schleudert:

»Wenn dir das nicht paßt – es geht auch anders: *Ich werde ihn heiraten!*«

Jetzt schaut aber auch FF erdbebenmäßig total erschüttert auf Lisa.

Das Silbertablett mit dem Kaffee-Porzellan landet klappernd auf dem Tisch, Edelgart rettet eine kostbare Tasse gerade noch vor dem Herabfallen.

Lisas Vater hat sich wieder im Griff: »Komm bitte mit in die Bibliothek, Lisa, ich muß dich unter vier Augen sprechen.« Und mit ätzender Herablassung zu FF: »Sie gestatten, Herr von Schloßberg?«

FF macht eine Handbewegung, bitte, er gestattet. Er holt Zigarettenpapier und Tabak aus der Bomberjacke, beginnt sich eine zu drehen. Insgeheim bis zum Durchschuß angemacht, gibt er sich nach außen lässig: »Ich werde inzwischen eine rauchen.«

Lisa folgt ihrem Vater in die Bibliothek, und Edelgart weist FF streng und mit befremdlichem Fauchton zurecht: »Hier raucht keiner!«

»Das ändert sich ab heute. Bringen Sie mir mal einen Aschenbecher, Tante Edelgart!«

In der Bibliothek legt Dr. Dr. Mayer in Aufsichtsratsgehabe mit seinen Argumenten gleich los, geht auf und ab, sieben Schritte vor, sieben Schritte zurück, während er doziert:

»Erstens: Als Karrierefrau kannst du dir eine solche Heirat nicht leisten!

Zweitens: Du gibst dich beruflich und gesellschaftlich der Lächerlichkeit preis!

Drittens: Ich gebe einer Ehe mit diesem hergelaufenen

Herrn maximal vier bis sechs Monate. Dann Scheidung und horrende Abfindungsforderungen seitens dieses Habenichts.«

Gezielt überraschend bleibt er vor Lisa stehen und fixiert sie – auch das eine jahrelang eingeübte und erprobte Methode, Kontrahenten zu beeindrucken:

»Lisa, ich verstehe deine Naivität nicht: Eine geschiedene Ehe hast du ja schließlich schon hinter dir!«

Lisa verdreht die Augen, will antworten, hat keine Chance.

Dr. Dr. Mayer nimmt seine verbissene Wanderung wieder auf:

Viertens: Du hast *den* hausgemachten Skandal, der alles zerstört, was du dir aufgebaut hast!

Fünftens: Du programmierst deinen eigenen Absturz!

Sechstens ... Er bleibt erneut stehen und atmet tief durch: »Es fällt mir schwer, es auszusprechen: Du hast meines Erachtens deinen Verstand zur Zeit im Schlüpfer!«

Lisa wird knallrot, hat aber Gegenargumente, vertritt sie vehement: »FF ist für mich *lupenreine Rohware*!«

Dr. Dr. Mayer zeigt wieder mal seine steile Stirnfalte: »FF ...?«

»FF wie Franz Ferdinand.« Lisa zeigt sich unbeirrt: »Herr von Schloßberg läuft zwar vorläufig noch in Jeans herum ...«

»Und mit Ohrring!«

»... aber er hat ein mächtiges Potential, von dem er selbst noch nichts weiß!«

Jetzt argumentiert Lisa:

»a) FF hat innovative Denkansätze.

b) FF hat ein weltweit erfahrenes Alternativ-Wissen.
c) FF ist ein Sprachgenie, spricht russisch, italienisch, arabisch, undsoweiter.
d) FF ist völlig unverbraucht.«

Dr. Dr. Mayer mustert Lisa, hinterfragt: »Wenn er das alles hat und das alles ist, warum läuft er dann durch die Gegend wie ein Asphaltcowboy?«

»Weil er es so will! Er ist *extrem* antiautoritär! Und weil er sein Potential nicht einsetzt – noch nicht ...«

Dr. Dr. Mayer sieht seine Tochter prüfend an, von ihrem Drive gleichermaßen geschockt und angetan: »Bedauerlicherweise hast du von mir nicht nur den Geschäftssinn geerbt, sondern auch den Dickkopf ...«

Plötzliche Einsicht, daß hier nicht zwei Gegner, sondern Vater und Tochter ihr Kampfspiel betreiben.

»Ich rate dir dringend zu Gütertrennung!«

Lisa fegt alle Bedenken vom Tisch: »Keine Gütertrennung. Keine Scheidung. Er ist genau das, was ich will. Ein ungelegtes Ei sozusagen. Nicht so erbärmlich nervtötend, langweilig und erzkonservativ wie mein erster Ehemann.«

»Und das Risiko, daß das Ganze ein totaler Flop wird?«

»Ich werde ihn machen. Ich werde ihn ins System einprogrammieren!«

Dr. Dr. Mayer ist überzeugt vom Gegenteil: *»Wetten, nein!«*

Lisa mit Feuer: *»Wetten, ja!«*

Vater und Tochter, gleichermaßen besessen vom Spiel um Macht und Menschenführung, passionierte Macher, sind sich wieder menschlich nahe, wenn auch eisgekühlt.

Das Fledder-Opfer ist FF. Aber dieser ist, das wird sich noch erweisen, mit herkömmlichen Erfahrungswerten nicht kalkulierbar.

10.

Die Hochzeit! Sie findet tatsächlich statt! FF hat seinem Spieltrieb nachgegeben, in einer als Kleinod und Juwel berühmten Barockkirche. Der Blumenschmuck ist unüberbietbar üppig, und seine Pollen bescheren einigen in der Kirche Heuschnupfen.
Sie sind alle gekommen. Die geladenen Hochzeitsgäste sitzen leicht fröstelnd in den Kirchenbänken und stellen zur Schau, was wert ist, zur Schau gestellt zu werden: die Damen präsentieren Seidenkleider und Modellhüte, die Herren exklusive Maßanzüge und teure Brillen in Gold und Platin. Aus dem Halbdunkel der Kirche blitzt und glänzt Hochkarätiges aus dem Bankschließfach.
Man genießt das letzthin meistbetratschte Ereignis. In diesen Kreisen, in denen Errungenschaften wie Macht, Erfolg und Geld nach außen dokumentiert sind durch Luxuslimousinen, Golfturniere, Karibik-Zweitwohnsitze, ist eines, wenn auch unausgesprochen, von größter Tragweite: die angemessene Partnerwahl.
Was konnte standesgemäßer und dem Aufsteiger-Nimbus dienlicher sein als eine Verbindung wie diese: Ihre

Vermählung geben bekannt: Dr. Lisa Mayer und Franz Ferdinand von Schloßberg!
Die Pulsfrequenz der anwesenden Damen erhöht sich, als der bekannte Wirtschaftsanwalt und Aufsichtsratsvorsitzende Dr. Dr. Lorenz Mayer, hochgewachsen, Silberhaar, markantes Profil, im Nobelfrack, seine hinreißende Tochter Lisa – weißes Atlaskostüm, weißer Atlashut, Rosenbukett – zu den Orgelklängen von ›*Here Comes The Bride*‹ zum Altar führt.
Eine gewisse Unruhe macht sich breit, als man bemerkt, daß der Bräutigam, an den Dr. Dr. Mayer seine Tochter abgibt, dieser Herr von Schloßberg, ein offensichtlich unkonventioneller Bursche ist.
Skepsis, Mißfallen und mokantes Lächeln begleiten die Trauungszeremonie, bei der man das Brautpaar leider nur von hinten sieht, aber um so aufmerksamer die Gelübde verfolgt.
Dr. Dr. Lorenz Mayer sitzt sehr gerade in der vordersten Kirchenbank, den Ereignissen trotzend; die Worte des Pfarrers schmerzen ihn.
»Franz Ferdinand von Schloßberg, willst du Elisabeth, geborene Mayer, zu deiner Ehefrau nehmen, sie lieben und ehren?«
FF antwortet mit einem: »Ja, ich will!« und – typisch FF – fügt er frech hinzu: »Sogar mit Vergnügen!«
Bei dieser Provokation zeigt sich erneut auf Dr. Dr. Mayers Stirn die steile Falte. Man hört die Reaktion der Hochzeitsgäste.
Neben Dr. Dr. Mayer kann sich seine verwitwete Schwester und Hausdame Edelgart, in schwarzem Satin, vom Hut bis zum Schnürschuh eisige Ablehung, nicht brem-

sen: »Er macht es zum Vergnügen und treibt Lisa ins Verderben!!«
Aber statt mit Zustimmung reagiert Lorenz mit einem unterdrückten »Halt den Mund, Edelgart!«
Und nun wieder der Pfarrer: »Elisabeth Mayer-von-Schloßberg, willst du Franz Ferdinand zu deinem Ehemann nehmen, ihn lieben und ehren?«
Lisas Antwort kommt deutlich, forsch und trotzig: »Ja, ich will!«
Dr. Dr. Mayer zieht die Augenbrauen zusammen; er kann seine Enttäuschung nicht verbergen.
Die Zeremonie wird vollzogen, aber die geladenen Gäste haben meist nicht ausreichend Geduld, bei all dem hinzuhören, was da mit Anmahnungen zu Liebesversprechen gepredigt wird.
Anwältin Dr. Anja Busse und Psychologin Dr. Susanne Fichtner wären keine wirklich echten Freundinnen, wenn sie bei aller neuzeitlich geforderten und gelebten Schwesterlichkeit nicht bei gegebenem Anlaß platzen würden vor Neugier, Neid und leider auch Mißgunst. Anja und Susanne, als selbstverwirklichte Fachfrauen über die eigenen Schwächen bestens orientiert, lassen sich das Vergnügen nicht entgehen, zu flüstern und zu lästern und das Flüstern und Lästern zu genießen.
»Das Atlas-Kostüm hat zwölf-acht gekostet. Extra aus Mailand – mit Expreß-Service!«
»Und der Hut ist aus Paris – per Flugzeug!«
»Ich sterbe, wenn ich vom Bräutigam weiterhin nur den Rücken sehe ...«
Unterdrücktes Lachen in die pastellfarben behandschuhten Hände.

Hinter ihnen mahnt ein Gast: »Pschscht!« und ergötzt Anja und Susanne zusätzlich.
Der wie aus dem Ei gepellte Dr. Mangold, der hinter ihnen sitzt, Unternehmenseigner der Firma *Dr. Mangold CVS*, seit neuestem Golffreund von Dr. Dr. Mayer, fühlt sich gestört. Er hatte sich für die Dauer der Trauung in der Kirche ein Abschalten seines von Dauerstreß geräderten Gehirns erhofft, doch das Schwätzen vor ihm, das er teils versteht und verurteilt, teils durch Ohrensausen verpaßt, hat seine Adrenalinreserve losgetreten, und er wird mit hochrotem Kopf wieder zum Spielball seiner Cholesterin-und-Blutdruckraserei.
Auch neben dem dicklichen Dr. Mangold wird in der Kirchenbank getuschelt und gegluckst.
Trotz Doktortitel und Diplom begackern zwei dynamisch frisierte, aktuell bebrillte Frauen, Ende Anfang dreißig vierzig, Chanel-Variationen in Altrosé und Creme, den Mann zwischen ihnen, der durch seine gesprayte Stirntolle ins Auge fällt, ein Mann mit legendärem Nimbus: Ihr *Friseur*, Mike Strohelm, der Guru vom Frisiertempel in der Maximilianstraße, gleich beim *Vier Jahreszeiten*.
Die zwei eleganten Gackerhennen, die ihrem Friseur schöntun, was heutzutage unumgänglich ist, sind: eine diplomierte Life-und-Image-Stylistin, Lisas Beraterin, Maya Kadowski-Schelling, die einen High Class Fashion Shop in der Nähe der Oper betreibt, und Dr. Karin Huber-Moosbaum, frequentierte Augenärztin mit Optiksalon und einem halben Dutzend Brillen-Visagisten, wo Lisa ihre Brillen kauft.
Dr. Mangold drückt sich sein mit Eau de Toilette durch-

tränktes Monogramm-Taschentuch gegen die pulsdurchhämmerte Schläfe.
Der Pfarrer fordert das Brautpaar auf: ». . . so steckt euch gegenseitig die Ringe an.«
In einer der hinteren Bänke wischt Stroganoff-Chef Ivan, im Festtags-Russenkittel, sich eine Träne russischer Rührung aus dem Auge. Neben ihm erleidet die schwarzlockige Babsi im hautengen Ledermini bei aller Lockerheit einen Anfall von Eifersucht, schneuzt sich und schnüffelt: »Er ist viel zu schade für sie.«
Vom Altar her erklingt noch einmal die sonore Stimme des Geistlichen: »So erkläre ich euch zu Mann und Frau . . . bis daß der Tod euch scheidet!«
Die Brautleute küssen sich, dann – endlich! – wenden sie sich um, präsentieren sich den Gästen – und stellen sich den Giftpfeilen. Der Jubel-Chor setzt ein.
Ein ungewöhnliches Paar! Diesem Eindruck kann sich keiner entziehen.
Sie: atemberaubend im weißen Modellkleid. Unterm weißen Atlashut wache Augen hinter der Brille, die Haare streng zurückgenommen, kaum Make-up, verwirrend schöne Beine.
Er: Schulterlanges Haar! Goldener Ohrring! Mindestens zehn Jahre jünger als die Gattin! Jeansanzug in Schwarz. Hochglanz-Cowboystiefel. Einziges Zugeständnis an die anwesende Gesellschaft: die 300-Mark-Krawatte zum Seidenhemd (Geschenke von ihr).
Lisa zieht im Angesicht der Meute die Augenbrauen zusammen wie ihr Vater.
FF sieht es und flüstert amüsiert: »Leisa – die Heirat war deine Idee.«

Sie absolvieren tapfer den Spießrutengang durch die Kirche zum Klang der Hochzeitsglocken.

11.

Auf den Kirchenstufen tänzelt der Fotograf zwei Stufen hoch, drei Stufen hinunter und ereifert sich: »Ja ... So ... Noch ein bißchen mehr zusammenrücken! Das gibt ein wunderschönes Bild ... Ja!«
Das Brautpaar und die illustren Gäste haben sich vor dem Kirchenportal inszeniert. Neben Lisa, die Triumph und Trotz nicht mit einem Lächeln zu mildern vermag, und FF, dessen Stadtindianer-Geschau sowieso nicht in den feierlichen Rahmen paßt, stehen mit todernsten Gesichtern der Brautvater Dr. Dr. Lorenz Mayer und Tante Edelgart.
Der Fotograf dirigiert verzweifelt: »... Bitte lächeln, bitte lächeln ...! Jawohl ...« Er knipst. »Und das war's! Und vielen Dank.«
Sofort setzt sich die ganze Gesellschaft die Stufen abwärts in Bewegung, der Fotograf muß zur Seite springen. Das Brautpaar eilt voran, die Gäste hinterher, sie erreichen und umringen ein blumengeschmücktes Auto mit überdimensionaler Schleife.
Ein Edelcoupé, diamantschwarz, mit Schlafaugen, In-

nenausstattung in Wurzelholz und Messing, Lederpolster in *Kamel*. Autotelefon und Autofax! Das hochbestaunte väterliche Hochzeitsgeschenk.
Dr. Dr. Mayer öffnet den Schlag, mit ironischer Skepsis gibt er seiner Tochter Lisa auf den Weg: »Damit du nicht ganz deine Karriere vergißt«, und überreicht ihr die Autoschlüssel. ». . . Fax und Phone für den täglichen City-Stau.«
Lisa nimmt die Schlüssel, drückt einen Kuß auf die Wange ihres Vaters: »Vater, wir danken dir.«
Dr. Dr. Mayer will einschränken: »Wir? Der Wagen ist nur auf deinen Namen zugelassen.«
Aber da hat er Lisas Ehemann unterschätzt. FF nimmt Lisa die Autoschlüssel ab: »Setz dich rein – ich fahr!«
In der standesgemäßen Karosse thront FF am Steuer.
Er fährt rasant, gibt Zwischengas, genießt das seidenweiche Schnurren des Motors und dreht den Quattro-Sound der Musikanlage bis zum Anschlag auf volle Power.
FF überschreit die Musik: »Supergeil – mit dir verheiratet zu sein!!«
Lisa blitzt ihn mit einem vieldeutigen Seitenblick an. Auch sie kann ihre Obsession nicht bremsen, greift erpicht zum Telefon, wählt eine Nummer, hört, kann nichts verstehen und stellt den Heavy Metal Power Sound ab: »Ist dort die Firma *Compumax*? Bitte dringend Herrn Direktor Osterwein. Ist nicht da? Notieren Sie bitte: Frau Dr. Mayer-von-Schloßberg wird das neue Strategie-Konzept zur Fremdvergabe der kostenintensiven Bereiche bis zur Round-Table-Konferenz am vierzehnten . . .«

Sie wird durch eine Frage unterbrochen.
FF wirft ihr einen genervten Seitenblick zu.
»Wie bitte? – Ja: Dr. Lisa Mayer-von-Schloßberg! Ja! Ich bin dieselbe, habe eben geheiratet . . .«
Anscheinend gratuliert man ihr, sie bedankt sich und beendet das Telefonat.
Im gleichen Augenblick läßt FF aus den vier Boxen abermals ein akustisches Geräuschgewitter krachen.
Kompromißlos wahnsinnig, denkt Lisa, mit FF verheiratet zu sein!!

12.

Eine renommierte Party-Agentur hat es geschafft, den verträumten Park rund um Dr. Dr. Mayers herrschaftliche Villa durch Lichterketten von Baum zu Baum und bunte Bodenfackeln stimmungsvoll zu gestalten und um einen orientalischen Tanzpavillon zu bereichern, eine namhafte Band zu überreden, auf Wunsch des Auftraggebers altertümliche Musicalmelodien zu intonieren und – Krönung der kostenintensiven Veranstaltung – ein luxuriöses Feinschmeckerbüffet mehrstöckig aufzubauen unter den Bogenlampen der ausladenden Terrasse zum Wintergarten.
Die hochzeitliche Gartenparty läuft auf vollen Touren.

Stimmen, Lachen, Musik – das hat's bei Lorenz und Edelgart schon seit Jahren nicht mehr gegeben.
Die Gäste delektieren sich an Champagner und Haute-Cuisine-Leckerbissen, verschmähen auch nicht die als Alkoholunterfütterung bewährten kräftigen, heißen Suppen.
Lisa, umringt von ihren Freundinnen, Anwältin Anja, Psychologin Susanne, ihrer Augenärztin Karin, ihrer Stylistin Maya, sie stehen zu einem Haufen gedrängt mit Tellern in den Händen und Mini-Portionen drauf, Lisa, vegetativ übersteuert, mit nur einem Salatblatt.
Susanne gesteht: »Daß du so kopfüber deinen Schatten überspringst, Lisa, ist für mich als deine Psychologin die ganz große Überraschung!«
Auch Anja muß es herauslassen: »Eins steht fest: Als erfolgreiche Unternehmensberaterin gesellschaftlich und karrieremäßig ein beträchtliches Risiko. Das kann ich als deine Anwältin beurteilen.«
Ein Kellner bietet Champagner an, sie stellen ihre Teller weg und greifen nach den Gläsern.
Freundschaftlich anzüglich die Bemerkung einer der Freundinnen: »Hormonell wird's dir Power geben . . .«
»Stoßen wir an auf Lisa. Feiern wir ihre Kühnheit und Unbedenklichkeit bei dem Mann ihrer Wahl: Franz Ferdinand von Schloßberg!«
Sie stoßen an, blicken zum Büffet, voll ungebremster Neugier, hinüber zu Lisas ungenormten Bräutigam.
Der ist vollauf beschäftigt mit dem Büffet. FF stillt ungeniert seine Gelüste, zieht sich deftige Speisen heran, schiebt Delikatessen beiseite, assistiert von Stroganoff-Chef Ivan und der Schwarzlockigen im Ledermini.

Susanne bedrängt Lisa: »Ehrlich, Lisa, nun sag schon: wie stellst du dir das Ganze vor?!«
Lisa bleibt cool, sie sagt lapidar: *»Mein Mann ist mein Hobby!«*
Den Freundinnen bleibt die Spucke weg.
Am Büffet zwischen FF und Ivan gibt es Streit über Gewürztechniken, beide haben Suppentassen und Löffel in den Händen, Ivan wird ziemlich laut: ». . . schmeckt wie ordinäres Eintopf, nicht wie heiliges Borrschtsch!«
FF wird auch laut: »Sag ich ja! Kohl und Hammel und Rote Beete – das muß man alles einzeln schmecken trotz Kümmel, Pfeffer, Lorbeer . . .«
Ein makellos gescheiteltes Yuppie-Paar mit dem üblichen Lachs und Kaviar auf den Tellern, kommentiert mißfällig halblaut: »Typisch Asphaltcowboy!«
Und Mike Stohelm, der Guru vom Frisiertempel, der hinter ihnen wartend mit Teller steht und in dessen rechtem Daumen und Mittelfinger der Haarschneide-Nerv vibriert, kann sich angesichts der ungebändigten Mähne von FF nicht verkneifen, im berufsmäßigen Flüsterton zu bemerken, daß die Braut nicht nur einen Stadtindianer erheiratet hat, sondern auch zugleich dessen Pferd; man grinst ihn an, und er fühlt sich trotz schlechten Gewissens gut.
FF wird noch lauter: »Und saure Sahne immer extra dazu!«
Die überreizte Hausdame Edelgart rüffelt FF in zischelndem Halbton: »Pscht!! Nehmen Sie sich doch zusammen! Das ist hier keine Kneipe!«
FF, mit vollem Mund: »Tante Edelgart, hast du mal ein Bier für mich?«

Lisa steht noch mit ihren Freundinnen zusammen, als Dr. Dr. Mayer sie wegholt: »Meine Damen, Sie gestatten, daß ich meine Tochter dem Kreis ihrer bezaubernden Freundinnen entreiße ...«, und zu Lisa gewandt: »Ich möchte dich mit einem Herrn aus der Industrie bekannt machen, seit neuestem mein Golfpartner im Club ...«

Lisa entfernt sich mit dem Vater, und Lisas Freundinnen stürzen sich auf FF. Als Rechtsanwältin, Psychologin und Ärztin verstehen sie sich darauf, gezielt zu fragen.

Dr. Anja Busse macht den Anfang: »Hallo, Herr von Schloßberg, wir als engste Freundinnen und Vertraute von Lisa möchten Sie doch sehr gerne näher kennenlernen ...«

FF stellt die Suppentasse weg, schnappt sich eine Flasche Bier, öffnet sie an der Tischkante und wendet sich aufgeschlossen den Damen zu.

Dr. Busse stellt vor: »Frau Dr. Fichtner, Lisas Psychologin, Frau Dr. Huber-Moosbaum, ihre Augenärztin, Direktrice Frau Kadowski-Schelling, und ich bin Dr. Busse, ihre Rechtsanwältin.«

FF bleibt gelassen angesichts der geballten Akademikerinnenladung. Susanne, die Psychologin, fragt: »Es war eine Liebesheirat, stimmt's?«

FF gibt sich als treuherziger Typ: »So ist es. Und damit Sie es gleich wissen: Ich bin zehn Jahre jünger als Leisa.«

Die Freundinnen tauschen Blicke.

Susanne: »Sie nennen sie Leisa – wie apart!

»Das ist nicht *apart* – das paßt zu ihr.«

»Und Sie sind echt von Adel«, fragt Anja, »oder ...?«

FF gibt sich kooperativ, offenherzig, amüsiert über ihre brennende Neugier, nimmt erst einen Schluck aus der Bierflasche.

»Ja, echt von Adel, nicht adoptiert oder so ... Mein Erzeuger hat die Fliege gemacht, fand ich damals ziemlich uncool. Meine Mutter ist Diejenige *von Schloßberg*. Die würde Ihnen in den Kram passen: alleinerziehend und aus Überzeugung extrem anti-autoritär. Man merkt's mir hoffentlich an?«

Susanne: »Ich würde sagen: ja. Und was machen Sie beruflich?«

»Nichts.«

Die Verblüffung über diese Antwort können sie kaum wegstecken.

FF mildert ab: »Hin und wieder Straßenmusik.«

Jetzt kommt von Susanne die Attacke: »Und was finden Sie, wenn man fragen darf, an Ihrer so erfolgreichen Gattin am attraktivsten?«

»Na, den knackigen Hintern und die brutale Oberweite, die sie immer so unterkühlt abgepackt hat unter diesen strengen Klamotten ...«

Den dreien verschlägt's den Atem.

Die schwarzlockige Babsi kommt heran, FF faßt sie um die Schulter: »Das ist Babsi, eine meiner Freundinnen ...«

Babsi läßt sich mustern, sie hat außerhalb und innerhalb ihres schwarzen Lederminis nichts zu verstecken und begegnet der mühsam kaschierten Neugier der Business-Weiber mit dem unverstellten, abgrundtiefen Blick eines Szenemädchens, das mehr weiß und kennt von Männern und Frauen, vom Leben und vom Sterben.

FF wendet sich mit ihr dem Büffet zu: »Komm, Babsi, wir probieren noch die rote Grütze.«
Mit einer Hand ihre Hinterbacke fest im Griff, schiebt er sie vor sich her.
Psychologin Susanne und Augenärztin Karin lassen je einen tiefen Schnaufer raus.
»Ob er im Bett wirklich so gut ist, wie er aussieht?«
»Bestimmt«, sagt Dr. Busse, »ich habe sein Nacktfoto gesehen.«

13.

In einer abgelegenen Gartenecke auf weiß geschnörkelten Gartenstühlen plaudern Dr. Dr. Mayer, seine Tochter Lisa und Unternehmenseigner Dr. Mangold an einem ebenso geschnörkelten Tisch, bestückt mit Whisky, Sodawasser und Eiskübel.
Man ist beim Smalltalk über Golf: Dr. Dr. Mayer beschreibt detailliert das exklusive Golfschläger-Set, das er aus London, von ›einem der renommiertesten Golfausstatter‹ seiner Tochter für das anstehende Turnier besorgt hat.
Dann sagt er ohne Übergang: »Lisa, Herr Dr. Mangold könnte eine gute Unternehmensberatung gebrauchen.«
Herrn Dr. Mangold ist das furchtbar peinlich. »Ich

möchte um Gotteswillen Ihre Hochzeitsfeierlichkeiten nicht profanisieren, gnädige Frau ...«

Dr. Dr. Mayer ist beim dritten Whisky, sagt knallhart: »Sein Betrieb schreibt rote Zahlen, blutrote Zahlen sozusagen.«

Dr. Mangold schüttet bei dieser krassen Direktheit Adrenalin aus, wird dunkelrot: »Wie brutal Sie das formulieren, Herr Dr. Dr. Mayer.«

»Um es klarzustellen«, referiert Dr. Dr. Mayer, »Mangold ist Unternehmenseigner der *Dr. Mangold CVS*, einer bis dato solide, mit Aufträgen abgesicherten Firma, aber ...«

Lisa schaltet sich ein, stellt mit zielgerichteten Fragen ihre fachliche Kompetenz zur Schau: »Wieviel Liquiditätsspielraum haben Sie noch?«

Dr. Mangold atmet merklich langsam ein und aus, reicht ihr seine Geschäftskarte.

»Die Finanzlage ist angespannt, der Cash Flow negativ, wir haben einen zusätzlichen Finanzbedarf von zwokomma-fünf Millionen.«

Workmaniac Lisa ist schon voll auf die neue *Task* eingestiegen, holt ihr elektronisches Notebook hervor und beginnt, die Fakten einzugeben.

»... Ohne Forderungsabtretungen«, ergänzt Mangold, »spielen die Banken da nicht mit.«

»Mit meinem Cash Management können Sie den Liquiditäts-Engpaß überleben.«

Dr. Mangold betupft seine hämmernde Schläfe mit dem Monogramm-Taschentuch.

»Was Sie brauchen, ist eine arten- und fristgerechte Liquiditätsplanung. Sie können mich jederzeit anrufen,

Herr Dr. Mangold – any time.« Sie überreicht ihm ihrerseits die Geschäftskarte.
FF, mit Bierflasche, wurzelt vor Lisa. Vom Pavillon sind verstärkt Walzerklänge zu hören.
»Leisa, die Pflicht ruft: Der *Brautwalzer.*«
FF muß warten, bis Lisa alle Daten in ihren Laptop eingegeben hat. »Kleinen Moment, bin gleich soweit.«
Dr. Mangold ist aufgesprungen, stellt sich vor: »Mangold von *Dr. Mangold CVS.*«
Der wie aus dem Ei gepellte, schweißperlenverzierte, dickliche Herr im stäubchenfreien Armani-Anzug ist für FF der absolute Abschuß.
Mangold entschuldigt sich beim Bräutigam: »Bitte tausendmal um Entschuldigung, Herr von Schloßberg, es war nicht meine Absicht, Ihre Gattin ...«
FF wischt mit lässiger Handbewegung dessen Bedenken weg. »She is the Queen!« Er bietet Mangold eine Selbstgedrehte an, aber der lehnt entsetzt ab.
»Gottstehmirbei! Ich habe das Rauchen gerade aufgegeben, und auch das Trinken – der Blutdruck, wissen Sie ...«
»Mein Beileid ...«
Lisa tippt noch schnell eine Reihe von Memo-Notizen ein, als ihr Vater, inzwischen beim fünften Whisky, sie anblafft: »Lisa!« Seine stahlblauen Augen sind schwarz vor Zorn. »Du als Seminarleiterin für den gehobenen Knigge! Du läßt deinen Ehemann – wer immer er auch sein mag – warten, auf den *Brautwalzer!!* Vor allen Gästen?!«
Mangold erleidet einen Schweißausbruch, der ihm das Gesicht näßt.

Lisa steht auf, funkelt ihren *Gottvater* an: »Ich geh ja schon!«
FF kapiert hellsichtig die Familienkonstruktion. »Laß dir Zeit, Leisa – notfalls spielen die eine Verlängerung.«
Im orientalischen Tanzpavillon setzt die Band zu neuem Schwung an, als Lisa und FF auftauchen. Alle haben sich versammelt. Der Geiger streicht hingebungsvoll.
Das Brautpaar beginnt zu walzen: Ja, Walzer tanzen kann FF natürlich – auf Jungmännerart – die Braut kriegt kaum die Füße auf den Boden ...
Die Freundinnen rasten einmal mehr aus. Ein alter Herr, vom Typ her ein Professor, vielleicht sogar für Lyrik, tritt in den Kreis der Damen, schaut einfühlsam auf die Tanzenden:
»Das ideale Paar – in den Fesseln der Erotik!«
Diese Bemerkung ist hinreißend und jenseits des üblichen Sprachgebrauchs und läßt sie erregt erschauern.

14.

Franz Ferdinand von Schloßberg trägt Lisa, altmodisch und weil es sie beide anmacht, über die Schwelle ihres Appartements. Sie werden begrüßt von Lisas elektronischen Hausgeistern, die als *Message* leise faxen und piepsen und grün und rot blinken.

FF stellt seine Braut auf ihre schönen Beine und küßt sie hochzeitlich.
Während des Kusses sieht Lisa auf die Uhr: »Moment mal, jetzt gibt's die BTX-Wirtschaftsnews.«
Sie spurtet zum Bildschirmgerät, schaltet ein, die News erscheinen. FF geht genervt in die Küche.
Lisa, noch immer mit Atlashut, sitzt konzentriert vor dem Gerät.
FF ruft aufgebracht aus der Küche: »Nicht mal 'n Bier da! Und auch kein Schnaps!«
Er kommt aus der Küche, zieht beim Gehen Jacke, Krawatte und Hemd aus, läßt dabei alles zu Boden fallen, vor dem Kamin schiebt er sich aus seinen Cowboystiefeln, läßt sie am Boden liegen, entfacht das gasbetriebene Kaminfeuer.
Das Feuer stimmt FF gleich romantisch, er sagt zu Lisa: »He, Leisa – schon mal was von Hochzeitsnacht gehört?«
Lisas Antwort: »Was ich gesagt habe! Der Trend beim Maschinenbau geht voll auf *lean production* ...«
FF läßt seine Muskeln spielen, ist zu allem bereit.
Lisa, vor dem Faxgerät, studiert gespannt den Text, der gerade ankommt.
Bei dieser verfahrenen Situation gibt FF einer Eingebung nach und schaltet am Schaltkasten die Sicherungen aus.
Das Licht erlischt, die Apparate geben ihren Geist auf, nur das Kaminfeuer flackert.
Lisa braust auf: »Was fällt dir ein! Das Fax war immens wichtig!«
FF geht auf sie zu: »Ich weiß, was jetzt wichtig ist . . .«
Ganz romantisch bei flackerndem Kaminfeuer beginnt er, sie zu entkleiden.

»Ich bin dein Mann . . .«
Er legt ihre knackigen Formen frei, auf die er so abfährt.
». . . und du bist meine Frau.«
Am Ende steht sie im bräutlich weißen Spitzenseidenhöschen vor ihm. FFs Hand tastet sich an und unter das Spitzenseidenhöschen.
»Achtung, Leisa!« sagt er zärtlich, aber frech wie immer. »Jetzt schreiten wir zur *System-Orientierung* der niederen Bereiche:
a) System-Erkundung
b) Erkennung des Systems nach Check Up
c) Realisierung des Funktions-Prozesses
Lisa reagiert höchst angetan: »Du steigst ja mit Tempo ein in die Fachterminologie.«
Sie zieht ihn, hochzeitlich und ganz schön frivol, zum Kingsizebett: »Jetzt checken wir erst mal, ob dein *Fax* funktioniert . . .«
Dem glotzenden Plüschteddy auf dem Kopfkissen stülpt FF die rote Mütze über die Augen. Was jetzt folgt, ist die Nacht der freien Liebe. Sie brauchen sich mit den Einschränkungen des Safer Sex nicht behelligen – beide haben den gewissen Test gemacht, beide waren negativ – jetzt sind alle Variationen ohne Hemmschwelle auslebbar.
FF fragt Lisa mit Kennwort: »Sollen wir . . .? Wollen wir . . .? Alles machen?«
Und Lisa sagt bedenkenlos: »Ja!«
Ohne Wenn und Aber öffnet FF seinen bis jetzt unter Verschluß gehaltenen Fundus an Lusterfahrungen aus verschiedensten, auch indischen, auch ostasiatischen Kulturbereichen.

Langsam, ganz langsam, beginnt er, aus dem Schatzkasten Glückseligkeiten auszukramen, fängt an mit Fingerspitzengefühl und Lippenbekenntnissen, steigert sich zu liebestoller Artistik, bis Lisa sich auflöst, wie ein Sturzbach zerfließt, ihr IQ sich verabschiedet und sie im Rausch nur noch als Liebessymbol die auf- und niedertanzende Tattoo-Rose wahrnimmt.

Ein Stilleben der ganz besonderen Art bietet Lisas Appartement an diesem, auf die heiße Nacht folgenden, nüchternen Tag.

Grell und gnadenlos erhellt die weiße Mittagssonne das Chaos. Eilig fallen- und liegengelassene Klamotten, kreuz und quer, der atlasseidene weiße Hut aus Paris, die lackschwarzen bestickten Cowboystiefel, die Dreihundertmark-Krawatte, die Boxershorts und die Designerbrille.

Das bräutliche Seidenspitzenhöschen flaggt auf dem Fax wie ein Siegerfähnchen. Das Kaminfeuer flackert noch immer. Wenig wirksam bei dem bleichen Licht wärmt es als einzigen den bis zum Schutzgitter wegkatapultierten Teddy mit der über die Augen gezogenen roten Zipfelmütze.

Im Kingsizebett, halb neben-, halb übereinander, liegen Lisa und FF.

Beide wachen gleichzeitig auf, beide in Panik: Lisa vernimmt alarmiert die Totenstille ihres Cockpits, FF ist befallen von kneifender Magenleere.

Beide springen gleichzeitig aus dem Kingsizebett. Lisa rennt zum Sicherungskasten, schaltet die Energie ein, stürzt sich mit ein paar unfeinen Flüchen, die sie von

FF gehört hat, in die High-Tech-Reparatur, um ihre verstummten Hausgeister nach dem Absturz in ihr elektronisches Leben zurückzuholen.
FF wandert nackt, nur mit Rose verziert, durchs Chaos, sucht seine Jeans.
Im Cockpit piepst und schnurrt und schnarrt es, die roten, gelben und grünen Lichter signalisieren: wir sind wieder funkionabel!
Lisa lächelt glücklich. Ihr erstes Lächeln an diesem Hochzeitsmorgen. Sie greift begierig nach ihrem Telefon, wählt, spricht:
»Hier Lisa Mayer-von-Schloßberg. Würden Sie mich bitte mit Herrn Dr. Mangold verbinden . . .« Und dann powert sie wieder ihr Geschäftschinesisch in Dr. Mangolds Ohren.
FF steigt in seine Stiefel und überschreit ihr Palaver: »Ich gehe Currywurst holen!«

Als er mit einem Kasten Bier, fünf Currywürsten und einer Riesenplastikflasche Ketchup wieder eintrifft, hängt Lisa immer noch am Apparat.
Sie sagt ins Telefon: »Einen Augenblick, bitte«, hält dann die Hand über die Muschel und sagt zu FF: »Die Hochzeitsreise fällt aus. Ich hab einen großen Fisch an der Angel!«
»Hochzeitsreise? Mit mir?! Ich bin total weg! Eventuell sogar nach Mallorca . . .?«
»Nicht nach Mallorca und nicht nach sonstwo. Ich bin mit Mangold im Vorgespräch über einen Sanierungsauftrag. Du weißt schon: *Cash Management*, brisant und eilig. Sonst macht er pleite.«

»Das nennst du *Vorgespräch*! Du telefonierst schon seit über einer Stunde.
Sie setzt unbeirrt ihr Vorgespräch fort, ohne Punkt und Komma. Zum Niederknien sieht sie aus, findet er, in ihrem kurzen weißen Saunamantel, die Haare noch nicht streng zurückgerissen, sondern im eigensinnigen Durcheinander, und dieser gewisse Hormonglanz auf den Oberschenkeln . . .
FF hält ihr eine fetttriefende Currywurst hin zum Abbeißen, sie schiebt schnell ein Finanzformblatt drunter und beißt ab, gleichermaßen mit Todesverachtung und Heißhunger.

15.

Am Samstag früh stehen sie in der Tiefgarage vor ihrem diamantschwarzen BMW, der ein paar Spritztouren von FF mit entsprechenden Schlammverzierungen beantwortet hat. Daneben FFs Uralt-Motorrad, das für Geländefahrten geeigneter wäre.
Lisa verschluckt ihren Unmut, denn FF öffnet ihr mit adeliger Formvollendung die Beifahrertür, spendet ihr sein selbstherrliches Lächeln und sagt: »Leisa, ich bin verknallt in dich – you are my sweet perfect High-Tech-Queen . . .«

Und so, wie er es sagt, sieht sie auch aus: im sündteuren Understatement-Kostüm in Silbergrau, weiße Seidenbluse, die Stirn frei von Haarfirlefanz, mit Cartier-Uhr und Aktenkoffer. Als neue Facette: der Ehering in Gold mit einem kleinen, blitzenden Diamant.

Den gleichen Ehering mit blitzendem Diamant trägt auch FF, ganz lässig am kleinen Finger.

Seine Hand flitzt unter ihr silbergraues Jackett und zwickt zielsicher über dem Rockbund in ihr Weiberfleisch.

Sie schreit »Au!«, so laut, daß es in der Tiefgarage widerhallt und einige Herren an ihren Autos die Köpfe drehen.

»Wenn ich nicht in Erfahrung gebracht hätte, daß meine perfekte High-Tech-Queen hier das gewisse kleine Speckröllchen hat, würde ich glatt Komplexe kriegen in meiner Unvollkommenheit.«

»Laß los!«

Er läßt sie los und grinst.

»Setz dich rein – ich fahr!«

Im Luxusgefährt geht es durch den Stadtverkehr. Sie muß zum Intensivseminar *Persönlichkeitstraining – Etiketten und Tabus im Management, Selbstorganisation, Speedmanagement* (Spezialgebiet von Lisa).

FF, in seiner ewigen Bomberjacke, sitzt genüßlich am Steuer, Lisa tätigt dringende Telefonate: ». . . ohne weiteres könnte ich Ihnen binnen zehn Tagen ein Strategiepapier für Ihre Logistik erstellen . . .«

Sie stoppen an einer Ampel.

». . . wobei es primär aufs *Global-Sourcing* ankäme oder vielleicht sogar auf *Outsourcing* . . .«

FF beäugt sie, ihre eloquent abgefeuerte Fachterminologie findet er geil.
Sie gibt ihm Zeichen, hinten Hupen, vorne Grün!
FF startet durch, haut eine Kassette in den Rekorder, zieht sich den Quattrosound rein.
Lisa drückt ärgerlich die Kassette aus.
»Entschuldigen Sie, Herr Dr. Mangold, eine akustische Störung. Also, die Problemlösung liegt meines Erachtens darin, daß . . .«
»Undsoweiter undsoweiter undsoweiter«, brummt FF.
Auf dem reservierten Parkplatz vor einem stilvollen Gebäude steigen sie aus.
Lisa fragt boßmäßig: »Hast du das Schild? Und das Putzmittel? Und den Schraubenzieher?«
FF, in seiner Rolle als Handlanger, bestätigt:
»Punkt eins: Ja. Punkt zwei: Ja. Punkt drei: Ja. Und auch Punkt vier: den Polierlappen!«
Zwei elegante Messingschilder werden von FF unter ihrer Anweisung ausgewechselt:

Profil – Business Shop
Seminarleitung: Dr. Lisa Mayer-von-Schloßberg

Ihr neuer Name. Darunter Telefon und Telefax.
FF poliert mit übertriebenem Eifer das Messing auf Hochglanz und verzieht sich dann mit einem »Ciao«.
Sie ruft ihm nach: »Du könntest inzwischen mit dem Wagen in die Waschanlage . . .«
Aber FF zeigt auf die Straßenseite gegenüber. Dort ist ein McDonalds.

Das *Seminar für Persönlichkeitstraining*, das Dr. Lisa Mayer-von-Schloßberg am heutigen Samstag veranstaltet, findet im ersten Stock des stilvollen Gebäudes statt, in einem neonlichterhellten, ultramodernen Seminarraum, ausgestattet mit weißen Tischen, schwarzen Stühlen und einer tannengrünen Tafel. Ein Redner-Desk auf Podest erhöht den Seminarleitenden vor den Seminaristen.

Für die personality-bedürftigen Kursteilnehmer, alles Yuppies, nur eine Frau, ist Lisa in ihrem Outfit das lebendige Beweisstück für ihre Thematik.

Sie legt los mit antrainiertem Format:

»Als erstes beschäftigen wir uns mit Leitlinien, setzen Zielpunkte. Unser Thema: *Personality Training*.

A) Das äußere Erscheinungsbild im Management.

B) Das Knowhow der teils ungeschriebenen Etikettenzwänge

C) Die innere Ausstrahlung, das Signalisieren von Charakter – wie zum Beispiel Vertrauenswürdigkeit, Diskretion und dergleichen.«

Die Seminaristen an den Tischen, Mittelmanagement-Typen, korrekt in Business-Anzügen, Schlips und Kragen, machen sich eifrig Notizen.

»Schreiben Sie bitte nicht mit, meine Herren, wir sind hier nicht in der Uni. Dies hier ist ein Kompakt-Seminar. Integrieren Sie das Gehörte unmittelbar in ihr Denksystem. Überprüfen Sie in den kurzen Zwischenpausen die Abrufbarkeit der aufgenommenen Fakten. Personality-Knowhow-Testbögen sind nach Abschluß des Seminars bei mir erhältlich.

Einzige Frau unter den Kursteilnehmern, an einem der hinteren Tische in der Nähe der Tür, eine westlich hypergestylte Thailänderin, Ende zwanzig, knallrote Fingernägel, trotz sichtbarer Intelligenz mit der exotischen Ausstrahlung der Frauen Südostasiens: Miß Wang-Pi, Computerspezialistin besonderer Prägung, mit einem elektronischen World Translator vor sich, von dem sie fingerfertig übersetzte Wörter abruft.

Die Extra-Ausstattung von Miß Wang-Pi haben auch die anwesenden Yuppies schon mitbekommen: Augen so schwarz wie die Nacht und ein immer bereites Fernost-Lächeln.

Lisa doziert: »Als selbstverständliches Grundwissen darf ich wohl voraussetzen – außer vielleicht bei Frau Wang-Pi, weil aus einem anderen Kulturkreis ...«

Die Thailänderin meldet sich, begleitet von einem reizenden Lächeln, mit Zwitscherstimme: »Bitte nicht Frau sondern Fräulein Wang-Pi.«

Lisa nimmt die Gelegenheit wahr, die Anrede *Frau* zu erläutern: »Man benutzt die Anrede *Frau* heutzutage bei jedem weiblichen Wesen ab achtzehn Jahre. Es ist ein Sieg der Gleichstellung: *Fräulein* beinhaltet eine Herabminderung – vergleiche etwa *Männlein* als Anrede.«

Miß Wang-Pi tippt in ihren World Translator das merkwürdige Wort *Männlein* ein.

Die Tür geht geräuschvoll auf, alle Köpfe drehen sich zur Seite: FF schiebt sich herein, auch er ein Exot in diesem erlauchten Yuppie-Kreis: Lange Haare, goldener Ohrring, Stirnband, Bomberjacke, Abrißjeans. Er kaut noch, wischt sich mit der ketchupverschmierten Papierserviette den Mund ab, setzt sich in die hintere Reihe auf den Platz neben der Thailänderin. FF live, wie er nun mal ist!

Lisa schluckt, beschließt dann, FF zu ignorieren. Sie macht einfach weiter im Text.
»Also, als Grundwissen setze ich voraus, daß beispielsweise gegen die guten Sitten verstößt, wer beim Geschäftsessen als erster die Suppe zu löffeln beginnt, ehe der Tischnachbar den Suppenteller vor sich hat. Oder man beginnt zu rauchen, wenn der Tischnachbar noch beim Dessert ist . . .«
FF baggert das Thaimädchen an, halblaut sagt er: »Jetzt rat ich mal: aus Bangkok, stimmt's?«
Miß Wang-Pi nickt und strahlt.
FF schwärmt: ». . . wunderschönes Bangkok – viele schöne Tanzmädchen – machen Sweet-Swinging-and-DingDong . . .«
Miß Wang-Pi muß kichern und macht ihm halblaut ein Angebot, sie spricht hinlänglich gut deutsch: »Wollen Sie Computer kaufen? Ganz ganz billig, allerbester Markenname, kompatibel für jede Software . . .«
FF schätzt sie richtig ein: »Die produziert ihr wohl selber?«
Miß Wang-Pi strahlt: »Ja – mein Onkel . . .«
Lisa entgeht das Gezwitscher und Getuschel nicht. Eine gewaltige Eifersuchtswelle schießt in ihr hoch. Gegen ihre eisernen Prinzipien gibt sie der Emotion nach, trennt rigoros die beiden.
Sie bittet FF nach vorne: »Kommen Sie doch bitte an die Tafel.«
FF zeigt fragend auf sich.
»Ja, Sie dahinten.«
FF spielt den Schüchternen, geht vor. Als er neben Lisa an der Tafel steht, listet sie (ganz schön vom Teufel

besessen) alle seine schlechten Erscheinungsmerkmale auf, die einen Geschäftsmann schädigen: »Hier können Sie am lebenden Beispiel erkennen, wie man sich im Geschäftsleben Minuspunkte und Pluspunkte einhandelt . . .«

Sie schreibt auf die Tafel: links *Minus*, rechts *Plus*.

Während sie ihre Auflistung abfeuert, mit Kreide und verbal überdeutlich, zeigt sie jedesmal auf FF, der lässig und stur dasteht.

»Fangen wir mal oben an . . .«

Sie schreibt unter *Minus*:

Lange Haare – und kommentiert betont deutlich: »Minuspunkt: Lange Haare!«

Wieder unter *Minus*: Stirnband! – kommentiert: »Minuspunkt: Stirnband!«

Schreibt: Ohrring!! – kommentiert: »Minuspunkt: Ohrring!!«

Es artet in verbale Attacken aus:

»Minuspunkt: Bomberjacke!

Minuspunkt: Abrißjeans!

Minuspunkt: Cowboystiefel!«

FF feixt, immer noch lässig, dann nimmt er ein Stück Kreide, schreibt quer über die Tafel mit nervtötendem Kreidequietschen:

Eifersucht mit Kontrollverlust! – und zieht einen langen Pfeil zur Minus-Rubrik.

Lisa wechselt von Röte zu Blässe.

Einer der Yuppies sagt zum Nachbarn: »Ich glaube, er ist ihr Ehemann. Sie tragen die gleichen Ringe.«

Unterdrücktes Lachen.

FF zwinkert Miß Wang-Pi zu, das empört Lisa noch

mehr. Sie versucht ihre Position zu retten, gibt ihm einen letzten Minuspunkt:
»Im Umgang mit Business-Partnern ist Zwinkern nicht angebracht!«

16.

In Lisas Appartement ist die Stimmung nach den kalten Nackenschlägen im Intensiv-Seminar überraschend friedlich.
Vor dem Kaminfeuer hockt FF zwischen hingeschmissener Jacke und den ausgezogenen Cowboystiefeln vor dem Kamin und entlockt seiner Mundharmonika die langgezogenen, weltentrückten Töne des Blues.
Lisa, im Bodyshape-Jogginganzug, kommt aus der Küche mit einem Tablett, bringt die Speisen zum hübsch gedeckten Tisch. Sie ist, so sieht es aus, mit Kochen und Tischdecken auf Goodwill-Tour.
FF kommt augenblicklich an den Tisch, setzt sich, greift sich ein Bier. Lisa entkorkt eine Rotweinflasche, er schaut unbehilflich zu, sie gießt sich ein. Sie hebt das Rotweinglas zu FF, lächelt ihn an: »Ich versuche mit dir ein Grundsatzgespräch ...«, und mit einer Rundum-Geste über den Tisch, »... daher das entspannte Ambiente.«

»Nur zu, ich bin total entspannt.« Er häuft sich Spaghetti auf den Teller: »Keine Sorge, bei Spaghetti und Bier kann man seine Frau gut mal anhören.«
Lisa will den günstigen Moment nützen, stößt mit ihm an, er mit Bierflasche, sie trinken: »Ich will ad eins deine grundsätzliche Bereitschaft erarbeiten, daß du mit deiner Lebensart an meiner Seite meinen etablierten Ruf als Unternehmensberaterin und Seminarleiterin *in keinster Weise* ruinierst . . . !«
FF kaut und beteuert: »Aber Leisa – nichts liegt mir ferner.«
Trotzdem, der Schock folgt sogleich: Lisa steht auf, holt einen teuren, flachen Karton unter dem Kingsizebett hervor, und mit viel Seidenpapiergeraschel präsentiert sie einen Anzug: *Armani Classic*, managerblau, dazu dezent gestreiftes White-Collar-Hemd, Mailänder Krawatte, hochglanzblitzende schwarze Schuhe von *Sateree* (sie hat ihm heimlich beim Schlafen die Fußsohlen in Zentimetern nachgemessen) und die entsprechenden Socken.
FF stöhnt auf. »O Scheiße, genau wie dieser Dr. Mangold!«
Der Anrufbeantworter quäkt, erst Lisas Ansage, dann der Pfeifton, dann Dr. Mangolds Stimme aus dem Apparat: »Frau Dr. Mayer-von-Schloßberg – Hier Dr. Mangold – sind Sie zu Hause . . . ?«
FF, sowieso schon auf hundert, springt zum Anrufbeantworter, reißt den Hörer hoch, schreit wütend: »Nein, verdammt nochmal!!« Er haut den Hörer auf die Gabel. »Beknackte Scheiße – der will wieder ein mehrstündiges Vorgespräch!«

Lisa ist bedient und kann sich nur mühsam beherrschen: »Schade – ich hatte mein Angebot für Dr. Mangold gedanklich schon optimiert.« Aber sie überwindet ihren Ärger: »Nun gut, dann will ich wenigstens das Grundsatzgespräch mit dir fortführen . . .«
Aber FF schaltet Fernsehen ein: Sportschau – Fußball! Da darf ihn keiner ansprechen. Mit Blick auf den Bildschirm sagt er: »Bring mir doch mal 'n Bier!«
Lisa könnte heulen.

17.

Ich hab einen Fisch an der Angel, Tralalitralala . . . einen *dicken* Fisch, einen *großen* Fisch, Tralalitrala . . .«
Lisa ist high, ihr Blutdruck erhöht, ihr IQ feuert verstärkt Impulse ab. Sie schwitzt, hat Kopfschmerzen und ist vom Streß total verspannt. Trotzdem singt sie exaltiert und schlägt im Takt mit der Flachhand auf das ledergefaßte Steuerrad: »einen *dicken* Fisch, einen *großen* Fisch . . . Tralalitralala!«
Der dicke, große Fisch ist die Firma *Aliterm* in Eching, Gewerbegebiet zwei. Die müssen schnell verkaufen, brauchen eine Wertanalyse, suchen einen Interessenten auf dem Pharmasektor. Lisa hat schon einen infragekommenden Betrieb im Visier, *Chemcon* in Basel, von

dem sie Kenntnis hat, daß er expandieren muß ... Tralalitralala ...

In ihrem schwarzen BMW flitzt sie auf der Autobahn von Eching in Richtung München. Den Fuß wie immer ohne Schuh auf dem Gas, das Diktiergerät in der Hand, formuliert sie die aktuelle Aktennotiz: »Besichtigung der Firma *Aliterm*, Donnerstag, dritter fünfter. Wollen verkaufen. Standort: Eching, Industriegebiet zwei. Leitender Direktor: Egon Fellner ...«

Gestern abend, das ist nicht so gut gelaufen. Sie hat geschrien und er hat geschrien. Sie hat ihm die Asche gezeigt und die Tabakkrümel und die wüsten Klamotten überall und die klebrigen Bierspuren und die Spritzer von Zahnpasta und Rasierschaum auf den Spiegeln ...

Sie spult zurück, hört die letzte Formulierung: »... Leitender Direktor: Egon Fellner.« Sie diktiert weiter: »Produktion und Vertrieb von Pharmaerzeugnissen. Tochtergesellschaft: Vertrieb von High-Tech-Apparaten für den medizinischen Bereich. Mein Eindruck: Straff geführtes Unternehmen, Struktur nicht ganz klar. Sind in Prozesse verwickelt. Einige juristische Fragen bedürfen der Klärung ...«

An der Ausfahrt Richtung München Mitte wirft sie das Diktiergerät auf den Beifahrersitz, wechselt die Fahrspur, greift nach dem Telefon, sie muß mit Anja die Verträge ausarbeiten und die Verkaufsstrategie konzipieren. Anja fragt als erstes nach FF und wie die junge Ehe so läuft?

Lisa gibt sich enthusiastisch: »O bestens, Anja, ausgezeichnet. Wir haben null Probleme ...« (Er ist unter Protest abgehauen, und sie hat geputzt – wütend, manisch – gesaugt, gewischt, geschrubbt, poliert. Das fusselfreie Ergebnis: ein blitzendes Cockpit, ein glänzendes Bad, eine saubere Küche, ein schneeweißes Bett! Das gräßliche Zusatzergebnis: der seelische Kater nachts und die irren Kopfschmerzen heute.)

»Es geht um die Firma *Aliterm*, Eching, die wollen verkaufen . . . Anja, der Verkehr ist mörderisch, ich ruf dich abends an. Ciao.«

Es ist knapp siebzehn Uhr. Durch die Lüftung dringen Dieselabgase. Schwertransporter und Berufsverkehr fordern Lisas Konzentration, ihr tränen die Augen, die untergehende Sonne blendet. Ja, sie ist abgespannt. Vielleicht helfen ein Kau-Aspirin und die Sonnenbrille. FF ist die ganze Nacht nicht nach Hause gekommen. Das erste Mal. Auch heute früh nicht. Und wenn er gar nicht zurückkommt? Bei FF weiß man nie. Besser, er ist nicht da, denkt sie bockig, sie will nichts reden, nichts hören, nur eine Tasse grünen Tee und ein heißes Melissenbad und dann ins Bett.

Wo ist die Powerfrau? Mit einem echten Durchhänger lehnt sie im Eck des noblen Messing-und-Marmorlifts, auf Strümpfen, die Schuhe in der Hand, den Aktenkoffer am Boden, die Augen gequält geschlossen. Powerfrau? Ein Elendshäufchen, sonst nichts!

Sie öffnet die Tür zu ihrem Appartement. Endlich zu Hause! Im selben Moment ein Schock! Eine Explosion in Mega-Stereo, die Vibrationen der Elektrogitarre schnurren ihre Nerven entlang, und eine ausgeflippte Bardenstimme verkündet, was für ein Wahnsinn das *Isarflimmern* ist.

Lisa steht auf der Schwelle wie mit dem Lasso gefangen,

die Musik stülpt sich über sie, und der bayrische Blues fordert Einlaß in ihr Reizleitersystem mit einem intensiven »Sie ist so schön, so schön . . . und du woaßt . . . du hast sie schon amal nackert g'sehn . . .«
Auf die überfallartige Hochstimmung folgt das kalte Entsetzen: ein Chaos auf dem Teppichboden ihres frischgeputzten Appartements – ein ausgeleerter Seesack und jede Menge abgewracktes Zeug im Umkreis, dreckige Jeansklamotten, geknülltes Papier, geknickte Schachteln, jede Menge Comics.
Logische Erkenntnis: FF ist nicht aus-, nein, er ist *ein*gezogen!
Der bayerische Bluesköni Willy Michl wiederholt noch einmal hingebungsvoll, wie schön das *Isarflimmern* ist, da erscheint FF in der Küchentür, mit Weißbierglas und Selbstgedrehter, und führt sein strahlendes Lächeln vor.
»Hi, Leisa!« ruft er erfreut, »hast du Hunger? Ich habe Chili con Carne!« Keine Spur von Irritation wegen gestern. Einen hartgesottenen Burschen wie FF können kleine Gemetzel mit Frauen nicht mal an der Oberfläche kratzen. »Moment, ich muß umrühren.«
Auf dem Küchenboden liegt haufenweise Dreckwäsche, auf dem Küchenbord bildet die Naßwäsche einen kleinen See. FF zieht sein T-Shirt ab, stopft es in die schmalbrüstige, eingebaute Waschmaschine, schaltet den Waschgang ein. Dann rührt er im Topf, kommt mit einem Löffel voll Chili con Carne zu Lisa, die jeden Moment ihren Nervenzusammenbruch erwartet.
»Da, nimm mal, du siehst total fertig aus. Schön heiß, das gibt dir wieder Feuer.«
Er löffelt Lisa das feurige Chili ein, und sie muß an die

Fütterung mit Pellkartoffeln und Kaviar denken, mit der alles anfing. Und programmpunktmäßig offeriert er ihr auch gleich einen hochprozentigen Schnaps. So aufgeheizt kann sie ihrer Empörung Luft machen und ist so scharfzüngig wie jede gute Hausfrau, wenn ihr Großputz durch männliches Chaos im Handumdrehen ruiniert ist. FF sagt gar nichts, tut zerknirscht, insgeheim aber fährt er ab auf sie in ihrem sprühenden Zorn.

Mitten in ihren Ausführungen flippt er aus, packt sie, schiebt ihr den Rock nach oben, die Strumpfhose nach unten, setzt sie mit Schwung auf die angewärmte Waschmaschine, macht ihr die Füße frei, faßt ihre Knie, schiebt sich rein mit einem stöhnenden »Mann – genau die richtige Höhe!« Und als rhythmischer Begleittext: »Ich liebe dich, Leisa – ich liebe dich, Leisa – ich liebe dich, Leisa . . .«

O Gott, denkt Lisa, meine Kaschmirjacke neben dem brodelnden Chili . . ., o Gott, ich habe einen Wahnsinnigen geheiratet . . . Dann gibt sie das Denken einfach auf. Ihr Lustzentrum verströmt die Message: *Er ist wild, er ist stark, er ist schön . . .* In der Waschmaschine startet der Schleudergang mit heftigen Vibrationen. Ihr kommt ein Kiekser aus. Die profane Zutat macht die Ausschweifung erst richtig kraß.

Hinterher verputzen sie das Chili con Carne und kratzen auch noch den Topf aus. Die Kopfschmerzen sind weg, dafür hat sie's nun im Kreuz.

Lisa sieht das Chaos nicht mehr, berichtet von ihrem dicken Fisch namens *Aliterm*. FF kann sie da nur warnen: »Laß bloß die Finger von Pharmafirmen, die sind alle paranoid, außen korrekt, innen korrupt.«

»So? Und woher willst *du* das wissen?!«
»Ich weiß es.«
»Sie wollen verkaufen. Ich mache die Wertanalyse.«
»Anzunehmen, daß sie schnell vom Markt verschwinden möchten.«
»Dann gib mir mal Informationen.«
FF hat mit Pharmafirmen Erfahrungen gemacht, gnadenlos kriminell: »Du weißt schon: Gelegenheitsjob. Als Versuchskaninchen für Arzneimitteltests. Ich sag dir was, die Tiere werden strenger geschützt als die Menschen. Nach einer mammutmäßigen Versuchsspritze dachte ich, mein Abgang wäre beschlossen, der Kreislauf tobte, die Zähne klapperten, das Hirn war Matsch. Ich war hochrot, aufgeschwollen wie eine überreife Tomate, sogar die Tattoo-Rose war nicht mehr zu sehen.«
Lisa muß ein bißchen grinsen.
»... da war nicht mal ein Arzt da mit 'ner Gegenspritze!«
FF holt die Wäsche aus der Maschine, türmt sie oben auf den Berg Naßzeug. »Scheißbanditen!«
»Dergleichen steht hier nicht zu befürchten«, sagt Lisa, »die sind spezialisiert auf Medizintechnik und Biotechnologie. Extrem kompliziert und kostenaufwendig. Damit sind sie dann auch den Bach runter.«
Der Anrufbeantworter quäkt. Anja ist am Telefon.
Jetzt geht ein endloses Gequatsche los über juristische Kniffeleien, da geht FF lieber auf ein Bier ...

18.

Als FF heimkommt, findet er seine Leisa, ungeachtet des Chaos-Ambiente, im Designernachthemd ausgestreckt auf dem Kingsizebett, nach Melissenöl duftend, ein Glas Wein auf dem Nachttisch, inmitten von alten Fotos in einer verdrückten Pappschachtel aus dem Seesack.

Sie schaut auf zu FF, und ihre Augen sind wie Plüsch. Sie hat sich ein dutzendmal verliebt in FF auf diesen alten Fotos: FF als Kleinkind, eingeknotet in ein Tuch auf dem Rücken einer sehr jungen Mutter im abgerissenen US-Parka im Kreis der Wohngemeinschaft. FF auf dem Klassenfoto, erster Schultag, FF als einziger ohne Tüte. FF als Hippiekind mit Hippiemutter. FF in Brasilien, finster blickend zwischen schöner Mutter und martialischem Haciendado (16. Geburtstag, steht auf der Rückseite). FF in Venice Beach/L.A. beim Tätowieren der Rose. FF in Bangkok, mit Thaimädchen. FF in Indien mit heiliger Kuh. FF in Australien mit Motorrad. FF vorm Knast mit Entlassungspapier. Und immer schon der wilde Haarschopf, und immer schon die Aufmüpfigkeit im Blick . . .

»FF«, sagt sie gerührt, »ich bin so glücklich über diese Fotos . . . endlich weiß ich, mit wem ich verheiratet bin.«

»Ist das nicht geil? Du hast mich geheiratet, ohne nach irgendwas zu fragen!«

FF legt sich an ihre Seite, ihre Hände wühlen in den Fotos. Fragen und Antworten, eine punktuell belichtete

Vita wird aufgeblättert, kraß und regellos, mal zum Lachen, mal zum Weinen, mehr unten als oben, aber immer diese unzerbrechliche Selbstherrlichkeit als Stütze in allen Lebenslagen.
Lisa ist bewegt, und FF spürt es, er nimmt ihre Hand und küßt sie ganz unpathetisch auf den winzigen Diamant ihres Eherings. Wie ein Zeichen für Unverbrüchlichkeit.
Sie hält seine Hand fest, und auch er bekommt, halb im Scherz, auf seinen Mini-Diamant einen Kuß von ihr. »Du bist mein blitzender Stern«, sagt sie lachend und wirft sich auf den Rücken, und gleichzeitig fährt ihr der Schmerz wie ein Messer in das strapazierte Kreuz.

19.

Es gibt Menschen, die haben Geld, die mehren Geld, die horten Geld, die melken Geld. Ihr Geldwertdenken und das angekoppelte Powerplay bestimmen die Lebensqualität. In diese Kategorie gehört Dr. Dr. Lorenz Mayer. Wenn er Golf spielt, spielt er eigentlich Schach. Seine Golfpartner fungieren als Figuren im Spiel hinter dem Spiel. Das ist es, was sein Gehirn, seine Nerven, sein Blut in Gang hält, was seinen Lebenssaft mit Endorphinen anreichert. Er taktiert, kombiniert, manipuliert, verschiebt und betrügt. Immer korrekt dabei, immer souverän, der gutaussehende, hochgewachsene, weißhaarige Herr mit dem Stahlblick und dem kantigen Profil. Ein Mann, bei dem Golf zum Schach wird und Schach zum Poker.

Dr. Dr. Mayer, auf der Clubhaus-Terrasse mit geeistem Tomatensaft, hat an diesem traumschönen Maimorgen, wie ihn schöner die Voralpenregion nicht bieten kann, keinen Blick für seine Umgebung. In sich gekehrt nimmt er die Heile-Welt-Szenerie, die sich vor ihm hinstreckt mit saftigem Grün und schwarzem Waldrand, mit weißblauem Himmel und frischbeschneiten Bergen, mit Kuhglockengebimmel und Lachen vom Nebentisch, nicht wahr.

Die beiden flotten Golferinnen am Nebentisch, die Gattin eines Chefarztes und die eines Syndikus, machen ihm ohne Erfolg schöne Augen. Auf seiner hohen Stirn steht wieder die steile Falte wie ein Ausrufezeichen. Was hat er falsch gemacht? Warum ist Tochter Lisa, die Dame in seinem Spiel, ausgebrochen, noch dazu auf so spektakuläre Weise?

Die Kirchenglocke von St. Heinrich schlägt bedächtig, viermal für die volle Stunde und dann zehnmal. Und pünktlich erscheinen auf der Terrasse: Lisa, die Ausbrecherin, und ihr am Straßenrand aufgelesener Ehemann.

Nach Abwicklung der Start-und-Handicap-Formalitäten brechen sie unverzüglich auf zur Dreierrunde über den 18-Loch-Meisterschaftsplatz, denn Dr. Dr. Mayer und Lisa haben am frühen Nachmittag schon die nächsten Termine. *Time is money.*

Sie schreiten flott voran über die frischgemähten Fairways wie über Teppichboden. Dr. Dr. Mayer und Lisa in Sportcouture – Vichy Karo, Polos, Mikrofaserwesten, alles toptop –, FF in alten Jeans, frischgewaschenem T-Shirt, aber mit Golfschuhen der Extraklasse, ein Geschenk von Lisa.

Dr. Dr. Mayer und Schwiegersohn voraus, sie fachsimpeln in Smalltalk-Manier, Workmaniac Lisa hinterher, mit ihrem Mobilphone, in das sie ihr Geschäftschinesisch palavert. Sie hat diesen bluthochdruck-und-cholesteringeplagten Unternehmenseigner Dr. Mangold am Haken, von *Dr. Mangold CVS*, powert Fachterminologie in Mangolds Ohren, bietet Problemlösungen an, Distributionslogistik, Fertigungstiefe, Ratio-Potentiale . . . Sie steht scheinbar unter Beweiszwang in bezug auf ihren Vater.

Der würdigt die Eloquenz seiner Tochter mit Anerkennung: »Mit ihrem IQ nimmt sie es mit jedem Topmanager auf. Disziplinierte Intelligenz, totale Sachlichkeit, kein Firlefanz! Dazu habe ich sie mit äußerster Konsequenz erzogen«, brüstet er sich, »sie denkt wie ein Mann, sie handelt wie ein Mann!«

FF sagt selbstbewußt: »Ich mache eine Frau aus ihr.«

Dafür erntet er einen schnellen, abschätzigen Blick von seinem Schwiegervater: »Schon als kleines Kind habe ich Lisa manchmal nachts im Bett mit dem Taschenrechner erwischt!«

FF sagt: »Armes Kind.«

»Naja«, überlegt Dr. Dr. Mayer laut, »die Mutter ist zu früh verstorben, und ich habe mich ganz in die Arbeit vergraben. Vielleicht habe ich sie mehr wie einen Sohn behandelt, und nicht wie eine Tochter. Wie auch im-

mer! Zur Situation hier und heute muß mal Grundlegendes klar formuliert werden ...«
Sie sind am Abschlag, bleiben stehen. Dr. Dr. Lorenz steigert sich: »Ich bin für offene Worte: Ich prognostiziere eurer Ehe maximal vier bis sechs Monate ...«
Lisa hat im Herankommen mitgehört, läßt den Hörer sinken und verzieht das Gesicht.
»... und keine falschen Hoffnungen auf eine hohe Scheidungsabfindung.«
Dr. Dr. Mayer nimmt das geeignete Eisen aus dem Bag, puttet den Ball, visiert die Fahnenstange an. Keineswegs wie ein Golf-Pro, ist er statt konzentriert eher emotional auf Crash-Kurs: »Von mir kriegt Lisa nicht einen Pfennig! Sie soll aus eigener Kraft und Geschicklichkeit zu Vermögen kommen.«
Lisa hält es nicht mehr aus: »Die alte Leier! Ich brauche kein Geld von dir, ich will kein Geld von dir, nicht jetzt und nicht irgendwann, wie auch immer.«
Ihr Vater wird knallhart: »Einem Enkelsohn würde ich alles vererben, aber bei dieser Konstellation – nein danke!«
Er verschlägt den Ball. Sein geheimer Ärger ist gewaltig, seine Souveränität hat Schlagseite.
FF bleibt gelassen. Sein Turn. Er hat eine eigene Technik, wählt den passenden Leihschläger, puttet den Ball, konzentriert sich endlose zwei Minuten (das nervt den Schwiegervater), schlägt dann einen Superball bis acht Zentimeter vors Loch.
Lisa spendet Lob. »Bravo! Gut gemacht!« Und Dr. Dr. Mayer fragt unwirsch: »Wo hast du *das* denn her?«
FF gibt bereitwillig Auskunft: »Hab ich in Indien gelernt

– war da ziemlich lange Bodyguard von einem reichen Golffanatiker. Plätze gibt's da – optimal! Noch von den Briten.«

»Lisa, jetzt du! Denk an das Turnier, für das ich dich gemeldet habe.«

Lisa bedenkt ihren Vater mit einem finsteren Blick. So unter Erfolgszwang ist Golf reiner Streß. FF wählt für sie das geeignete Eisen aus dem Londoner Golfset, schlägt ihr vor, die mentale Methode zu probieren. Das heißt: Erst den Schlag konzipieren. Dann alles abschalten. Eine Minute Selbstwahrnehmung betreiben. Eine Minute die Kraft des Selbst auf den Schläger übertragen.

»Was für ein Hokuspokus!« schnaubt Dr. Dr. Mayer verächtlich.

Lisa schlägt einen exzellenten Ball. FF sagt zu seinem Schwiegervater: »Das kannst du auch lernen, Lorenz ...«

Nach Notierung der Schläge entzieht sich FF dem erneut aufflammenden Familiendisput, geht gemächlich vor zum Green, wo er seinen Ball aus acht Zentimeter Distanz bequem einlocht.

Vater und Tochter stehen sich gegenüber wie zwei Erzengel. »Deine Querschüsse, Vater, können mich nicht treffen«, erklärt Lisa mit Feuer, »FF ist meine beste Karte! Er ist ein As, das weiß er nur noch nicht.«

»Den kriegst du nie in ein Erfolgsschema. Meines Erachtens gehört dein Ehemann Franz Ferdinand in die Kategorie: undiszipliniert, verantwortungslos, unbeständig! Er gehört zu den Leuten, die sich heutzutage gern als Paradiesvögel bezeichnen lassen und die fälschlich glauben, sie seien frei von Zwängen.«

In neuer Unbotmäßigkeit konstatiert Lisa: »Und du, Vater, gehörst in die Kategorie: altertümlich, verknöchert, festgefahren!«
Das hat ihm noch keiner zu sagen gewagt, die Stirnfalte schnellt hoch, Zornesröte zeigt sich. Lisa ist nicht zu bremsen:
»Es ist dir in deiner Gipfelhöhe wohl entgangen, daß heute im Management Führungskräfte gefragt sind mit innovativen, kreativen und querdenkerischen Talenten, deren Erfahrungswerte sich nicht nur auf die einschichtige Jobkarriere beziehen, sondern auf vielschichtigem, möglichst globalem Terrain fußen ...«
»Ach, halt die Klappe, Lisa!« blafft er sie an. »Das sind doch alles Phantom-Argumente von sogenannten Hierarchie-Forschern. Es gibt nur einen Weg nach oben: Machtbewußtsein, Selbstsucht und die Fähigkeit zum Intrigantentum!«
»Vater, du hast dich eben selbst beschrieben.«
»Ich weiß.«
Vater und Tochter, wieder einmal gepackt vom Spiel um Macht und Menschenführung, sind sich in kalter Leidenschaft ganz nahe.
Lisa verkündet dickköpfig: »Ich schwör's! Ich werde ihn machen! Und wenn ich selbst Federn dabei lasse.«
»Es ist mir neu, daß du so risikofreudig bist.«
»Ich werde unsere Wette nicht verlieren – das ist so sicher wie dein Konto in der Schweiz!«
Lisa geht in die Lady's Lounge, um sich zu erfrischen, legt die Brille beseite, spritzt sich kaltes Wasser ins hochrote Gesicht. Zwei Frauen in Luxuskleidung betreten plaudernd und lachend den Puderraum, grüßen Lisa,

die schnell ihre Brille aufsetzt. Die beiden sind ihr hinlänglich bekannt als flotte Sportlerinnen, nicht nur beim Golf. Die Blonde spricht Lisa an: »Ach, Frau Mayer-von-Schloßberg, wir haben Sie beim Parcours mit Ihrem Vater beobachtet. Eine Frage: Sie hatten da so einen süß aussehenden, langhaarigen jungen Trainer dabei. Könnten Sie uns den nicht mal vermitteln?«
Lisa ist geschockt. FF als Objekt der Begierde! Erste Konfrontation mit der Society. Sie packt ihre Tasche und geht zur Tür. »Nein«, sagt sie unhöflich, »der ist ausgebucht. *Von mir!*« Mit Wucht will sie die Tür aufstoßen, aber die geht nach innen, und sie knallt mit dem Schädel gegen die rustikale Eiche. Die Brille wird verbogen, und das rechte Glas zerspringt. Sie schießt einen Blick wie ein Todespfeil durch das verbliebene Brillenglas gegen die blöde Kuh und flüchtet.
Die eine sagt: »Du bist ihr aufs Hühnerauge getreten. Der süße Trainer ist ihr *Gatte*!«
»O Scheiße!« schreit die andere, obwohl Frau eines Chefarztes.
Gut, daß Lisa das Weibergelächter nicht mehr hört.

20.

Wer auf Lifestyle wert legt und Brillen- oder Haftschalenträger ist, tut gut daran, den Optik-Salon von Dr. Karin Huber-Moosbaum zu frequentieren. Ein Ultra-Laden der neuesten Dimension, Brillen von internationalen Designern, von tausend bis zehntausend Mark, verspiegelte Wände rundum. Es traut sich nur der rein, der von vorn bis hinten durchgestylt und mit professionellem Selbstbewußtsein ausgestattet ist. Gewöhnlich sterbliche Kurz- oder Weitsichtige bleiben draußen.

Lisa hat damit keine Probleme, ihr rohseidener Citydress ist perfekt, und Selbstbewußtsein ist ihr Job. Als sie den Optik-Salon betritt, wird sie von Dr. Karin Huber-Moosbaum erspäht. Die reicht ihren Kunden unter Entschuldigungen an eine junge, aktuell bebrillte Optik-Stylistin weiter, ist sofort bei Lisa. Es ist nicht nur Lisas kaputte Brille, die sie interessiert, sie hat noch eine echte Hotline zum Loswerden. Sie begutachtet die demolierte Bustelli-Brille, fragt nach dem Schadenshergang, und Lisa tischt ihr ohne Wimpernzucken eine Lügengeschichte auf von einem Betonpfeiler in der dunklen Tiefgarage.

»Ich brauche die Brille spätestens bis Montag, Dienstag, Karin. Ich habe eminent wichtige Konferenzen, das Seminar und einen Flug nach Basel. Mit der alten Brille hier fühle ich mich einfach nicht mehr in Einklang. Leider muß ich mit diesem Modell von vorgestern zu dem Jubiläumsdinner heute abend.« Karin verspricht bevorzugtes Timing. Sie wird mit Egon sprechen, ihrem

Mann, dem Chef-Optiker Moosbaum, Oberhaupt der gewinnträchtigen Werkstatt.
»Komm nach hinten, ich mach einen Espresso.« Sie schaut durch ihre mit Emaille-Schmetterlingen verzierte Brille Lisa vielsagend an. »Ich hab da noch was . . .«
Karin trägt Brille mit Fensterglas, zu Werbezwecken, das Emaille-Dekor korrespondiert mit ihrem tintenblauen Kleid. Sie nimmt Lisa beim Ellbogen, schiebt sie zum rückwärtigen Extrazimmer.
»Ich bin hier mit Susanne verabredet, Karin, ich darf sie nicht verpassen.«
»Die sehen wir durch die Glasscheibe«, sagt Karin, und zu einer ihrer Damen: »Geben Sie Herrn Moosbaum Bescheid, er soll mal runterkommen.«
Im Extrazimmer hantiert Karin auffallend umständlich an der hochpolierten, original italienischen Espressomaschine, stellt zwei original italienische Espressotäßchen unter, setzt das Mahlwerk in Betrieb. Das Kaffeearoma wirkt entspannend.
»Weißt du, Lisa, deine Hochzeit war einfach sagenhaft«, schwärmt sie. »Mit oder ohne Zucker?«
»Ohne.«
Karin stellt die Täßchen auf Untertäßchen und kommt zum Tischchen. »Setz dich, Lisa. Wie geht's deinem Mann?«
»Danke, gut.«
»Also, dein Mann . . .« Karin zögert, »dein Mann ist so . . . so . . .«
Lisa ist diese zögerlichen Äußerungen schon gewohnt, sie bietet hilfreich Vokabeln an: »So ungezwungen? Oder so unkonventionell? Oder so antiautoritär . . .?«

»Nein, nein«, sagt Karin, sie schlägt das Hochglanzjournal *Madame* an der markierten Seite auf und präsentiert es Lisa: »... so wahnsinnig attraktiv!«
Ganzseitig, fleischfarben, sehr nackt, sehr sexy, mit sinnlichem Blick und wilder Mähne, mit goldenem Ohrring und mit tätowierter Rose: FF! Mit einem Flakon Männerparfüm vor seiner Blöße, namens *Big Max*.
Wenn Lisa nicht schon sitzen würde, müßte sie sich setzen. Es ist das Foto, das sie immer bei sich hat, mit quer drüber: *Für Leisa von FF.*
»Ich beneide dich«, sagt Karin ehrlich und freundschaftlich, »und ich bewundere deinen Mut.«
Herr Moosbaum kommt herbei, begrüßt Lisa galant mit Handkuß und bedenkt sie mit einem kurzem, eindeutigen Männerblick. O Gott, er hat die *Madame* auch schon durchgeblättert! Herr Moosbaum ist clever, kundenorientiert, nicht unsympathisch, verspricht schnellen, bevorzugten Service, aber er hat Glatze und Fettbauch. Jetzt kann sie Karin verstehen, die sich ehrlich zum Neidkomplex bekannt hat.
Und da kommt auch noch Susanne und klopft an die Scheibe. Herr Moosbaum zieht sich zurück, Karin will das Journal verstecken, aber Lisa sagt selbstbewußt: »Laß nur, sie sieht's ja doch. Hauptsache, sie macht nicht gleich eine psychologische Studie draus.«
Das kann sich Psychologin Dr. Susanne Fichtner aber nicht verkneifen. »Endlich kriege ich zu sehen, was ich schon immer wissen wollte!« Sie studiert genüßlich den schönen, nackten Mann auf der brillant fotografierten Werbeanzeige, dann sagt sie: »Den wirst du nie zähmen!«

Nach einer heiklen Schweigepause lenkt Karin ab: »Willst du dir noch die neuen Sonnenbrillen von Gaultier ansehen, Lisa?«
Aber Lisa bricht auf. »Dazu habe ich leider keine Zeit mehr. Komm Susanne, wir müssen zu Maya. Ich muß heute abend zum Jubiläumsdinner und brauche ein neues Kleines Schwarzes. Sei so nett, Karin, und rufe Maya an, daß wir jetzt kommen.« Sie setzt die vorgestrige Brille ab und wieder auf, diese randlose Brille mit den Hornbügeln nervt sie, weil sie nicht ihrem jetzigen, brisanten Power-Ego entspricht.

21.

Maya Kadowski-Schelling empfängt Lisa und Susanne in ihrem High-Class-Fashion-Shop gleich bei der Oper aufs äußerste amüsiert und hält die *Madame* hoch: »Hallihallo, habe schon alles vernommen . . .«
Probleme sind da, um bewältigt zu werden. Das ist eine von Lisas Maximen. Sie suggeriert sich, daß das Trara um den nackten FF in dem Society-Journal sie null tangiert. Da hat sie hier bei Maya ein echt aktuelleres Problem: zu ihrem Entsetzen hat sie in der Oberweite zugelegt. »FF kocht pausenlos Spaghetti oder Chili con Carne«, beklagt sie sich.

Aber Susanne weiß es besser: »Das ist der Hormon-Busen, den verdankst du deinem *Big Max*!«, und schüttet sich aus vor Lachen. »Ich hab zwar gerade selber eine Affaire, aber mein Busen hat leider bisher nicht reagiert.
»Ist das der«, fragt Maya, »wegen dem du dein Auto an den Baum gesetzt hast, weil er dir unter den Rock faßte?«
Jetzt lachen sie alle drei. Nein, nein, den hat Susanne inzwischen abgeschafft. Das passierte gleich nach Lisas Hochzeit, und Lisa hat Susanne ihren Peugeot 205 GTi verkauft, weil FF sein Motorrad genügte.
Die Kleinen Schwarzen, die Maya vorsorglich für Lisa rausgehängt hat, sind alle nicht maßgerecht ... Was ihr oben herum paßt, hängt um die Hüften wie ein Schlabbersack, was wie angegossen der Unterpartie paßt, spannt und zwickt oben.
»Was mach ich bloß«, jammert Lisa, »ich will nicht schon wieder im Kostüm gehen.«
»Ich kenn dein Problem«, sagt Maya, und weil sie als geborene Russin weitherzig und großzügig ist, kombiniert sie bei einem *Escada*-Modell kurzerhand von der größeren Größe das Oberteil mit dem Rock einer kleineren Größe.
Lisa, vor dem dreiteiligen Spiegel, jubelt: »Es paßt! Es paßt, Maya! Was sagst du, Susanne, ist es nicht himmelschreiend dezent?!«
Und so ist es, Susanne bestätigt: »Atemberaubend!« Und Maya nickt: »Sehr fashionable!« Das Kleine Schwarze in schwerer Crepe-de-Chine-Qualität, kniekehlenkurz, betont Lisas schöne Beine, der Kasak ist mit raffiniert angebrachten schwarzseidenen Fransen-

bordüren dezent bestückt, die diskret mitschwingen bei jeder Körperbewegung. Super, einfach super! Lisa fällt Maya um den Hals.
Sie trinken noch einen Espresso ohne Zucker, und Susanne erzählt, ihr neuer Lover sei zwar ein psychisch total verkorkster Typ, aber monumental gut im Bett. Sie hat ihn in ihrer Praxis aufgerissen, obwohl das eigentlich tabu ist. Jetzt will sie auch ein neues Styling. Und Maya verpaßt ihr eine Picasso-Bluse, weil die mit den aggressiven Farben auf Männer stimulierend wirkt.
»Und Punkt Nummer zwei, Susanne«, sagt Image-Stylistin Maya, »weg mit dem Prinz-Eisenherz-Pagenkopf, der ist total unflott und weist dich sofort als Psycho-Tante aus.«
»Okay«, sagt Susanne, »da bin ich ja auf dem richtigen Kurs. Wir müssen um fünfzehn-dreißig bei Mike Strohelm sein ...«

Ein nackter Mann in Alabaster, die Kopie einer berühmten Statue in Florenz, daneben ein plätschernder Brunnen und jede Menge mediterrane Pflanzen, das ist der pompöse, zentrale, atmosphärisch starke Schau-Effekt im Frisiertempel von Mike Strohelm in der Maximilianstraße.
Schau-Effekt Nummer zwei ist der Meister selbst: Mit gesprayter Stirntolle, farblich originell meliert, in einem Goldlamé-Kittel über dem hocheleganten Anzug, voll vibrierender Sensibilität, mit schlenkernder Gestik und legendärer Fingerfertigkeit, eine reizende Plaudertasche außerdem und mit angeborener Empfindsamkeit für die weibliche Gefühlswelt.

Daß ringsum vor großen Spiegeln und unter zahllosen Lichtquellen die Damenkundschaft ohne jegliche Intimität, vor aller Augen, auch von der Straße her voll einsehbar ist, scheint niemanden zu stören. Jeder darf zusehen, wie der Frau Generaldirektor die weißen Haare nachgefärbt werden, wie häßlich der Schädel der bekannten und beliebten TV-Moderatorin ist, daß Baby Blondie aus Schwabing keine echte Blondine ist, die Kaufhauschefin fast kahl, und daß die Wirtin vom Großbräu sich die Barthaare rupfen läßt.

Es stört niemanden, im Gegenteil, hier kann man Sorgen und Nöte abladen, Problemchen kosmetischer und seelischer und sexueller Art, man vertraut sich an, man fühlt sich verstanden und aufgehoben. Es ist offensichtlich der moderne Ersatz für die abgeschaffte Großfamilie. Eine Gemeinde im Dienste der Schönheit und ihr Guru.

Lisa kann die mit Essenzen und Chemikalien und mit Klatsch und Tratsch geschwängerte Großbrutstätte im Grunde nicht leiden, aber nur hier, unter der rasant klappernden Haarschneideschere von Mike Strohelm, wird ihr der Haarschnitt verpaßt, der ihr Markenzeichen ist. Die Tönung Nummer dreinullsechs *Maroni* war seine Idee, und er hatte durchaus das richtige Feeling: *Maroni* hebt ihren Teint und ist pikant zu Schwarz.

Lisa ist für Mike Strohelm wie ein Augapfel, gerade weil sie so distanziert und höflich sachlich ist. Und ausgerechnet ihr widerfährt diese Unbill, ausgerechnet sie wird Mittelpunkt von Geschwätz und blöden Anspielungen. Alles wegen diesem Knall-Foto in der *Madame*! Mike Strohelm ist einfach aus dem Häuschen, er, der Experte

und Liebhaber männlicher Schönheit, erklärt nichtendendwollend anhand der wie zufällig hingehaltenen Nacktaufnahme von FF die Eleganz und Harmonie der Linien der Muskulatur und das Signal von Übereinstimmung der äußeren und der inneren Kraft.
»O Gott, Mike, hören Sie auf. Sie wissen doch genau Bescheid. Er ist mein Mann, Sie waren doch auf meiner Hochzeit!«
»Entschuldigen Sie tausendmal, liebe, verehrte gnädige Frau, es hat mich so mitgerissen. Sie sind zu beneiden.«
»Danke«, sagt Lisa kühl.
»Aber eins muß ich noch loswerden: An *Ihrer* Seite – *dieser* Mann: Schicken Sie ihn zu mir – dem muß die Mähne abgeschnitten werden!«
Lisa wird fünfhundert Mark los. Sie läßt Susanne mit ihrem nassen Pagenkopf sitzen, der soeben der Schere zum Opfer fällt, winkt und verzieht sich in Eile: Das Jubiläums-Essen heute abend!

Das Kleine Schwarze hochhaltend auf dem Kleiderbügel und in Plastikhülle, in der anderen Hand den Citybag an der Schlaufe schleppend und dazu eine Tüte mit lackschwarzen Abendschuhen, unter den Arm geklemmt die *Madame*, so läuft Lisa in ihrem Appartement ein.
FF ist beim Staubsaugen, ohne Hemd, mit Lederweste, die Haare mittels Gummischnipser nach hinten gezwungen. FF erwartet ein Hausfrauenlob, stattdessen schreit sie und schlägt ihm die *Madame* um die Ohren.
»Du bist ein ganz gemeiner Mistkerl! Wie konntest du mir das antun. Die ganze Stadt lacht über mich!«

Bis FF ihr Handgelenk fängt und ihr die *Madame* abnimmt.
»Aber Baby«, sagt FF, »laß doch mal sehen.«
»Sieh es dir nur an«, schnaubt sie mit Empörung, »Seite zehn!!«
FF entdeckt das Nacktfoto auf Seite zehn, muß grinsen.
»Du mußt zugeben: es ist ein gutes Bild!«
»Es ist das Bild, das *du mir* geschenkt hast, mit Widmung!«
»Ich weiß.«
»Du hältst dich nicht an unser *Grundsatzgespräch*, du ruinierst meine Karriere!«
»Aber Baby«, sagt FF nochmal, »das Foto wurde vor Monaten gemacht. Da waren wir uns noch gar nicht über den Weg gelaufen. Wenn die Agentur es erst jetzt verscheuert ...«
Der Anrufbeantworter quäkt, Tante Edelgart will Lisa sprechen. »Die auch noch!«
Aber Tante Edelgart weiß nichts von der Foto-Horrorgeschichte, sie hat dafür eine andere Hiobsnachricht: »Lisa, Lorenz liegt zu Bett.«
»Und heute abend das Festessen?«
»Unmöglich. Wenn du ihn hören würdest: Er stellt sich an wie ein Dreijähriger, will keinen heißen Fliedertee und keine kalte Stirnkompresse, dabei hat er Fieber und hustet.«
»Lisa!« Die Stimme ihres Vaters, heiser und rostig wie ein alter Panzer, er hat Edelgart den Hörer weggenommen. »Tut mir leid wegen heute abend. Habe offensichtlich beim Golf geschwitzt und Zug bekommen. Bitte entschuldige mich bei Hossmann.«

»Aber ich gehe ungern allein dorthin.«
»Ich sollte eine Tischrede halten. Vielleicht kannst du das. Notiere mal die wesentlichen Punkte.«
Lisa protestiert. Bei diesem sägemesserscharfen Immobilienhai will sie sich nicht blamieren. »Dann geh ich lieber auch nicht hin.«
»Kommt nicht in Frage, dann bleiben zwei Tischplätze leer. Hossmann ist ein enorm einflußreicher Mann, sowas wie eine Schlüsselfigur.« Dr. Dr. Mayer hustet stark, verschluckt sich, röchelt – es hört sich an wie ein Herzinfarkt.
Lisa ist alarmiert. »Soll ich nicht doch lieber zu dir ...«
»Was fällt dir ein!« Er ist wieder bei Stimme. »Eine Krankenschwester reicht mir. Edelgart macht sich gräßlich wichtig.«
Lisa notiert widerwillig die Punkte, die als Gerüst der Tischrede konzipiert sind, einige Fakten des gemeinschaftlichen Weges und ansonsten Lobhudeleien. Ihr stellen sich die Nackenhaare auf, und sie verspürt erstes Lampenfieber. »Ich habe sowas noch nie gemacht!«
»Dann wird es höchste Zeit.«
»Okay. Gute Besserung.«
Lisa sinkt genervt auf den Stuhl, und FF bemerkt: »Dein Horoskop scheint heute nicht optimal zu sein!«
Sie starrt ihn wütend an, er starrt zurück, nicht ganz ernst, gestützt wie ein Wildhüter auf sein Staubsaugerrohr. Die zurückgenommenen Haare lassen sein Gesicht offen und firlefanzfrei.
»Ich hab's!« sagt sie auftrumpfend, »ich hab's! Du begleitest mich heute abend zu dem Jubiläumsdinner – mit Armanianzug und Mozartzopf!«

FF legt Widerspruch ein, aber sie kontert seine Einwände: »Als Widergutmachung für das Nacktfoto.«
»Aber die Weiber, die dahinkommen, lesen doch auch beim Friseur die *Madame.*«
Für Lisa ist das Kapitel vom Tisch, ihre neue Maxime heißt: Mut zum Risiko! »Na wenn schon – damit kann ich leben.«
Auf der Fahrt in die City referiert sie im Auto ihre Tischrede und paukt sich die Fakten und Floskeln ein. Als sie beim *Bayerischen Hof* vorfahren, ist sie gut präpariert.
Der BMW wird vom Hotelchauffeur eingeparkt. Sie orientieren sich an der aufgestellten Tafel in der Hotelhalle: *Jubiläums-Diner Hossmann Citybau – Blauer Salon.* Sie folgen den Pfeilen zum Empfangsraum.
Der Blaue Salon, mit anschließendem Speiseraum, ist mit Urwaldpflanzen dekoriert, an der Wand eine deckenhohe Farbfotografie vom Regenwald. Immobilienhai Hossmann, der in Südamerika Geschäfte in großem Stil betreibt, hat sein zehnjähriges Firmenjubiläum mit einer Öko-Aktion garniert. Ein Infostand, mit einer flotten, redegewandten Brasilianerin besetzt, bietet Gelegenheit zu Spenden und zu Rettungskäufen von Regenwaldparzellen.
Eine Menge hochkarätiges Volk steht bereits mit Champagner beim Smalltalk beisammen. Als Lisa und ihr Ehemann erscheinen, drehen sich die Köpfe. Ein außergewöhnlich attraktives Paar: perfekt gestylt Lisa in ihrem dezent schwingenden Kleinen Schwarzen, leicht irritiert wegen ihrer vorgestrigen Brille und mit abgeschottetem Lampenfieber wegen der Tischrede. Umwer-

fend gutaussehend FF, selbstherrlich mit Mozartzopf und goldenem Ohrring, im Armani-Anzug, mit unwiderstehlichem Flair und mit in diesen Kreisen nicht alltäglichem Outsider-Touch.
Begrüßung. Lisa stellt Immobilienboß Hossmann ihren Ehemann vor, entschuldigt ihren Vater. Es wird ihnen Champagner gereicht. Gastgeber Hossmann, der sägemesserscharfe Immobilienhai, lächelt sein Jubiläumslächeln, an seiner Seite Freiin Dagmar von Saßmann, seine Geschäftsführerin, Lebensgefährtin, Erfüllungsgehilfin, ebenfalls mit Immobilienlächeln.
»Verehrte Gnädige Frau«, wendet sich Hossmann an Lisa, »da ich leider auf Ihren sehr geschätzten Vater verzichten muß, möchte ich mir das Vergnügen gönnen, die attraktive Tochter meines langjährigen Geschäftsfreundes als Tischdame neben mir zu haben.«
Lisa kriecht der Widerwille die Wirbelsäule hoch und sie sagt mit tiefgekühlter Höflichkeit: »Ich werde den Abend genießen.« Dabei springen ihr die Konzept-Punkte der bevorstehenden Tischrede ins Gehirn, die Floskeln und die Lügen.
Hossmann preist seine Öko-Aktion an und empfiehlt FF, einen Blick auf den Regenwald zu werfen. »Entschuldigen Sie uns, wir müssen eben mal die Tischordnung korrigieren.« Seine Lebensgefährtin weist er an: »Dagi, mach mal: Also Frau Dr. Mayer von Schloßberg kriegt den Platz als meine Tischdame.« Sie treten zum ausgehängten Placement. Hossmann zeigt auf die numerierten und mit Namen versehenen Kreise, Gehilfin Dagmar hat Klebezettel parat, überklebt und beschriftet mit druckreifen Buchstaben die korrigierte Tischordnung

unter Anleitung von Hossmann: »Dr. Lisa Mayer-von-Schloßberg, an Tisch eins, auf den Platz von Maria Placida-Thietzke ...« Er fragt Lisa nach dem Namen ihres Gatten.
»Franz Ferdinand von Schloßberg.«
»Also: Franz Ferdinand von Schloßberg, an Tisch zwei, auf den Platz von Professor Bosell, dann an Tisch eins Professor Nathan Bosell auf den Platz von Dr. Dr. Lorenz Mayer, und viertens: Maria Placida-Thietzke an Tisch zwei, auf den Platz von Dr. Lisa Mayer-von-Schloßberg. Sehr gut!« Dazwischen begrüßt er eintreffende Gäste.
FF tritt nah heran an das überdimensionale, gewaltige Regenwald-Großfoto. Seine Jugend steht schlagartig auf, er riecht den Wald, er hört den Wald, die dampfende Feuchtigkeit, die modrigen Baumpilze, die Übersüße der versteckt lockenden, grellen Blüten, die nervige Geräuschkulisse der Tierwelt ...
Die Brasilianerin am Infostand hat mit den Antennen ihres Volkes seine Emotionen aufgefangen, spricht ihn an, mit schwerem Akzent und großer Liebenswürdigkeit: »Sie sind ein Fan, das sehe ich sofort, ein Fan vom Regenwald.«
»De certo modo, ich habe meine Jugendjahre dort verbracht, und ich habe ihn brennen sehen.«
»O Senhor! Dann werden Sie uns helfen, den Regenwald zu retten!«
Weitere Gäste, hochkarätig im Outfit, Champagnergläser haltend, haben sich dazugesellt, interessieren sich pflichtmäßig für die Grüne Lunge. Die Brasilianerin missioniert: »Über fünfzigtausend Quadratkilometer

jährlich werden Opfer des Waldmassakers ... un exterminio cruel! Von den unersetzlichen Baumriesen ist nur bei sehr wenigen die Lebensdauer bekannt ... wie zum Beispiel der ... der ...« Sie blättert in ihrer Broschüre, und FF hilft aus: »... wie der *Shoreaeprosula:* zweihundertfünfzig Jahre, und der *Parashorea:* zweihundert Jahre!«
Man ist beeindruckt, von dem Baum-Massaker und von FF. Die brasilianische Rettungsaktivistin bietet Spendenmöglichkeit (gegen Quittung fürs Finanzamt) und Regenwald-Parzellen zum Kauf an (ebenfalls absetzbar). Die Hundert- und Fünfhundertmarkscheine flattern gegen Quittung in die Urne.
FF sagt zu der Brasilianerin in deren Heimatsprache: »Sie sind viel zu schade für so eine spekulative Machenschaft. Sie wissen doch selbst, in was für obskure Taschen das Geld in Südamerika fließt.«
Senhora Placida-Thietzke reagiert mit einem portugiesischen Sturzbach. Die Argumente erzeugen Rede und Gegenrede. Lisa, die dazukommt, ist verblüfft, FF so heißblütig lateinamerikanisch agieren zu sehen. Einige Umstehende bitten, man möge sich auf deutsch äußern, denn man sei sehr interessiert. Und FF klotzt mit Insiderwissen: »Die geldversessenen Rinderzüchter zetteln immer wieder diese Feuerstürme an, die wie Atompilze aus Qualm und Wasserdampf in die Atmosphäre hochschießen, eigene Gewitter erzeugen, in Wolkenbrüchen abregnen, aber der Regen löscht die Glut nicht, weil er vorher schon verdampft ...« Die Brasilianerin ist begeistert über die Schützenhilfe. »Auf den öden Grassteppen, die danach entstehen, züchten die Fazendeiros dann

gigantische Rinderherden für US-Hamburger und Big-Macs.«
Einer sagt: »Hört sich an wie ein Augenzeugenbericht.«
»Sie haben es gecheckt! Habe ich hautnah verpaßt bekommen, auf dem Großgrundbesitz meines Stiefvaters.« Das hört Lisa heute zum erstenmal.
Senhora Placido-Thietzke, deren deutscher Ehemann im Bundesstaat *Espirito Santo* ein ökologisches Institut betreibt, das wahrscheinlich von Spenden finanziert wird, beginnt erneut für den Kauf von Regenwald-Parzellen zu werben.
Aber FF sagt: »Absolut sinnlos. Rausgeschmissenes Geld. Ein Phantom-Unternehmen, absolut paranoid: Sie kriegen eine Kaufurkunde reingedrückt, und das Geld wird gnadenlos von korrupten Dunkelmännern eingesackt . . .«
Lisa gibt ihm einen Knuff in die Seite. Während die anderen lebhaft diskutieren, meint er im Halbton zu ihr: »Wenn ich du wäre, würde ich diese Tischrede nicht halten. Der Hossmann mit seiner Brasilien-Connection! Der rammt garantiert selber mit seinen Bulldozern diese tödlichen Pisten durch den Dschungel.«
Einer argumentiert: »Das Bewußtsein jedes einzelnen muß geweckt werden, die Aktion jedes einzelnen ist gefragt!«
»Da sehen Sie!« sagt die Brasilianerin. »Man muß die Idee verkaufen . . . wie Jesus.«
FF sagt: »Jesus ist gut fürs Jenseits. Das einzige, was hilft, damit die Menschheit sich nicht selbst ausrottet, ist eine militante Weltregierung, die mit bewaffneten Milizen . . .«

Er wird unterbrochen, man protestiert. Hossmann kommt heran, hört, wie FF als Utopist gebrandmarkt wird, sich selber als Visionär bezeichnet. Hossmann verengt die Augen, taxiert FF abschätzig: ein Unangepaßter, der die Ausgewogenheit seiner detailliert ausgeklügelten PR-Veranstaltung gefährdet und potentielle Kunden verprellt.

Hossmann reicht Lisa den Arm: »Darf ich bitten – es ist angerichtet.«

FF, der mitkriegt, daß es was zu essen gibt, reicht Senhora Placida-Thietzke den Arm: »Sie sind meine Tischdame – das freut mich sehr.«

Er führt die temperamentvolle Aktions-Lady zu Tisch zwei, Sägefisch Hossmann führt Lisa an Tisch eins.

»Ich habe meinem Vater versprechen müssen, die von ihm vorgesehene Tischrede für ihn zu halten.«

»Wunderbar!«

»Bitte geben Sie mir ein Zeichen, wenn ich dran bin«, sagt sie cool.

Er legt seine massive Hand vertraulich auf ihre, die bei ihm eingehakt ist. »Mach ich, mach ich.« Die Tochter seines Geschäftsfreundes gefällt ihm ausnehmend gut. Er sagt: »Ihr Mann ist so ... so ... (Lisa: Jetzt kommt wieder eine von den Verlegenheitsvokabeln!) ... so selbstbewußt unangepaßt. (Aha, das hatte sie noch nicht!) Er scheint profunde Brasilienkenntnisse zu haben.«

»Nicht nur das«, legt Lisa los, »er verfügt über globale Erfahrungen, beherrscht Fremdsprachen und vertritt innovative und flexible Denkweisen.« Lisa, als Consulting-Profi und Headhunter hat keine Hemmung,

FF als Ideenträger und *High Potential* mit komplexem Alternativ-Knowhow auf dem Tablett zu servieren.
Hossmann versteckt ein amüsiertes Lächeln in seinen Mundwinkeln, er schätzt: mindestens zehn Jahre jünger als sie, sein Potential setzt er offenkundig ausschließlich alternativ ein. Sie sieht gut gebumst aus. Wenn sie nicht die Tochter von Lorenz Mayer wäre, würde er sie auch mal vernaschen wollen.
Und im Konversationston sagt er: »Ich habe im Golfclub von Ihrem Vater gehört, daß sie mit Dr. Mangold verhandeln. Haben Sie schon eine Werksbesichtigung durchgeführt?«
Lisa verneint.
»Die *Dr. Mangold CVS* residiert in einem ultramodernen Chrom-und-Glas-Gebäude, das hat die *Citybau* ihm hingestellt. Eins meiner Lieblings-Vorzeige-Objekte.« Sie sind bei Tisch eins angelangt, er rückt für sie den Stuhl ab. »Bei Mangold müssen Sie mit engen Terminen arbeiten, er ist nicht sehr gesund.«
»Den Eindruck hatte ich auch.«
»Beim Golf praktiziert er eine auffallend kuriose Atemtechnik.«
Sie setzen sich. Beim Tischgespräch zeigt die Runde sogleich Flagge Kultur. Man spricht über Oper, und Lisa kann mithalten, ihr Vater besucht mit Schwester Edelgart regelmäßig die Premieren, und so kann sie einige Kulturbröckchen ins Gespräch werfen.
Die in Büttenpapier eingeschlagene und mit Kordel und Quaste versehene Speisekarte verspricht überraschende Leckerbissen. FF, an Tisch zwei, sieht's mit Grausen, schon die Vorspeise *Linsensalat mit Wachtelei* läßt ihn

verlangend an eine Pizza denken, beim zweiten Gang haut es ihm den Vogel raus: *Sellerieessenz mit Lachsnocke.* Geil! Das hört sich wie ein Potenzmittel an. Aber Leisa zuliebe macht er keinen Aufstand, schluckt alles, spült mit mehreren Gläsern siebenundachtziger *Kirstendal Blanc* die unappetitlichen Speisen todesverachtend hinunter.

Die Tischrunde macht Smalltalk. Man unterhält sich über das Wetter, über Reisen, über Kultur. Aber Smalltalk ist nicht FFs Stärke. Als das Gespräch über Malerei am Beispiel Picassos dahinplätschert, sprengt er den Rahmen der unverbindlichen Plauderei mit seinem Beitrag über den Picasso-Antipoden, den kolumbianischen Maler Botero. Die Unternehmerin an FFs linker Seite, mit persil-weißen Haaren, streßgeprägt und mit Nadelaugen, findet Boteros deformierenden Stil abstoßend und naiv dümmlich. Aber FF stellt sie in die Ecke: »Botero ist ein Meistererzähler von südamerikanischer Lebensfülle und Fleischeslust.« Und er beschreibt die überdimensionale Nackte in Schweinchenrosa in der lächerlich engen Badewanne mit dem baumelnden Goldkreuz zwischen den zu klein geratenen Brüsten und mit diesem haarsträubend winzigen schwarzen Dreieck.«

Man ist irritiert, die Unternehmerin verzieht den Mund, nur die Brasilianerin stimmt zu: »Botero malt, wie Südamerika lebt und fühlt, mit der Urkraft des Regenwaldes ...« Denn sie will wieder zu ihrem Anliegen *Rettet die Grüne Lunge* zurück.

Ehe der Hauptgang serviert wird, der als *Tournedos vom Angus-Rind mit Spitzmorcheln und Trüffelrösti* einigermaßen vielversprechend klingt, wird an Tisch eins ans

Glas geklopft, und Dr. Lisa Mayer-von-Schloßberg erhebt sich, um eine Tischrede zu halten. Also doch. Trotz Lampenfieber und trotz Ablehnung der spekulativen Öko-Aktion! Lisa wäre nicht Lisa, wenn sie auf die Herausforderung verzichten würde, sich im Kreis der Führungsriege zu profilieren. Sie überspringt die innere Blockade und würdigt ohne Wimpernzucken im Namen ihres allseits bekannten Vaters, Dr. Dr. Lorenz Mayer, der leider erkrankt ist, den Werdegang und die Leistungen von Sägefisch Benno Hossmann für Wirtschaft und Allgemeinheit. Sie serviert problemlos die vom Vater konzipierten Fakten, die Floskeln und auch die Lügen.
Die volle Aufmerksamkeit wird ihr zuteil. Sie ist cool, ganz cool, einzig der Griff ab und an nach der vorgestrigen Brille verweist auf eine unterschwellige Nervosität. Die Männer im Saal beachten, mehr als ihre Worte, ihre prallgeküßten Lippen und das verräterische Vibrieren der Seidenfransen an ihrem Kleinen Schwarzen.
FF rastet aus: Da ist sie wieder, im Blickpunkt und im Blitzlicht – seine *sweet perfect High-Tech-Queen!* Außen tiefgekühlt, aber darunter, aus jeder Pore signalisierend: das heiße Mädchen! FF kriegt einen Flash, er reagiert sexuell (kommt das etwa von dieser Potenzspeise *Sellerieessenz mit Lachsnocke*?)
Heute nacht noch wird er sie auf die Waschmaschine setzen ...

22.

Nichts ist mit der Waschmaschine. Zuhause verweigert Lisa den Liebensdienst. FF fühlt sich brutal frustriert, vor allem nach dem Verzehr der *Sellerieessenz.* Lisa sitzt völlig vereinnahmt am PC und ergänzt ihre *Aliterm*-Wertanalyse für die *Chemcon*/Basel mit den juristischen Kniffen, die sie mit Anja ausgeknobelt hat. Sie nimmt ihr Diktiergerät: »Ich empfehle eine großangelegte PR-Aktion mit Slogan: *Bio-High-Tech für Ihre Gesundheit.* Mit Schwerpunkten: *Vertrauen in die Wissenschaft, Kompetenz und Präzision der Bio-Technologie.* Die Prozesse, in die das Unternehmen *Aliterm* verwickelt ist, fußen auf den kriminell fahrlässig übersetzten Betriebsanleitungen, zum Teil ein absurdes Kauderwelsch, der hochwertigen, in Korea hergestellten biotechnischen Apparate ...«

Morgen nimmt sie den ersten Flug nach Basel.

FF hat den beknackten Mozartzopf entflochten und sich in Boxershorts aufs Kingsizebett geschmissen, die Haare naß vom Duschen. Er dreht sich mal auf die eine, mal auf die andere Seite, liest Comics über *Asterix, Obelix* und *Troubadix,* die hat er immer total witzig gefunden, aber heute findet er sie blöd. Er würde gern auf ein Bier gehen, aber leider ist er blank. Klare Sache: er nimmt kein Geld von Lisa. Wenn sie ihm Klamotten schenkt, okay, macht sie zum eigenen Vergnügen. Aber *Taschengeld?* Nein danke.

Die ihn ausgrenzende Computer-Besessenheit von Leisa und die unterschwellige Geräuschkulisse der elektronischen Hausgeister, ihr Piepsen und Schnarren, schläfern FF allmählich ein, und am Ende pennt er, Kopf an Kopf mit dem glotzenden Teddy.

Fünf Uhr dreißig geht der elektronische Wecker, sechs Uhr fünfundvierzig stehen sie in der Abflughalle. FF hat Lisa im BMW zum Airport gefahren und soll sie morgen zwölf Uhr fünfzehn abholen. Eine Nacht bleibt sie im Hotel *Rheinbrücke* in Basel, von der Pharmafirma *Chemcon* reserviert.

»Fahr bitte den Wagen durch die Waschstraße, FF, er ist total verdreckt.«

»Yes, Boß!« sagt FF kratzig, er ist mit dem linken Fuß aufgestanden.

»Und kümmer dich endlich um deinen abgelaufenen Paß! Du brauchst Paßbilder, weißer Hintergrund.«

»Yes, Boß!« sagt er, »wird gemacht, Boß! Gib mir mal fünf Mark!« Und er setzt sich auf der Stelle in den Foto-Automaten in der Abflughalle. Er ist unglaublich übellaunig, und dementsprechend zum Fürchten sind auch die Automatenbilder: Ein *Stadtindianer* pur mit widerborstiger Mähne, mit zornigem Blick und kantigem Mund.

Er reißt eins der vier Bilder ab und schenkt es Lisa: »Hier, als Gedächtnisstütze: so grotesk sieht ein abgeblitzter Liebhaber aus!«

So grotesk in der Tat, daß beide gegen ihren Willen lachen müssen. Er zieht sie an sich, will sie zum Abschied auf den Mund küssen, aber ihr Make-up hat Vorrang, so küßt er sie auf den Hals und verpaßt ihr einen Knutschfleck, den man über dem Kragen der Seidenbluse noch sieht, fährt ihr mit der Hand blitzschnell unter den blauen Kaschmirblazer und kneift sie in das Speckröllchen, daß sie »Au!« schreit. Gleichzeitig trifft ihr Blick auf zwei Herren in Managerblau, denen gleich die Augen aus den Köpfen fallen angesichts des vehementen Abschieds von diesem Urwaldtyp. Als sie Lisas Blick auffangen, grüßen beide höflich, wenn auch konsterniert – O Gott, das sind Herren von der Kreditabteilung der Deutschen Bank!

23.

Mit dem diamantschwarzen BMW macht FF erst mal eine Spritztour zu Mehmet und Kadir Ürküt am Niedereichplatz. Hier am Bratwurststand verdrückt er drei Currywürste mit Ketchup und zischt ein Weißbier nach.

Als er seinen türkischen Freunden offenbart, daß er eine reiche Frau hat, aber kein Geld, lachen die ihn gutmütig aus: »Du nix türkisch Mann!« Und weil der Sprit im BMW schon auf Reserve läuft, geben sie ihm einen Zwanzigmarkschein zum Tanken.

Ziel Nummer zwei der Freiheits-Tour ist Django im Wald. Der BMW schießt über die Autobahn Garmisch, FF legt die Kassette mit den Blues Brothers ein, er jubelt, ächzt und stöhnt vor Begeisterung über die Bläser, die

steilen Texte, den krassen Beat. Er tätschelt den BMW mitfühlend, denn so ein Powerschlitten braucht ja auch mal zum Durchpusten so eine dezente Raserei bis zum Tempolimit.
Bei der Ausfahrt Seeshaupt geht es mit jaulenden Reifen in die Kurven, an der Landstraße stoppt er mit Bremsenkreischen, reißt den Wagen nach links, jagt über die Piste, die sich nach rechts und nach links und bergauf und bergab durch die Voralpenregion zieht, bei Kirchham links rein, und dann brettert er durch den Wald auf einem unbefestigten, pfützenreichen Holzweg, bis er vor Djangos Hütte mit Trompeten- und Schlagzeugsound im Matsch einparkt und beim Aussteigen unter hysterisch davongackernden Hennen, freudig begrüßt von einem jaulenden, fiepsenden Hund mit Schlappohr, angeblökt von zwei Schafen und beäugt von einem schnaubenden Pferd mit seinen Cowboystiefeln knöcheltief im Schlamm versinkt. *That's life!* Verschwitzt, befeuert und high fällt er glücklich seinem Kumpel Django in die Arme.
Django, halb Zigeuner, halb Waldgeist, bewirtet ihn mit selbstgebranntem Schnaps, und weil ein Mordswetter vom See her aufzieht, setzen sie sich in der Hütte ans prasselnde Feuer und rauchen, FF Selbstgedrehte und Django ein verdächtiges Kraut in der selbstgeschnitzten Pfeife. Sie reden über den Waldboden, über die geheimen Flecken mit den größten Pilzen, darüber, wie man Hasen am schlausten erlegt, und über den geilen Gockel, der pausenlos die Lieblingshenne bespringt.
In einer altgedienten Eisenpfanne macht Django von frischgelegten Eiern und in der Früh gesammelten Pil-

zen ein gigantisches Omelett, auf das er eine Handvoll frischen Schnittlauch wirft.
FF flippt aus vor Glück und Losgelöstheit, als Django mit der Wahnsinns-Pfanne zum grobgezimmerten Tisch kommt. Ein Kerl wie ein Baum aus seinem Wald, dieser Hinterwäldler Django, mit pechschwarzem Kräuselbart und kleinen Augen so flink und wachsam wie vom Eichkatz, in selbstgenähten, kunstvoll geschnürten ledernen Westernhosen und mit Cowboystiefeln, wenn auch verdreckt, vom Feinsten. Seine Jeansjacke ist mit Indianerperlen bestickt und mit Silbernieten verziert nach alten Indioornamenten und Symbolmotiven. Mit der schweren Pfanne in der Hand dreht sich Django und führt FF den Rücken der Jeansjacke vor und den mit Perlen aufgestickten, schillernden, schwingenspreizenden Adler.
In der Hütte riecht es, außer nach gequalmtem Cannabis und Rührei mit Pilzen, nach Leder und gegerbten Fellen. Eine Schusternähmaschine steht mitten im Raum, und auf Djangos Liege sind seine neuesten Meisterwerke ausgebreitet: mit Indiosymbolen perlenbestickte, nietenverzierte, mit Fell und Federn besetzte Lederklamotten.
Vor dem Fenster unterm vorspringenden Dach hängen mit Klammern an Leinen Felle von Waldgetier, von Maulwürfen und Spitzmäusen. Django stellt die Pfanne auf den Eisenuntersatz am Tisch, zeigt zum Fenster hinaus auf das Dutzend aufgehängte Hasen: »Am Freitag ist das Waldfest. Da brauche ich dich und deine Mundharmonika.«
Sie vertilgen das Omelett mit Gabeln direkt aus der Pfanne, dazu selbstgebackenes Brot und Kräuterschnaps,

der die Zunge löst. FF lädt bei Django alles ab, was sein Innenleben konfus, sein Hirn paranoid, sein Nervensystem manisch und seine Gefühle gaga macht, in einer Art Psycho-Anfall leert er vor Django das Eingemachte aus: »Ja, es war ein knallhartes Glücksspiel, ich habe mich heiraten lassen.«

Und an dieser Freiheitsberaubung würgt er, ja, ja, sie läßt ihn immer wieder ausrasten, seine *High-Tech-Queen*, die tiefgekühlt ihr Weiberfleisch unter teuren Klamotten wegpackt.

Die Loopings zwischen Lust mit Leisa und Frust mit Leisa sind gnadenlos. Eine Powerfrau, die alle in die Tasche steckt, »aber mich, Django, mich wird sie nicht unterbuttern, ich schwör's!«

Django nickt, und sie kippen den nächsten Klaren. FF berichtet von Bändigungsversuchen, vom Mozartzopf, vom Armanianzug, erzählt vom Cockpit, wo es pausenlos piepst und schnarrt und blinkt. Vom Galadinner mit Immobilienhai Benno Hossmann, der den Regenwald verhökert und seine fette Flosse besitzergreifend auf Leisas Hand legt und wo es als Vorspeise ein Potenzmittel gibt: *Sellerieessenz mit Lachsnocke!*

FF und Django lachen aus vollem Hals, und FF dreht noch mehr auf: »Django, könntest du so leben! Mit von morgens bis abends *Abrakadabra*? Und er startet im Litaneien-Tonfall die gebetsmühlenartige Aufzählung mystischer Schlüsselworte:

»Effizienz Konsequenz Eloquenz Tendenz Flexibilität Qualität Quantität Intensität Produktivität ...« Er schlägt das Kreuz und endet mit einem »Amen«.

»Konfrontation Investition Innovation Kommunikation

Organisation Position Reglementation ... Amen!« FF holt tief Luft.
Technologie Strategie Hierarchie Terminologie Globalisierung Internationalisierung Optimierung Orientierung Maximierung Segmentierung ...«
Ehe er Amen sagen und sich bekreuzigen kann, hat Django sein Handgelenk eingefangen und fest im Griff: »Hör auf! Du versündigst dich!«
FF reißt sich los, springt auf und verschleudert den Rest des Gebetsmülls: »Aufreißen! Verschleißen! Bescheißen! Gelobt sei die Heilige Dreieinigkeit der Spekulanten! Intriganten! Geldgiganten! – In Ewigkeit Amen!«
Django weiß, wie er das Eingemachte vom Tisch kriegt. Er holt seine Gitarre, setzt sich auf die Tischecke, stützt den Fuß auf den Schemel und greift die ersten Akkorde.
FF geht erst einmal pinkeln. Der geile Gockel und seine Lieblingshenne haben sich nach dem Wolkenbruch auf dem Dach des BMW placiert und äugen mit selbstbewußtem Kopfrucken durch die Gegend. Der Hund fiepst und das Schaf blökt. Das Glücksgefühl kehrt zurück.
»Du Vollidiot!« sagt FF laut zu seinem Ego. Er zieht die Mundharmonika aus der Gesäßtasche und geht entspannt zurück in die Hütte, wo Django bereits zur Gitarre seinen neuesten Trucker-Song zum Besten gibt.
FF hört sich ein paar Takte an, dann fällt er ein mit seiner Mundharmonika, bläst alles an gestauten Emotionen rein in das Instrument, begeistert sich für den Liedtext über den Horrortrip nach Istanbul und singt die Refrain-Zeilen mit zweiter Stimme gekonnt dazu.
In einer Pause sagt er zu Django: »Ich möchte so leben wie du.«

Aber Django, der selbsternannte Einsiedler, nimmt ihm die Flöhe. »Kannst du im Holzkohleofen Brot selber backen?«
»Könnte ich garantiert auch.«
»Und einen halbverreckten Hasen aus der Fangschlinge holen und dem das Genick umdrehen?«
»Na ja ...«
»Und die geile Kathi bumsen, aus dem Hausner-Kuhstall, die mit dem fetten Arsch? Bei der geht's nur von hinten, wie wenn sie von ihren Rindviehern eins wär ...«
FF brüllt *»Du Saubär!* Du bist der Abschuß, Django!« Ihr Männerlachen ist abgrundtief archaisch.

24.

FF kommt nicht schnell genug ins Lokal, er hat sich aus dem Auto die perlenbestickten Lederklamotten geschnappt, die er für Django gegen Cash absetzen will. Das Sesam-öffne-dich ist für FF die grün und rot angemalte Eingangstür mit der gemütlich einladenden Lampe darüber, sie läßt ihn ein in den brodelnden, wabernden Underground. Hier ist alles wie immer, er kennt die Gerüche von Hammeleintopf und Borschtsch, den Lärm von Fußball und Balaleika, die lauten, be-

knackten Typen (Babsi!!). Es ist wie eine Rückkehr in die Bauchhöhle.
Aus dem Fernseher brüllt es: »Foul! Foul! Das gibt einen Elfmeter!!«
Die Fans davor in Bierdunst und Qualm flippen aus und machen sich mit kernigen Sprüchen an und nieder. Aus der Kickergemeinde löst sich Babsi und wirft sich mit einem Kreischen FF an den Hals. Der kann sie nicht abwehren, weil er die Arme voller Klamotten hat. Und er will sie auch gar nicht abwehren. Sie fühlt sich an wie eine Stute, außen Leder, darunter spielende Muskulatur. Sie hat ihn im Klammergriff, und ihr Kuß ist hemmungslos exzessiv.
Erst als sich einer neben ihnen aufbaut und Babsi zurückpfeift: »Genug! Genug! Babsi! Willst du ihn töten?!« läßt sie ihn aus. Ivan, der Stroganoff-Chef, mit Wodka rechts und Gläsern links, die Arme ausgebreitet: »An meine Brust, mein Sohn!« Trotz der Klamotten kommt eine herzliche Umarmung zustande.
Der Begrüßungswodka wird gekippt, und Ivan fragt: »Wie geht es *ihr*, deiner Herzensdame?« Und er kommt sofort ins Schwärmen: »O wunderschönes Ebenbild von überr alles geliebtes Zaarrin . . .!«
Sie lachen, und FF sagt: »Ivan, du triffst den Nerv – sie ist echt wie 'ne Zarin . . .«
Babsi macht sich über die Django-Klamotten her, die auf der Bank liegen. Unversehens steht sie – simsalabim – ungeniert da im lila Spitzenbody, in schwarzen, mit gewirkten Rosen durchbrochenen Strümpfen. Selbst im hinteren Eck schauen der gewichtige Iraner und der Herr mit Goldrandbrille von ihren Geschäften auf. Dann

steigt Babsi ein in die brachiale Lederkluft mit Perlen und Nieten und Fellchen und Federn.
»Der absolute Wahnsinn!« schreit Babsi und dreht sich vor FF und Ivan. Die Hände auf den knabenschmalen Hüften, die Finger voller Silberringe, schüttelt sie die schwarzen Kringellocken, lacht und blitzt FF an. In der Fantasy-Kluft mit einem glitzernden Fuchs hinten und zwei milchweißen Tauben vorn steht sie da wie eine aus dem Kosmos materialisierte Science-Fiction-Erscheinung, eine den Comics entsprungene *Barbarella*.
FF fährt volle Pulle auf sie ab. Im Abgrund versunken sind High-Tech-Leisa und ihr beknacktes Cockpit.
Auch Ivans Puls hat ein paar Takte mehr drauf bei dieser Show-Einlage, trotzdem, als Realist und Menschenkenner behagt ihm gar nicht, was er sieht: FF, vor Spannung in den Bewegungen verlangsamt, Beutegier im Blick, ist im Ansatz zum Tigersprung.
FF kann nicht mehr sitzen, schnellt hoch und stellt sich dicht vor Babsi auf. »Zehn Blaue Cash«, und seine Stimme klingt rauh wie bei einem Kinoheld in der Jetzt-oder-nie-Szene.
Babsi lacht: »Null Problemo.« Sie, die jede Menge obskure Einnahmequellen hat, zieht ihre Lederbörse aus der Gesäßtasche der abgelegten Hose und zelebriert die Geldübergabe als erotische Kulthandlung: Jeden der etlichen Scheine befördert sie – »einhundert, zweihundert, siebenhundert (das war ein Fünfhunderter), achthundert ...« – mit laszivem Genuß tief in die Hosentasche von FFs hautenger *Five-o-one*-Jeans.
Sie ist noch nicht bei eintausend angekommen, als Ivan polternd aufsteht und in die Küche abmarschiert. Er ruft

zurück: »Ich brringe Borschtsch!« und zu FF auf russisch: »Und einen Eimer Kaltwasser zum Drübergießen!!«
FF lacht sich halbtot, weil er das witzig findet von dem wütenden Ivan und weil er nach dem Dutzend Schnäpsen total neben sich steht und weil das abgrundtiefe Geldeinschieben in seine Jeans von den jetzt zweidrei Babsis so eine starke Angelegenheit ist.
Abpfiff, Fußball-Halbzeit und sofort die Werbung, Opernarien beim Spaghettikochen, Herr Dittmayer mit seinem ewigen Saft. Jetzt kommen alle, die dazugehören, an den Tisch, der Szenetyp mit den Perlschnüren und Joschi mit dem Trapperhut und die zwei Easyrider und ein paar neue Hasen, frisch eingeflogen aus Petersburg, auf echt russisch üppig geschminkt und süßlich parfümiert. Die schnattern wie die Schneegänse und halten sich die Hand vor den Mund, wenn sie kichern, und die Szenetypen brüllen vor Lachen, wenn sie ihr eben erlerntes Deutsch vorführen: »Ich bin geil!« oder »Du bist der Abschuß.« Als die Balaleikatruppe an den Tisch kommt, singen die brandneuen Bräute aus Petersburg russische Lieder mit Stimmen wie Kirchenengel. Ivan serviert Borschtsch mit saurer Sahne für alle, und jeder will noch ein Bier. Alle fliegen auf die Django-Klamotten. Joschi ist scharf auf die Jacke mit dem krassen Bär, aber sie lachen ihn aus, mit seinem Bierbauch hat er keine Chance. Dem Typ mit den Perlschnüren paßt sie wie die Faust aufs Auge, doch der hat kein Geld. Der eine Easyrider hat Angst, daß man sie ihm klaut, aber er kauft dann doch auf Risiko, zwei sogar, die eine, denkt er, wird er mit Gewinn in der Schwabinger Bou-

tique *Narziss* los. Ivan verwahrt die zwei Jacken im Tresorschrank, bis der Typ das Geld herbeischafft.
»Achtung Ansage!« brüllt FF in den wabernden, brodelnden Underground. »Freitag! Bei Django das große Waldfest! Django hat jede Menge Schmorhasen und Honky-Tonk! Faßbier muß mitgebracht werden.«
Weil es so eng ist am Tisch, hat sich Babsi auf FFs Knien eingenistet, hat den Arm um seinen Hals geschlungen, er löffelt Borschtsch und sie raucht und träufelt ihm kleine Obszönitäten ins Ohr, er nickt selbstgefällig und grinst.
»He, ich muß euch mal unterbrechen!« stört Joschi lautstark ihr Täubchenspiel.
FF reagiert verlangsamt. »Was is?« Er stiert auf Joschi.
Der schiebt im Kinostil mit hochgerecktem Finger den Trapperhut aus der Stirn: »Ich hab 'ne Tour mit 'm Dreißigtonner und brauch 'n zweiten Fahrer. Ich weiß, du hast 'ne reiche Frau, FF, aber ...«
»Ist gebongt!«
FF kommt der Gelegenheitsjob gerade recht. Er ist blank, und der Ausdehnung der Freiheits-Tour mit einem Dreißigtonner kann er nicht widerstehen. Sie verabreden Treff- und Zeitpunkt: Morgen fünf Uhr dreißig, Kreuzung Brunnhuber/Thalhammerstraße, an der Bushaltestelle.
Schlagartig leert sich beim Anpfiff die Rundumbank: König Fußball – zweite Halbzeit! FF taucht auch ab ins Kicker-Vergnügen, er quetscht sich mit Babsi an die Mauer vor dem Fernseher. Scheiß Wodka! Es nervt ihn, daß hier und heute zweimal so viele Spieler in action sind und mit zwei Bällen! Die andern brüllen pausenlos,

aber er hat seit heute früh schon genug Dampf abgelassen. Babsis Hand unter seinem T-Shirt macht ihn fertig, und er läßt sich von ihr abschleppen.

25.

Babsis Abschleppaktion zum Zielpunkt ihrer Wahl: FF hinter Babsi auf der rotweißen Sechshunderter Yamaha, er klammert sich an ihr fest und kämpft in jeder Kurve um das Gleichgewicht. Sie brettert durch Vorstadtstraßen und dann donnernd durch einen Torweg in den finsteren Hinterhof mit der abgewrackten Wohnkaserne. FFs Hirn serviert ihm eine Sekunde lang ein Blitzlicht von Leisa, wie sie in flammender Empörung über FFs Untreue sein Foto in den gasbetriebenen Kamin schleudert. Aber das Signal verlöscht spurlos. Die zweidrei Babsis mit Füchsen und Tauben und sinnlichem Gelächter schieben ihn durch die knarrende Haustür in das funzlig erhellte, steinkalte Eingangsgewölbe.
Die vier Treppen hoch kosten FF seine letzte Kraft. Ehe noch Babsi den roten Seidenschal über die kleine Lampe werfen und die Nitti-Gritti-Dirt-Band auflegen kann, hat FF sich auf die Couch geschmissen, auf die Daunen und die Seidenkissen mit den psychedelischen Mustern, und fällt augenblicklich in Tiefschlaf. Babsi, die alles

kennt, was so mit Männern passiert, ist nicht geschockt. Sie wird ihn schon noch hochkriegen.
Sie steigt aus ihrem Fantasy-Outfit und hängt den Fuchs und die Tauben sorgfältig auf einem Bügel an den schon überfüllten altenglischen Garderobeständer, der mitten im Raum steht unter der hohen, stuckverzierten Altbaudecke. In ihrem lila Spitzenbody und den schwarzen Strümpfen bewegt sie sich lautlos durch ihre Behausung, die in grandiosem Megamix aus skurrilen Sperrmüllmöbeln und Highprice-Polstern, Plakaten von Motorrad-Rennen und großen, goldgerahmten Spiegeln, mit dem Kühlschrank gleich neben der Liege und den Trimmgeräten im altertümlichen Bad die *Welt der Babsi* darbietet.
Sie kocht Mokka für FF, russischen Tee für sich, zündet ein Sandelholz-Räucherstäbchen an, stellt alles auf einem indischen Schnörkeltablett auf den Kühlschrank neben der Liege, dreht die Kassette mit der Nitti-Gritti-Dirt-Band nochmal um, setzt sich auf den Bettrand neben den schlafenden FF, der von allen, allen ihr echt einziger Darling ist. Daß FF ganz willenlos daliegt, sonst selbstherrlich, widerborstig, unberechenbar, törnt sie an.
Sie übt Geduld, kokst ein bißchen, und während sie megacool in einem Road-Magazin blättert, lauert sie mit gespannten Nerven auf den Koks-und-Lust-Kick.
Als er sie überfällt, ist sie elektrisiert, ganz nach Wunsch, und mit spitzen Fingern und feuchten Küssen, auch ohne sein Zutun, macht sie sich an ihr Lustobjekt. Sie testet die Augenlider (überraschend zart), die Lippen (weich und trocken), die Halskuhle (warmer Körperge-

ruch, unverwechselbar FF), sie schiebt die Bomberjacke auseinander, das T-Shirt hoch, da ist sie, auf seiner Brust, die Tattoo-Rose! Diese küßt sie besonders ausgiebig.
Weil FF aber nicht reagiert, wird sie ärgerlich, knufft ihn in die Seite und schreit ihn an: »He, Mister Dornröschen! Ende des Jahrhundertschlafs!« Sie zieht ihm erfolglos die Augenlider hoch, träufelt ihm Mokka zwischen die Lippen, wird aggressiv, macht sich an die Knöpfe seiner *Five-o-one*, schwingt sich rittlings auf ihn und startet einen exzessiven Galopp auf ihrem butterweichen Lieblingshengst.
Mit einem empörten Grunzer und einem gewaltigen Ruck zur Seite wirft FF sich herum, und Babsi macht einen höllischen Absturz, den nur der dicke Teppich mildert. FF beginnt laut zu schnarchen, und Babsi liegt rücklings auf dem Teppich und lacht und lacht und lacht . . .

Ein Wecker schrillt und schrillt, wie nur ein Kaufhauswecker schrillt. FFs Hand tastet verzweifelt nach dem Mordgerät, umsonst, das Schrillen steckt ihm wie ein Marterpfahl im maroden Hirn. Ein kräftiger Fluch beendet das Schrillen, und FFs Ohren hören, wie sich der Nachbar hinter der Wohnungswand ächzend aus dem Bett erhebt. FF reißt die Augen auf, starrt mühselig auf die Phosphorzeiger seiner Russenuhr: Fünf Uhr. Nichts wie Augen zu und weiterpennen! Er drückt sich tief ins Kissen, da geht der innere Alarm los: Das Kissen ist aus Seide! Er reißt mit Gewalt die Augen auf, glotzt auf die im ersten Tageslicht erkennbaren psychedeli-

schen Muster der Bettwäsche. Wie von der Tarantel gebissen schnellt er hoch, sitzt kerzengerade da und kapiert null.
Dann sieht er Babsi! Die liegt im lila Body und mit schwarzen Strümpfen rücklings ausgestreckt schlafend auf dem Teppich.
Der Schock geht tief. *Leisa!* Das schlechte Gewissen schlägt mordsmäßig zu. Der Filmriß ist total. *Gottverdammte Scheiße!* Hat er mit Babsi oder hat er nicht mit Babsi? Und wenn? Mit oder ohne?
Er rutscht, mit Auge auf Babsi, vorsichtig zum Fußende der Liege, katapultiert sich mit lautlosem Sprung aus dem Zimmer, aus der Wohnung, flüchtet die vier Treppen runter im Schnellspurt, je zwei Stufen überspringend. An der schweren, zerkratzten Haustür unten, in dem steinkalten Eingangsgewölbe, verschnauft er einen Moment, stopft sich das T-Shirt in die Jeans, knöpft sie zu, faßt an die Jeanstasche (das Geld ist noch da). Im Laufschritt setzt er über den Hinterhof, durch den Torweg auf die Straße und die Vorstadtstraße runter bis zur Kreuzung. Total außer Atem läßt er sich auf den Bordstein fallen, hockt abgewrackt da, ungekämmt, unrasiert, übernächtig. Die Arbeiter der Frühschicht, die in Nebelschwaden auf den Bus warten, schauen mit Morgengrant auf den Penner am Straßenrand. Als der zudem aus seiner Jeans einen Packen Scheine rausholt und die tausend Mark nachzählt, kriegen sie einen Zorn und motzen ihn mächtig an. FF nickt und sagt: »Okay, okay, ihr habt ja recht . . .«
Dann hört er das Horn und springt auf. Aus dem Frühnebel taucht ein Monster auf, überdimensional, anima-

lisches Brummen, dampffauchende Nüstern, dreimal grelles Feuer speiend, ein Dinosaurier des Highway. Der Dreißigtonner! FF rennt zum Bushalteplatz, läßt den Truck auf sich zurollen, geht auf in der Faszination der heranwuchtenden, geballten Kraftmaschine, geschmückt wie zum Fest: bunte Fähnchen, Lämpchenkette, blinkenden Herzchen, obenauf die prachtvollen Büffelhörner. Joschi sitzt mit breitem Grinsen hinter dem Steuer, Trapperhut und Fransenweste und Honky-Tonk, schert ein, produziert mit den hydraulischen Bremsen ohrenbetäubendes Quietschen und Zischen, und als die Arbeiter der Frühschicht gerade aufatmen, nochmal: das betäubende Gebläse der Hydraulik beim Anziehen der Handbremse. Mit Genugtuung legt FF seine Hand auf die warme Fronthaube des kolbenstarken, geilen Monsters: von Männern erfunden, von Männern gebaut, von Männern auf die Straße gesetzt, von Männern gefahren, von Männern geliebt ...

»Highway – ich komme!« schreit FF und schwingt sich hoch in den Beifahrersitz, und mit bewährtem männlichem Verdrängungsmechanismus vergißt er die letzte Nacht und gibt sich dem Glück der Straße und Ferne und Countrymusic hin beim donnernden Start in Richtung Freiheit.

26.

Franz *Josef Strauß Airport* München. Lisa, die Powerfrau, mit Designer-Aktenkoffer und edler Reisetasche, kühl und teuer gestylt, mit dem Charisma eines Champions nach dem Sieg (Consulting-Auftrag von *Chemcon*), erzielt Beachtung, denn Lisa signalisiert Erfolg und Effizienz, verstrahlt den Glamour einer High-Tech-Titelqueen vom *Big Business Magazin*. Mit dem Rücken zur blinkenden Arrival-Tafel, die die Maschine aus Basel als gelandet meldet, steht sie voll Spannung da, hält Ausschau. Erhöhter Puls sorgt für rosigen Teint, die Augen blitzen in Erwartung eines sehr privaten Nachmittags. Doch wer nicht auftaucht ist FF. Sie kontrolliert die Zeitverschwendung ungeduldig auf ihrer Cartier-Uhr, wartet und wartet. Kein FF und auch kein BMW. Ihr Gefühlsgefüge klappt zusammen wie ein Kartenhaus, und im inneren Ohr hört sie in Vaters herbem Tonfall so üble Kennzeichnungen wie: unzuverlässig, verantwortungslos, undiszipliniert . . .

Im Taxi hofft sie noch halbherzig auf einen verschlafenen FF im Kingsizebett, für den sie Baseler Leckerli und eine hochkarätige Uhr in der Reisetasche hat. Aber auch zuhause: kein BMW in der Tiefgarage und kein FF im Bett und keine hingekritzelte Nachricht. Die Enttäuschung kriecht ihr wie eine Lähmung ins Körpersystem. Sie läßt sich auf ihr einsames Bett sinken und nimmt den Teddy in den Arm.

Ein mißliches Novum in Lisas Weiblichkeit: *Liebeskummer, Eifersucht*. Heftig und total.

FF im Dreißigtonner, irgendwo unterwegs im neuen deutschen Osten, auf Straßen wie Wellblech, fängt die Message auf, er setzt mitten im Honky-Tonk seine Mundharmonika ab und starrt auf eine Vision: Leisa, enttäuscht und einsam mit Teddy auf dem Kingsizebett. Joschi schreit: »Was is?« und die Vision ist weg. Was bleibt, ist ein Kratzer auf FFs Seele, der das unbändige Gefühl von Freisein verdammtnochmal stört.
Eine vorsintflutliche Unterführung, die für den Dreißigtonner vier Zentimeter zu niedrig ist, eine abenteuerliche Umgehungsroute auf ungesicherter Schotterstraße und eine im Schrittempo riskant überquerte Brücke mit Warntafel sind willkommene Herausforderungen von hohem Schwierigkeitsgrad, bei denen FF, der Trucker auf Fernfahrt, lästige Störsignale erfolgreich abblockt.

Auch Lisa trainiert die Verdrängungstechnik, steckt ihr Tief weg, polt ihr System um von negativ auf positiv, gibt der Coolness den Vorrang und sucht ihr Heil in *Task Force* und *Speed Management*.
Nach drei Tassen grünem Tee und dem Verzehr sämtlicher Baseler Leckerli in einem Anfall von Heißhunger hat sie sich im Griff und placiert sich in ihr Cockpit, schnurrend und blinzelnd begrüßt von ihren elektronischen Hausgeistern.
Das schnelle Durchziehen der anstehenden Projekte, als willkommene Herausforderung von hohem Schwierigkeitsgrad, macht Lisa an, hätschelt ihr Selbstwertgefühl und schickt ihren Liebeskummer in den Keller.
Als erstes drückt sie die Abruftaste des Anrufbeantworters und läßt sich die Infos zuspielen:

Die *Chemcon*/Basel avisiert Dr. Betzle, Eintrefftermin übermorgen, Hilton Hotel, wg. Werksbegehung Firma *Aliterm*/Eching.
Die *Compumax* eröffnet in circa sechs Wochen das neue Computerforum, bitte vormerken, Datum wird rechtzeitig bekanntgegeben.
Anja benötigt Namen, Vornamen und Titel der *Chemcon*-Herren für das Vertragsangebot. Außerdem will sie einen Termin fürs Fitness-Center.
Dr. Nolte aus Frankfurt erbittet Rückruf.
Susanne schlägt ein Treffen vor *Bei Mario*, muß Lisa den Haarschnitt von Mike Strohelm vorführen. Sagenhaft!
Aliterm-Direktor Fellner fliegt einen deutsch-koreanischen Wissenschaftler ein, wegen der Neuübersetzung der Gerätebetriebsanleitungen, erbittet Terminabsprache.
Karin teilt mit: die Bustelli-Brille ist fertig.
Das Sekretariat von Dr. Mangold bietet mehrere Termine zur Auswahl wegen Werksbesichtigung.
Edelgart gibt zur Kenntnis: Vater gesund, wann hat Lisa Zeit für Golf?
Benno Hossmann will mit ihr lunchen . . . !
Zum Schluß ertönt Ivans tiefer Baß:
»Hier sprricht Ivan vom Stroganoff. Möchte mitteilen: FF ist abgehauen, aber BMW steht hier. Besser Sie holen BMW, weil teures Telefon und teures Stereo findet gerne Liebhaber . . . Würrde erfrreut sein über Besuch von schönes Ebenbild von Zaarin . . .«
FF ist abgehauen! Lisa reagiert impulsiv, bestellt ein Taxi: »Zum Stroganoff.«

Das Taxi steckt im Stau, ebenso Lisa, in einem Stau stichelnder Fragen: Was heißt das, dieses lapidare »FF ist abgehauen?« Ist er untergetaucht? Ins Ausland? Für wie lange? Für immer?! Weiß Ivan wohin? Kommt er zurück? Wenn ja, dann wann? Ist er allein fort? Wenn nein, mit wem? Wo hat er genächtigt? Etwa mit dieser Babsi auf der Couch?!

Viele Fragen – keine Antworten. Denn als das Taxi beim Stroganoff vorfährt, bleibt die bunt bemalte Tür mit der gemütlichen Lampe darüber unerbittlich zu. Das Exilrussen-Lokal hat Ruhetag. Enttäuschung total, mit depressiven Zugaben. Gemüt und Magen reagieren sauer auf den Negativstreß.

Ihren BMW entdeckt Lisa auf dem Stroganoff-Parkplatz. Von wegen diamantschwarz – sie rastet aus: über und über schlammbesudelt. Telefon und Sound-Anlage sind noch drin, aber auch jede Menge Lehmbrocken, abgefallen von FFs Cowboystiefeln. Der Ärger, den FF ihr aufhalst und der ihr auf Präzision getrimmtes, termingesteuertes Vollprogramm so massiv stört, läßt in Lisa Wut und Eifersucht hochkochen. Das alles muß ihr unschuldiger BMW ausbaden. Mit aufjaulendem Motor, mit quietschenden Reifen und krasser Geschwindigkeitsüberschreitung rächt sie sich für die Unbill und Schmach.

Ohne Zeitverlust steuert sie ihre gewohnte Tankstelle an, gibt den BMW an den Tankwart ab, der gegen fünfzig Mark Trinkgeld ihren BMW betankt, staubsaugt, dampfstrahlt, wäscht und wienert, Lisa hängt sich ans Telefon und checkt Dr. Mangold, Dr. Nolte, Anja, die *Compumax*, Karin und Vater ab, dann Direktor Fellner,

Immobilienhai Benno Hossmann und Susanne, vereinbart Termine, trifft Dispositionen, liefert Informationen und baut sich zusehends auf zu ihrem hauseigenen Format.

27.

Irgendwo im neuen deutschen Osten, gleich bei der polnischen Grenze, in der verrotteten Altstadt einer mittleren Industriestadt, erlebt FF die Stunde der Wahrheit! Am Steuer des Dreißigtonners, mit Blinker mal rechts, mal links und zum Schluß mit Warnblinker, steckt er festgekeilt in einer engen, rumpeligen Straße mit geparkten Autos an strategisch ungünstigen Punkten und kommt nicht um die Ecke. Joschi tänzelt hinter dem Truck und vor dem Truck, mit Daumen und Zeigefinger die zentimeterengen Abstände anzeigend, winkend und abwinkend: Nichts geht mehr! Joschi schreit Anweisungen und Warnungen, FF schreit zurück. Schaulustige genießen das Gratis-Programm der Wessis, Bauarbeiter einer Großbaustelle kapieren sofort. Jeden Tag befahren hier die Baulaster die Zufahrt mit Vor- und Rückwärtsgang, sie kennen alle Tricks für diese LKW-Falle. Im Team lotsen sie FF drei Zentimeter vor mit Linkseinschlag, fünf Zentimeter zurück, rechts einschla-

gen, nochmal vor bis zu dem grünen Trabbi, und jetzt – Achtung Schlagloch – scharf links und gute zehn Meter zurück, zwei Zentimeter vorbei an dem weißen Mercedes, und rückwärts auf den kleinen Platz mit Kopfsteinpflaster. FF läuft der Schweiß unter seinen langen Haaren hinten ins T-Shirt. Einer der Ossis schwingt sich zu ihm auf den Beifahrersitz, zeigt mit Handschräghalten die Fahrtrichtungen. FF muß nochmal zurückstoßen, dann kann er einfahren auf die Großbaustelle, mit Hallo begrüßt, denn auf die Ladung Dämmplatten wurde schon gewartet. Ein französischer Investor baut hier mit Termindruck einen Hotelketten-Serienkasten für Businessleute.
FF springt vom Bock, hochrot das Gesicht, Schulterklopfen und Verbrüderung. Joschi läßt eine Literflasche Jägermeister kreisen. Gegenangebot: Machorka-Zigaretten, immer noch die einzig wahren Lungentorpedos. Vom Imbißstand gibt's Currywurst und Bier. Bei Honky-Tonk aus der Truck-Kassette und mit Zugaben von FF auf der Mundharmonika, hocken sie auf Betonsockeln und Bretterstößen, überbieten sich mit haarsträubenden Stories von geplatzten Reifen, verreckten Motoren und ausgefallenen Bremsen, von Anhalterinnen ohne Schlüpfer und geschmuggelten Kalaschnikows.

Stockfinster ist die Nacht, die Großbaustelle nur funzelig ausgeleuchtet. FF und Joschi schlafen in der Fahrerkabine ihren ersten Tiefschlaf, da klopft jemand an die Seitenscheibe. Beide sind im Moment hellwach: »Was gibt's?«

Ein Mann, vielleicht dreißig, mit sorgfältigem Haarschnitt, Brille mit Schwarzglas, modisch westlich in Berto-Lucci-Blouson, will »nur was reden«. Er rollt dramatisch das R. Nach Gerede über dies und das, über PS und Kilometerstand, rückt er heraus mit dem Angebot: »Ihr macht Spritztour über Grenze. Dann LKW wird gestohlen. Zehntausend Deutschmark auf Hand plus Original-Polizeiprotokoll mit Stempel und Signatur. Gutes Geschäft. Deutsche Versicherung zahlt Vollkasko.«

»Da haut's dir ja den Vogel raus!!« explodiert FF. »Du bist wohl nicht ganz eben?! *Die* Tretmine baggern wir nicht an!«

»Zwölftausend auf Hand«, lautet das nächste Angebot.

»Nix da«, fegt ihn Joschi an, »wir Highway-Cowboys haben unseren Ehrenkodex.«

Übergangslos bietet der Mann das nächste Geschäft an, winkt nach hinten. Vom dunklen Mauerwerk lösen sich zwei aufgemotzte Nutten vom Babystrich: überschminkte Kindermünder, freche Augen, schmal und drogenverdächtig. Vielleicht dreizehn, vierzehn!

Joschi wird ruppig: »Wir bumsen doch keinen Kindergarten! Haut ab, verdammtnochmal, wir wollen pennen!«

Statt weniger, werden es mehr, ein Vietnamese hat stangenweise Billigzigaretten, mit echtem US-Label. Sie kaufen fünf Stangen. Der mit der Schwarzglasbrille preist sowjetische Armeewaffen an, fast geschenkt. FF und Joschi verriegeln die Türen, schieben sich Trapperhut und Truckermütze über die Augen. »Mann!« sagt Joschi, »Let's go West.«

FF, der augenblicklich abtrudelt in den Schlaf, wird mit einem Horrortraum bedient: Die knochigen Babystricherinnen, mit blutroten Riesenmündern und überdimensionalen Schwarzglasbrillen, fegen wie die Hexen rittlings auf extralangen US-Zigarettenstangen durch die Lüfte, umkreisen FF mit Affenzahn, bis ihm schwindlig und übel wird. Er reißt die Augen auf, reißt die Autotür auf und kotzt nach draußen, verscheucht zwei Schattengestalten, eben dabei, vom Dreißigtonner abzuschrauben, was nur geht. Sein mordsmäßiges Gefluche schallt über die Großbaustelle. Er gurgelt mit Cola und verschanzt sich hinter festverschlossenen Augenlidern. Leisa! Ihr rosig geschrubbtes Weiberfleisch im Melissenbad! Ihr Kiekser auf der Waschmaschine! Ihr schlaftrunkenes Lächeln im Kingsizebett nach Verköstigung mit Liebe! Wie an tausend Fäden zieht es ihn hin zu ihr, so stark, daß er Herzschmerzen bekommt.

28.

Aber Lisa liegt nicht rosig im Melissenbad und auch nicht mit schlaftrunkenem Lächeln im Kingsizebett. Hochgestylt in blitzendem Weiß, dezent gepudert, nach Chanel duftend, sitzt sie mit Benno Hossmann, dem sägemesserscharfen Immobilienhai, in einer dunklen

Ecke im Nobelrestaurant und speist ein edles Menü, begleitet von edlen Weinen.
Benno Hossmann, braungebrannt, im sommerlichen Italo-Maßanzug, Streifenhemd und forsche Krawatte, zeigt seine Schokoladenseite. Sie machen Smalltalk, aber in Lisas Nacken sind die Härchen warnend hochgestellt gegen diesen Mann, der Gefährlichkeit und Macht signalisiert. Trotzdem, der Reiz, daß er sie einbezieht in seinen Interessenradius, ist unwiderstehlich, und außerdem genießt sie die Genugtuung, FF für seine Treulosigkeit zu strafen.
Der Smalltalk plätschert unverbindlich dahin, über die Hitze in diesem Sommer, über Klima und Regenwald, über Dr. Dr. Lorenz Mayers plötzliche Grippe und schnelle Genesung, über die Metropolitan Opera, die Hossmann beim New York Trip angeblich besuchte, über die Modern Art Ausstellung, die Lisa in der Baseler Kunsthalle (nicht) besichtigt hat, über Golf und Lisas Schlag bei Föhnsturm direkt in Loch sieben, über Segelturns, denn Hossmann, der Hai, besitzt eine Hochseeyacht. Lisa hält das Geschwafel kaum aus und Hossmann auch nicht.
Benno Hossmann steigt um in Phase zwei: animiert vom Alkohol, setzt er an, ihre Coolness aufzutauen, sülzt sie voll mit Artigkeiten über ihr Aussehen, ihren Stil, ihre Intelligenz und Kompetenz, er legt seine massive Flosse schwer auf ihre Hand, entblößt sein Raubfischgebiß zu beutelüsternem Lächeln, und seine gierigen Augen fressen sie bereits mit Haut und Haar.
Lisa, die prinzipientreu mehr Wasser getrunken hat als Wein, entzieht ihm die Hand und rührt den Mokka um,

verabschiedet den Smalltalk und geht zu Direktheiten über:
»Herr Hossmann, ich plane den Kauf eines Penthouse, am liebsten mit großer Dachterrasse. Sie, mit Ihrem Immobilien-Imperium, sind für mich der potentielle Ansprechpartner ...«
Der hechtet auf den Köder: »Aber mit dem allergrößten Vergnügen!« Seine Flosse schon wieder schwer auf ihrer Hand. »Meine verehrteste Lisa, ich habe da genau das richtige für Sie, ein Projekt am Hirschpark, traumhafte Lage, exklusives Penthouse. Aber nur unter einer Bedingung!«
»Und die wäre?«
»Daß Sie Benno zu mir sagen!«
O Gott, ein Hai namens Benno! Lisa lächelt gekonnt. »Einverstanden, Benno – aber nur heute abend.«
Es wird noch ein langer Abend voll Intimität zwischen Lisa und Benno, und was sie unter Intimität verstehen, sind Topics wie Firmenfusionen, Kapitalaufstockungen, Chefpostenvergaben, Börsentrends ...

Am Morgen, nach einer schrecklich einsamen Nacht, steht Lisa vor dem Spiegel im Bad beim Tagesmake-up, schminkt die Augenringe weg, versucht eine Zwischenbilanz, definiert Standorte, sucht Orientierung: Wo steht Lisa und wo ist FF?
Beim Anblick seiner Zahnbürste schießt ihr das Wasser in die Augen. Wie viele Straßenkilometer trennen sie so erbarmungslos? Welten liegen zwischen ihnen, so weit wie Sonne und Mond. Und doch, und doch ... die tausend unsichtbaren Fäden ziehen und zerren an

Herz und Nerven. Sie frisiert energisch die Haare nach hinten, setzt die Brille auf und blickt auf ihre Uhr, fünf nach zehn. In welchem Bett, auf welcher Couch und mit wem? Um elf hat sie einen Termin bei Dr. Mangold.
Auf dem Anrufbeantworter Benno Hossmanns Stimme. O nein! Sie will den Sägefisch nicht schon als Frühstück!
»Guten Morgen, schöne Lisa!« sagt Benno Hossmann, »Freitag sechzehn/dreißig. Ich könnte Sie abholen. Rohbaubesichtigung am Hirschgarten.«
Da sagt sie selbstverständlich zu. Gleich nachdem Hossmann aufgelegt hat, wählt sie die Nummer vom Stroganoff, aber als Ivan sich meldet – »Hierr Stroganoff, es sprricht Ivan« – drückt sie die *Aus*-Taste. Nein, das tut sie sich nicht an. Sie wird nicht nach FF's Verbleib fragen. *Nein und dreimal nein!*
Im Messing-Marmor-Luxuslift nach unten, Richtung Tiefgarage, ist sie zutiefst verärgert über ihren altertümlichen Stolz, ganz gegen ihre Prinzipien hat sie sich statt der Prämisse *Wissen ist Macht* eine hausgefertigte, nervtötende Ungewißheit eingehandelt.

Elf Uhr. Werksbesichtigung der *Dr. Mangold Computer Vertriebssysteme*. Ein Zukunftsbau in Alu und Glas, stromlinienförmig, richtungsweisendes High Tech Design vom Erlesensten. Verständlich, daß dieses *Hossmann Citybau*-Objekt Bennos Lieblings-Vorzeigemodell ist.
Unternehmenseigner Dr. Mangold führt Lisa durch die Räumlichkeiten. Bodenbeläge in hochpoliertem Silbergrau, verglaste Türen mit mattglänzenden Metallrah-

men. Dr. Mangolds Chefschreibtisch in futuristischer Dimension. (Alles nur angezahlt, wie sie von Benno weiß.)

Beim Gang durch die Korridore, beim Blick durch die Glastüren, wo eine junge, dynamische Mannschaft zu vermuten wäre, sichtet Lisa befremdet durchweg altgediente, angesäuerte Bürotypen in Ausverkaufs-Konfektion, bei Tabak- und Kaffeekonsum, eine kuchenessende Sekretärin im Kaufhauspulli, einen weiblichen Lehrling im Minirock.

Dr. Mangold, hochdruckgeplagt und adrenalingestreßt, korpulent und mit Senkfußgang, als einziger bügelfaltenscharf und stäubchenfrei wie aus dem Ei gepellt, kehrt den Chef nach außen. Seine Begleiter beim Rundgang: der Geschäftsführer – graues Bärtchen, graue Haut, Magenfalten, rausgehängte Skepsis, fünfzehn Jahre Betriebszugehörigkeit – und der Chefbuchhalter – Glatze, Nackenspeck, ebenfalls seit fünfzehn Jahren Mangold-geschädigt.

Die Powerfrau mit Doktortitel und absurdem Doppelnamen, mit ihrer unterkühlten Ausstrahlung und der versierten Fachterminologie, empfinden sie als existenzbedrohlich, sie schießen quer, versuchen sie in Frage zu stellen, weil sie eine Frau ist. Allein Dr. Mangold baut auf Vertrauensbasis, schließlich war er Hochzeitsgast bei ihr, und ihr Vater ist sein Golffreund.

Lisa hat das Problem der Firma *Dr. Mangold CVS* schon unter A und B und C im Griff, sie wird mit ihrem Consulting-Programm den Schlafmützen und Kuchenessern Beine machen!

In der futuristischen Besucherecke im Chefbüro wird

Lisa ein Kaffee aus dem Automaten serviert. Dr. Mangold nimmt keinen, stattdessen, beherrscht von seiner altbackenen Vorzimmerdame, ein Glas Wasser und zwei Pillen.

»Sie haben mit meinem *Cash Management* als Punkt A reelle Überlebenschancen, Herr Dr. Mangold, jedoch sind als Punkte B eine *Personalverjüngung* und C ein *Innovatives Input* unabdinglich.«

Dr. Mangold nickt zustimmend, beginnt aber, hörbar zu schnaufen.

»Bringen Sie Ihren Geschäftsführer und Ihren Chefbuchhalter auf Trab. Schicken Sie den einen zum Tennis und den andern zum Bergsteigen und beide zum Schneider.«

»Und Ihre Honorarvorstellungen, Frau Dr. Mayer-von-Schloßberg?«

Als sie die Summe nennt, wird der hochrote Mangold zur Abwechslung blaß. Aber er bewahrt Haltung. »Darf ich Sie zum Essen einladen?«

Lisa, mit Blick auf die Uhr: »Ich habe anschließend noch drei Termine, leider. Ein andermal sehr gerne.«

»Ich rufe Sie an«, sagt Mangold, seine Stimme klingt klein.

29.

Mit nahezu perverser Lust stürzt Workmanic Lisa sich exzessiv in eine Arbeitsorgie, die für sie einer Belastungstherapie im Rahmen einer Entziehungskur gleicht. Entziehung von der *Droge FF.* Sie wird ihn aufgeben. Sie wird sich entwöhnen. Was braucht sie das permanente Wechselspiel von heiß auf kalt, vom Hoch ins Tief, mal hier mal da! Wer braucht ein hausgemachtes Chaos in dieser von High Tech und Hochrechnungen geprägten Leistungsgesellschaft? Nicht Lisa! Unter Einsatz von IQ und Terminbook powert sie ein Vollzeitprogramm durch, das wie ein elektronisches Räderwerk funktioniert.

RA-Kanzlei Dr. Anja Busse. Lisas Cartieruhr zeigt fünfzehn Uhr vierzig. Seit dreizehn Uhr graben sie sich durch Paragraphen und Konditionen. Auf Anjas Dreimeter-Schreibtisch sind die Ausdrucke des Verkaufsverhandlungskonzepts *Chemcon/Aliterm* aufgeblättert. Anja, der Paragraphenprofi, und Lisa, die Consult-Expertin, frönen den juristischen Kniffen, integrieren das aus Basel durchgefaxte Angebot der auf Pharmawerbung spezialisierten PR-Agentur *VitA* in das Vertragswerk.

Anja, vom Temperament her anders als Lisa, immer in Bewegung: mal auf der Schreibtischkante, mit den langen Beinen den Papierkorb mißhandelnd, mal herumrennend. »Willst du Kaffee?« »Willst du Tee?« »Willst du einen Apfel?« Pausenlos die Jugendstilspange in ihrer Mähne auf- und zuknipsend, dazu das sogenannte

Kleingedruckte abfeuernd wie mit dem Schießeisen; was Lisa nervt, sind ihre Zwischenfragen nach FF: »Was macht er? Hast du ihn gezähmt? Ist er noch so gut im Bett?«
»O Gott, Anja, brems dich! Sag mir lieber, wo der Gerichtsstand ist.«
»Basel für *Chemcon* und *VitA*, und für die *Aliterm* Eching. Moment, da muß ich nachsehen . . .«
Anja läßt die Information übers Sekreteriat einholen. Sie durchforsten noch einmal die Absätze Römisch 1 bis Römisch 7. Mittendrin sagt Lisa in einem Anfall von Katzenjammer: »Er ist abgehauen.«
»Du meinst auf und davon?!«
Lisa hebt vage die Schultern.
»Und? Wenn er plötzlich vor der Tür steht?«
Vages Schulterheben.
»Du bist ihm hörig!«
»Ja . . . ich meine *nein*!«

Um sechzehn Uhr dreißig trifft Lisa pünktlich bei der Firma *Compumax* ein, zu einem Beratungsgespräch wegen der Neueröffnung des Computerforums und Planung von zwei weiteren.
Gegen achtzehn Uhr steckt Lisa im Citystau, schafft es gerade noch bis achtzehn Uhr dreißig zum Geschäftsessen im Restaurant *Korea*. Hier Einnahme eines *Glücksmenues* mit einem Wissenschaftler aus Seoul wegen biotechnischer Übersetzungen.
Im *Mövenpick* schleicht sie sich auf die Schnelle in die gepflegte Toilette, macht sich frisch, und erscheint genau zwanzig Uhr im Institut der Deutsch-Japanischen Ge-

sellschaft. Hier trifft sie sich mit ihrem Vater zu einem Vortrag über *Die Samurai-Gesinnung im modernen Management*.
Nach dem Vortrag verabschiedet Lisa sich eilig, sie erwartet ein Ferngespräch aus New York. Damit entgeht sie den gefürchteten Fragen ihres Vaters nach ihrer privaten Situation.
Dreiundzwanzig Uhr dreißig! Das terminierte Ferngespräch. Dr. Nolte/Frankfurt, zur Zeit New York. Lisa, mit Creme im Gesicht im kalten, einsamen Bett, checkt mit Dr. Nolte die Vorverhandlungsstrategie für sein US-Projekt.
In dieser Nacht schläft Powerfrau Lisa wie ein Stein.

Der nächste Tag ist Freitag, der dreizehnte, ein Freitag, der es in sich hat!
Das Vollprogramm beginnt pünktlich um neun Uhr mit dem Seminar. Lisa, cool und selbstbewußt, gebürstet und gepudert, sommerlich in hellem, ärmellosen Leinen, hält ein Symposium.
Unter den Seminaristen in dem neonlichterhellten, ultramodernen Seminarraum, weiße Tische, schwarze Stühle, als einzige Frau Miß Wang-Pi aus Bangkok.
Lisa notiert auf die tannengrüne Tafel die Kennworte. Im Rahmen des *Persönlichkeitstraining II* geht es um unverzichtbare, sogenannte »weibliche« Fähigkeiten im Führungsstil:
a) Sensibilität
b) Bereitschaft zum Zuhören
c) Kompromißfähigkeit
d) offener Umgang mit Informationen

e) Bereitschaft, Erfolge zu teilen
f) Breitbanddenken.

Miß Wang-Pi, nachtschwarze Augen, hypergestylte Computerspezialistin aus Bangkok, die schon im vorigen Seminar mit reizendem Lächeln und Zwitscherstimme empfindlich störte, bringt auch diesmal fernöstliches Wirrwarr ins Konzept. Sie findet keineswegs, daß die aufgelisteten Tugenden besonders weiblich sind:

»a und b – *Ja, okay,*
c, d und e – *Nein, not at all!*
Und bitte, was soll das Weibliches sein:
f) Breitbanddenken?«

Lisa ist genötigt, *Weiblichkeit* neu zu definieren unter den Aspekten industriell geprägter historischer Entwicklungen. Das Resultat, das sie bei Miß Wang-Pi erzielt, ist eher unbefriedigend, denn diese demonstriert unverblümten, männlichen Geschäftssinn, indem sie mit viel gezwitscherter Fachterminologie jedem ihre Billig-Computer anbietet.

Zwölf Uhr dreißig im In-Bistro *Bei Mario*: Treffen der Freundinnen Lisa, Anja und Susanne zu halbem Hummer und Mineralwasser. Der rasante Mike-Strohelm-Haarschnitt von Susanne und ihre Picasso-Bluse finden gebührende Beachtung, Anja zeigt die frisch erworbene Schildpatt-Haarspange vom Trödler hinterm Viktualienmarkt. Lisa, die ihr Privatleben bedeckt hält, wirft den Freundinnen Miß Wang-Pi zum Fraß vor, die als asiatische Frau Probleme mit ›weiblichen‹ Elementen in westlichen Denk- und Verhaltenssystemen hat. Es entbrennt eine heftige Erörterung über weiblich im Sinne von Macht durch Raffinesse, über feministisch im Sinne von

männervergraulend, über feminin im Sinne von Hausfrauenverblödung.
Dreizehn Uhr dreißig gehen sie zu dritt ins Fitness-Studio *Lady's Gym-Slim*, wo Maya, die Image-Stylistin, und Karin, die Optiklady, schon an den Geräten ächzen. Mit lustvollem Masochismus unterwerfen sie sich den Torturen, liefern sich den unerbittlichen Maschinen aus, lassen sich in die Knie zwingen, auf den Rücken pressen, unterjochen vom Übergewicht, bis der Körper am Schwitzen, der Puls auf hundertachtzig ist . . .
Am Ende stehen sie alle angetörnt und lachend und, wie sie finden, sehr weiblich, nackt unter den Duschen und sitzen dann wie ein Damenkränzchen im Lady's Whirlpool, schnatternd, kichernd, glucksend, total entspannt, alle bis auf Lisa. Denn Lisa fürchtet den gezielten Vorstoß in ihre Intimsphäre, und schon ist es passiert.
»Also, dein schöner FF ist auf und davon?« Susanne weiß es von Anja, und sie legt gleich los mit einer Gratis-Psycho-Beratung: »Da kann ich dir nur eins nahelegen: Analysiere dich: Bin ich ihm seelisch hörig oder nur sexuell abhängig?«
»Susanne!« empört sich Lisa, »du verwechselst unser Whirlpool-Sit-in mit einer deiner geistesschwachen Gruppentherapien.«
Das blubbernde Whirlpoolwasser perlt kitzlig über die Haut, Lisa würde gerne entspannen nach ihrem Arbeitsmarathon, aber Susanne ist schonungslos:
»Ich rate dir, dich auf eine unverstellte Befragung deines Ichs einzulassen: *Was will mein Ich*? Unter Ausklammerung von Zwängen und Erwartungshaltungen. Nur das eine zählt: *Was will mein Ich?* Entscheidende Weichen-

stellung überhaupt in der Phase der Selbstverwirklichung als Frau!«

Lisa ist so genervt von Susanne und den falschen Mitleidsmienen der guten Freundinnen, daß sie aus dem Whirlpool hochschnellt in ihrer ganzen, rosig durchbluteten Knackigkeit und mit berechneter Schockwirkung bekanntgibt:

»Ihr seid alle total auf dem Holzweg! Ich gehe zur Zeit mit Benno Hossmann aus, zu intimen Abendessen, mit Händchenhalten und so!«

»Benno Hossmann! *Der* Immobilien-Tycoon?!«

»Genau der! Auf seine Hochseeyacht bin ich eingeladen, zu einem Turn durch die Agäis, und in seine *Casa del sol* auf einer griechischen Insel – nur er und ich und die Sonne!«

Sie hat die Freundinnen mundtot gemacht. Leider nicht für lange, dann prasseln Fragen und Vermutungen gegen Lisa.

Aber Lisa geht zu ihrem Bademantel und dann in Richtung Umkleidekabinen.

»Bleib da! Erzähl uns Genaueres!« rufen sie hinter ihr her, »die Whirlpool-Zeit ist noch nicht um!«

»Ich muß gehen«, ruft sie zurück. »Ich habe eine Verabredung – mit Benno Hossmann . . .«

30.

Sechzehn Uhr dreißig – Rohbaubesichtigung der *Hossmann Citybau*-Wohnanlage am Hirschpark: Penthouse mit weitläufiger Dachterrasse.

Gesträubte Nackenhärchen und Habacht-Haltung bestimmen Lisas Umgang mit Benno Hossmann. Er ist hinter ihr her, buchstäblich und wortwörtlich. Wohin sie sich wendet bei der Inspizierung der halbfertigen Spitzenwohnung: Benno Hossmann ist immer knapp einen Schritt hinter ihr, seine Hand, wegen der Zementsäcke, Steine und Eimer am Boden, mit vorgeblich beschützendem Zugriff an ihrem bloßen Oberarm, fast in der Achselhöhle, die die sommerlich ärmellose Bluse freigibt. Wo immer sie ein paar Schritte macht, im weitläufigen Kaminzimmer, in der spanisch gefliesten Küche, im Bad mit marmorierten Wänden, ist er scharf auf Körperkontakt.

Beim Blick über den Hirschpark, am provisorisch gesicherten Rand der Dachterrasse, nimmt er sie haltgebend beidseitig bei der Taille. »*O Gott!*« denkt Lisa, und Benno Hossmann denkt »*O Baby!*« und schon graben sich seine Finger in ihr geheimes Speckröllchen. Um loszukommen und weil ihr nichts Besseres einfällt, fragt sie: »Hat die Küche eigentlich einen Müllschlucker?«

Benno Hossmann lächelt amüsiert über das fadenscheinige Ablenkmanöver, er läßt sie los, fängt sie gleich wieder ein – »Vorsicht, ein Balken am Boden!« – und schiebt seine Hand erneut in ihre Achselhöhle, wo es heiß und intim ist zwischen Oberarm und Corpus. Er

hat es gern, wenn er einen lebendigen Fisch zwischen seinen Fängen zappeln hat, und diesen Reiz auskostend, führt er sie auf die Terrassen-Westseite.
»Hier sehen Sie die angelegte Loggia gleich vor der Flügeltür zur Küche. Meine Idee. Gut, nicht?«
Lisa nickt stumm, ihr Hals ist eng, sie fühlt sich wie das berühmte Kaninchen vor der Schlange.
Hossmann preist an, ruft erprobte Klischees ab: »Stellen Sie sich das doch mal vor: Eine romantische Vollmondnacht, hoch über den grünen Baumwipfeln, und Sie, schöne Lisa, sitzen hier auf der eleganten Dachterrasse in angenehmer Gesellschaft« – ein bedeutsamer Blick von ihm zu ihr – »dazu ein guter Wein und gegrillte Garnelen, nur drei Schritte entfernt vom Zubereitungsort.«
Lisa sagt: »Würden Sie mich bitte mal loslassen, Herr Hossmann, ich hab ein Mörtelbröckchen im Schuh.«
Das war nun taktisch ganz falsch, denn schon ist Hossmann in der Hocke, die balancierende Lisa muß sich auf ihn stützen, er zieht ihr den Designerschuh ab, schüttelt ihn aus, kein Mörtelbröckchen fällt zu Boden.
»Ich schau nur mal, ob es eine Laufmasche gegeben hat«, erklärt er, indem er mit der Hand und mit den Augen ihr schönes Bein, die Wade entlang bis zum Knie und noch ein bißchen höher, testet.
»Geben Sie mir meinen Schuh, Herr Hossmann«, sagt Lisa ärgerlich. »Sie wollten mir den *Müllschlucker* zeigen.«
Hossmann kommt hoch, baut sich vor ihr auf, faßt sie am Kinn. »Wenn Sie noch einmal Herr Hossmann statt Benno zu mir sagen, meine schöne Lisa«, es klingt,

trotz Lächeln, wie eine Drohung, »bin ich ehrlich gekränkt.«

Na wenn schon! denkt Lisa, ich werd's überleben!

Locker am Ellbogen gefaßt, bugsiert er sie in die Küche, zum Müllschlucker am Ende der aufgemauerten Küchenzeile im äußersten Eck, erklärt ihr das System des getrennten Müllschluckens, ganz eng an ihr dran. Lisa steht da, die Arme im Rücken verschränkt, eiskalte Ablehnung. Beim Demonstrieren der Müllfunktion, beim Hinüberlangen zu den verkupferten Müllklappen gerät er zweimal mit Handrücken und Unterarm an ihre pralle Oberweite.

»Jetzt reicht es, Benno«, sagt sie knallhart, »ich habe Ihr System schon kapiert.«

Aber weil er sie so schön im Eck hat und er sie jetzt, mit Arm rechts und Arm links, eingekesselt hält, wird sie ihm ohne Kuß nicht auskommen. Er schiebt sein Gesicht heran, sein Blick durch ihre Bustelli-Gläser trifft auf Augen mit stahlglatter Abwehr, das macht ihn erst recht an, zieht eine heiße Spur durch seine Eingeweide, schnell läßt er noch einen erprobten Satz los, so banal wie aus dem Groschenheft: »Du willst es doch auch, Lisa, ich werde dich glücklich machen – ein Benno Hossmann hat mehr zu bieten als nur Immobilien.«

O Gott! Die blöden Sprüche der Männer! Gleich werde ich geschlachtet, denkt Lisa, beide Hände nutzlos gegen Hossmanns Brust gestemmt, er leckt sich im Vorgenuß die Lippen, da fahren sie plötzlich auseinander wie von der Peitsche getroffen, Hossmann schnellt alarmiert herum:

Eine geifernde, fletschende, pechschwarze Dogge in

sprungbereiter Angriffswut, Hossmann herrscht die Bestie an, ein gellender Pfiff läßt den polizeigeschulten Hund verstummen. Zwei Wachmänner auf Vorabendrunde stehen im Raum, glotzen auf das offensichtlich beim Knutschen erwischte Paar.

Der eine sagt anzüglich: »Ja was haben wir denn da für Vögelchen im Penthouse?!« Der andere knufft ihn. »Das ist der Boß!« und untergeben: »Entschuldigung, Herr Hossmann, der Hund tut nur seine Pflicht.«

Lisa gafft mit aufgerissenen Augen auf Hossmann: sein Gesicht ist wegen des vereitelten Lustgewinns vor Ärger und Enttäuschung verzerrt, er sieht genau aus wie die wutentbrannte Dogge, gleich wird er die Zähne fletschen.

Lisa kann nicht anders, sie muß laut herauslachen, sie lacht sich einfach kaputt.

Im offenen Mercedes-Cabrio flitzen sie mit Überholmanie durch den Freitagabend-Verkehr. Der Himmel noch nicht dunkel, aber die Stadt glitzert schon in ihrer Lichterflut. Benno Hossmann, bossig am Steuer, wieder mit Powermiene, Lisa im Clinch mit dem Fahrtwind, der ihre Frisur ruiniert.

Beide haben die kuriose Penthouse-Story weggesteckt, auf eine andere Schiene geschaltet, sind gewissermaßen wieder beim Intimitätenaustausch der besonderen Art: Venture-Finanzierungen, Firmenabstürze, Schmiergeldvergaben, Kapitalverschiebungen, Steuertricks.

Beim Einfahren in die Holbeinstraße legt er seine Hand auf ihr Knie. Ein Benno Hossmann gibt nicht auf! »Was für Kaffeesorten haben Sie denn in Ihrer Küche, Lisa?«

Lisa ist bedient. Jetzt will er noch mit nach oben!
»Ich hätte Lust auf einen heißen Mokka mit Ihnen. Und gleich im Klartext: Ich trinke jede Sorte Kaffee!« Seine Direktheit, allseits gefürchtet, ist Bestandteil seines legendären Erfolgs.
Hossmanns Cabrio gleitet mit elegantem Drive an den Straßenrand, stoppt lautlos. Benno wendet sich mit getrimmtem Lächeln zu Lisa, aber für Lisa ist Hossmann nicht mehr existent. Sie hat vor der Windschutzscheibe etwas entdeckt, das bringt sie in Sekunden von null auf hundert. Ihr Herz macht Rhythmussprünge, und die Nerven surren in Hochspannung wie im Thriller: Ein Monstrum der Autobahn, verdreckt bis oben und fähnchengeschmückt, direkt vor Holbeinstraße Nummer vier, in falscher Fahrtrichtung im Parkverbot.
FF! FF! FF! FF!
Schon klappert Lisas Schlüsselbund in ihren Fingern, sie stößt die Autotür auf, springt auf den Gehsteig, ruft »Ciao, Benno!« in dessen mundoffenes Gesicht, hetzt mit den schönen Beinen in den schicken Schuhen über die Gehsteigplatten und verschwindet wie eine Fata Morgana im Hauseingang hinter der schweren Messingtür.
Benno Hossmann hat, buchstäblich und wortwörtlich, das Nachsehen ...

31.

Im Lift gibt Lisa sich dem totalen Herzrasen hin: FF! FF! FF! FF!
Beim Türaufschließen schnauft sie tief durch: Zwiebelgeruch, Knoblauch und Bratfleisch – *Chili con Carne!* Das ist wie eine Umarmung.
Ungebeten meldet sich ihr IQ mit Warnsignalen, funkt mit Prioritätssymbolen grelle Kennwörter in Lisas Hirn: *Aliterm!?! Mangold-CVS!?! Chemcon!?! Compumax!?! VitA!?!* Lisa blockt das Störmanöver ab, setzt einen Schlußpunkt mit einem skrupellosen: *Mein Mann ist mein Hobby!*
Beim Eintreten in ihr Cockpit wird Lisa überrollt mit einer Gratis-Liveshow: FF in action – Arme ausgebreitet, in der Rechten die Colabüchse, in der Linken die Selbstgedrehte, mit nacktem Oberkörper *(die Rose)*, Haare verwildert, gebändigt mit perlenbesticktem Stirnband, verfremdet durch einen Fünftagebart – er brüllt triumphierend: »Toor!«
Genau so laut wie »Toor« brüllt er jetzt aber »Leisa!«
Wie mit Blitzlicht vereinnahmt er ihre Leibhaftigkeit: Leisa greifbar, nicht geträumt, vertraut und verfremdet, nackte Arme seidenglatt, windgeföhnter Pumuckl-Schopf, die Röte aufschießend vom Hals bis in die Stirn, Augen wie Plüsch. Leisa – gar nicht cool!
FF läßt aus den abgestreckten Händen die Colabüchse auf den Teppichboden fallen, die Selbstgedrehte in den Abfalleimer auf dem Tisch, steht mit drei Schritten vor ihr: »Leisa!«

Seine Arme schnackeln im Klammereffekt um sie, die Magnetkoppelung wuchtet sie zusammen. Sein Mund auf ihrem Mund.
Ein Kuß ist ein Kuß ist ein Kuß ... ein Geschmack nach Tabak und nach Cola und nach Mann ... nach FF ...
Seine Hand schiebt sich an ihrer Wirbelsäule hoch, lagert sich ein in ihrem Nacken mit Beutegriff. Kein Nackenhärchen sträubt sich, und das Entzücken perlt die Wirbelsäule hoch und nieder.
Aufgescheuert durch das Bartgekratze, dreht sie den Kopf weg, und über seiner Schulter entdeckt Lisa, daß sie gar nicht allein sind! Ein Typ mit Trapperhut und Bierbauch, unrasiert, paffend und eine Coladose leerend, sitzt breit im Stuhl und verfolgt mit tiefer Genugtuung das Spiel FC Bayern gegen Dortmund. Gemäß dem Freiheitskodex der Szeneleute, *leben und leben lassen*, gibt er sich ganz der Glotze hin, das Liebespaar ist für ihn kein Schauobjekt.
Lisa ruft aus ihrem Daten-Hirn den Typ ab: Stroganoff, Hühnertransport, Name Joschi. FF spürt Lisas Irritation, und ehe sie reagieren kann, hat er sie ins Bad gezogen und die Tür verschlossen. Hier, vor den großen Spiegeln und beleuchtet von fünf strahlenden Kugelbirnen, zieht er, ehe sie protestiert, eine schnelle heiße Orgie mit ihr durch, daß die Hosenknöpfe seiner *Five-o-one* abspringen, ihre Seidendessous auf den schwarzweißen Bodenkacheln landen und Lisa und FF sich ohne Wenn-und-Aber dem Licht und der Lust und den Spiegeln ausliefern.
»Mach die Augen auf, Leisa!« flüstert er von hinten in ihr Ohr. Aber Lisa behält die Augen zu, denn bei aller

Ekstase ist die Lichtschau ihr doch peinlich. Und sogar: hinter geschlossenen Lidern ist die live durchlebte *Emanuelle*-Rolle als ausgeliefertes Opfer krasser männlicher Aktivitäten doppelt so aufregend. Die mit Halleffekt von den Kachelwänden akustisch verstärkten Liebeslaute haben mehr Phon als die Fußballtumulte nebenan. Wenn Lisa denkt, das Programm wäre durchgezogen und Punkt ... Nein Lisa, das Programm fängt erst an: Djangos großes Waldfest!

»Wer ist Django?« fragt Lisa. Das wird nicht verraten. Surprise, Surprise! Und welche Art Waldfest? Die Männer tun geheimnisvoll. Nur einmal im Jahr. Nur bei Vollmond. Leisa wird schon sehen.
Allein dorthin zu kommen ist abenteuerlich genug. Lisa, in Klamotten von FF: sein letztes sauberes T-Shirt mit aufgedruckter Mickymaus (ihm zu Gefallen ohne BH drunter), seine zu klein gewordenen Jeans (festgeschnürt mit Zweihundertmark-Designergürtel), seine riesige Bomberjacke (Krümel, Zigarettenpapier, Bierdekkel und Comics in den Taschen). Und weil Lisa immer noch Lisa ist, hat sie sich vor dem Aufbruch noch eilig ihr Mobilphone geschnappt und in die Tasche geschoben, denn sie erwartet einen Anruf von Dr. Nolte. Eminent wichtig, was sonst?!
Die bärtigen Männer wuchten FFs Motorrad auf den Dreißigtonner, und Lisa, die Rockerbraut, hat die Ehre (die nicht jeder Frau zusteht), sich hochhieven zu lassen auf die Ladefläche und die Trophäen der Truckerfahrt zu besichtigen: zwei festgezurrte AWOs, zwei Beiwagen-Motorräder voll Heu und Stroh, aus der Ex-DDR, zwei

Schrotthaufen, wie Lisa scheint, echte Originalgespanne, wie sie hört, aus den Fünfzigern.
FF leuchtet die DDR-Veteranen mit der Stablampe an: Originalmotor, Originallack, bei den Beiwägen nur ein paar Rostlöcher und die Abdeckungen eingerissen. FF tätschelt die PS-Invaliden mit Besitzerstolz und schildert visionär: Lisa und FF, mit ledernen Fliegerhauben, bei der Überlandfahrt mit zu altem Glanz restaurierter Oldtimer-Beiwagenmaschine, mit Flair und Nimbus und so romantisch wie in einem alten Kinofilm. Lisa, die Veteranenbraut, läßt sich anmachen von FFs galoppierender Begeisterung. Daß die AWOs in zwei, drei Jahren auf dem Oldtimermarkt acht- bis zehntausend Mark bringen werden, erscheint ihr reichlich hochgeschraubt.
Joschi sagt: »Leisa, du packst es nicht, wo wir die AWOs ausgegraben haben . . .« Lisa in Jeans, Bomberjacke und Turnschuhen neben Joschi – da geht ihm das Leisa und das Du ohne Hemmschwelle über die Lippen. Aber FF reißt das Wort an sich: Daß ihnen gegen eine Flasche Jägermeister ein Ex-Vopo den Tip verklickert hat. Wie sie mit dem Dreißigtonner on-und-offroad einen Survivaltrip hingebrettert haben, um dieses abseitige Stagnationsdorf hinter Weißenfels auszumachen. Wie sie mit ihrem Dinosaurier auf der löchrigen Dorfstraße die Hühner hysterisch hochgescheucht und die Dorfbewohner aufgestört haben. Wie sie nach einer Fahrt über Sumpfwiesen, in einer abgewrackten Scheune, unter Anleitung einer brüchigen Oma mit Küchenschürze, die AWOs – »man rafft's nicht!« – unter Heu und Stroh ausgegraben haben . . .

Sie heben ab und lachen und werden immer lauter, und es scheint, als hätten die zwei Männer einen Colarausch.
»Haltet doch mal die Klappe!« schreit Lisa sie an, und als sie einen Moment die Luft anhalten, hören sie vom Gehsteig her eine dünnlich keifende Frauenstimme und das irrsinnige Gekläffe eines anscheinend winzigen Hündchens. Aus dem Gekeife und Gekläffe entnehmen sie, daß es unerhört und umweltfeindlich und schon das zweitemal ist, daß vor der Holbeinstraße vier ein stinkender LKW im Parkverbot und in falscher Richtung steht, und daß gleich die Polizei eintreffen wird.
»Spring, Leisa, ich fang dich auf!« ruft FF, der schon auf die Straße gesprungen ist, und Lisa springt, und FF fängt sie auf, und dann springt Joschi. Genervt vom manischen Gekeife von Frau und Zwerghund, wuchten die Männer die Rampenklappe hoch, verriegeln und verschnüren. Dann rennen sie zu dritt vor zum Führerhaus, was den Zwerghund fast einem Kollaps ausliefert. Mit dröhnendem Motor und zischendem Gebläse und einem enormen Ausstoß von Dieselabgas als Abschiedsgruß für Frau und Hund (jetzt hustend und würgend), machen sie den Abgang.
Joschi legt eine Bluegrass-Kassette ein, FF zieht seine Mundharmonika und spielt, Lisa, die *Aussteigerin*, drückt sich getrost in den federnden, komfortablen Beifahrersitz, FFs Arm um ihre Schulter, seine Musik im Ohr, die City und den Verkehr weit unter sich und aus der Sicht einer Truckerin.

32.

Noch eine Dreiviertelstunde Schwerarbeit unter Flutlicht im Fuhrparkhof vom Baustoffhändler, wo sie FFs Motorrad und die DDR-Gespanne ausladen, den Truck abliefern und die AWOs über den Hof in einen der hinteren Schuppen schieben: Joschi geht rein, um die Fahrt abzuwickeln, abzustempeln und zu kassieren, FF und Lisa, beide mit Sturzhelmen, schwingen sich auf das alte Motorrad, und ab geht es in Schräglage aus dem Hof, auf die beleuchtete Straße, über den Mittleren Ring, über Kreuzungen, über die Eisenbahnbrücke, Richtung Garmisch, dann schießen sie über die nächtliche Autobahn. Bei der Ausfahrt Seeshaupt runter in Kurven und unten nach links und dann bei Vollmond mit Affenzahn über die Piste, nach rechts und nach links und bergauf und hinab, bei Kirchham links rein in den schwarzen Wald und auf dem unbefestigten Holzweg bis dahin, wo zwischen Bäumen und im trockenen Bachbett bereits alles zugeparkt ist mit gekitteten Secondhandcars und Maschinen mit festgeschlossenen Sturzhelmen.

Als sie absteigen und die Helme abnehmen, hören sie die Musik. Nach zweihundert Metern zu Fuß erreichen sie die legendäre Waldlichtung.

Jetzt erlebt Lisa ihr *Sesam öffne dich!* Sie wird fast erschlagen und dann hineingerissen in etwas, das man weder mit Computern errechnen, noch mit Fachterminologie belegen kann, das man riecht, schaut, hört, schmeckt, spürt, und doch ist es mehr, viel mehr. Die

Zusammenballung von Gleichgesinnten in Hochstimmung, die okkulte Ausstrahlung von Lebewesen abseitiger Machart, ein atomares Kraftfeld: von Teilchen durchschossen, aufgeladen mit magnetischen Strömungen, mit vibrierenden Wellen, von Signalen durchkreuzt. Freigesetzte Gedanken, heimlich gesendete Wünsche, unzensierte Gefühle, Schwingungen von Musik und Rhythmus. *Sesam* hat sich geöffnet, zeigt sich, illuminiert mit bunten Lichterketten, mit Feuer und Rauch, mythisch und kosmisch und gleichlaufend total real.

Im Zentrum des Kraftfelds ein titanischer Männerbaß, der die Botschaft von *Freiheit* und *Leben* und *Tod* verkündet, beweint und bejubelt von Elektrogitarre und Klarinette, verstärkt durch die Megaanlage, abgezapft mit Endloskabel von einer Überlandleitung.

Das wimmelnde Szenevolk, auf Pfadsuche nach Identität, nach Verschwisterung, nach Einzelgänger-Abgehobenheit, feiert die Selbstdarstellung. Asphaltcowboys, die Westernhüte vorgeschoben bis zur Blindheit, die Gürtel silberbeschlagen, adlerbestickte, radikal abgerissene Boots. Stadtindianer mit Federschmuck, Zöpfen, Amuletten. Motorradfreaks, strotzend in nietenbeschlagenem Leder. Alle mit Ohrring, wie mit Kennzeichnungspflicht. Und die Bräute: Fransen und Rüschen, Denim und Leder, Weißblechschmuck kiloweise, gestiefelt und gespornt, und einige in glitzernden Fantasy-Outfits mit außerirdischem Flair . . .

FF schiebt Lisa durch das Gewimmel, entlang dem mit angetörnten Zuhörern vollbesetzten, aufgezimmerten Tanzboden, die Schmorhasen kauen, Bier vom Faß

schlucken, Zeug rauchen, schiebt Lisa vor bis zum Podium,wo die Musik gemacht wird.
Da steht einer oben, einer, wie Lisa noch nie einen gesehen hat: ein Kerl wie ein Baum, einen Fuß auf dem Holzklotz, mit einer Elektrogitarre, auf der seine Pranken Kadenzen vom Feinsten produzieren, die Fernweh erwecken, Abenteuerlust, Sinnlichkeit, Todesschmerz.
Ein Mann? Ein Faun!!
Halb Zigeuner, halb Waldgeist, pechschwarzer Krausbart, aus dem der Ohrring blinkt, unter der perlenbestückten Weste der nackte Oberkörper, fellbewachsen mit Löckchen, behängt mit indianischen Amuletten, nur noch die Stirnhörner gehen ihm ab. Seine wieselflinken Augen erspähen augenblicklich Lisa und FF.
Zwischen zwei Balladenzeilen ruft er ihm zu: »FF! Bist zu spät, wie immer! Komm rauf und spiel!« Und FF läßt seine Leisa stehen, springt aufs Podium, zieht aus der Tasche die Mundharmonika und auch ein Geldscheinbündel mit Gummischnipser drum und stopft es in Djangos Hosentasche.
»Die tausend von der Babsi – fünfhundert fehlen, habe zwei DDR-Maschinen abgestaubt, bringen in zwei, drei Jahren satte achttausend!«
Djangos Pranke schlägt in die Saiten, daß die Gitarre aufkreischt. »Du Bazi!«
FF bläst in seine Harmonika und driftet ab ins Land der Imagination, mit Tönen, die zittern, die powern, die endlos langgezogen das Innerste nach außen kehren. Weil er die Ballade von der Tour nach Istanbul schon kennt, setzt er die Mundharmonika ab und verstärkt zwischendurch mit seiner Stimme in Variationen die

Geschichte von der Einsamkeit des Truckers auf der Piste, von der Kneipe mit der schönen Nutte, von Pistolenrauch und ausgehauchtem Leben ...
Django mit seinem titanischen Baß, und FF mit hochtouriger Gaucho-Stimme, die sich nach oben kurbelt und im Kehlkopf überschnackelt, powern ins Mikrophon:

»... Und auf der Fahrt zum Bosporus
schaut Willy auf den Mond ...
der ist so sichelmäßig türkisch! ...
daß hier Romantik sich nicht lohnt ...«

Die Fans lachen und klatschen. FF wirft den Kopf, wippt mit dem Körper im Takt zur Seite und wieder vor, bläst seine ganze Lungenkraft hinein in sein handkleines Instrument, mischt es auf zu atemberaubender Musik.
Lisa ist total weg, ist nichts als Antenne, Auge und Ohr. Ihr Herz hämmert, die Körpersäfte sprudeln, das ist *er*! FF! Ihr Lover! Ihr Spielzeug! Ihr Hobby! Ihr Ehemann!! Ihr ganz persönlicher Wahnsinn!
Die Fans flippen aus und jubeln, ein dürrer Typ mit Fidel springt auf das Podium und löst den Faun ab. FF und der Fidler steigern sich hoch mit Honky-Tonk und Bluegrass, wie es schneller und rhythmischer und intensiver nicht geht. Auf der Tanzfläche stürzen sie sich in den Squaredance, tanzen zu den Anleitungen des Ansagers in Figuren, in Formationen, einmal alle nach vorn und dann alle zurück, dazwischen Rufe und Juchzer, schneller, immer schneller, die Cowboystiefel stampfen auf den Tanzboden und hacken mit den Absätzen Muster in die Fichtenbretter, die Bräute werden hochgehoben und im Kreis gedreht, da zeigt man Kraft, und der Puls steigt in höchste Frequenzen.

Lisa steht da, hat sich selbst vergessen, ist ein offenes Gefäß, und die Strömungen sinnlich ausgetobter Lebenslust ergießen sich in ihr Innerstes.
»Leisa?«
»Ja?«
Der Mann neben ihr ist er, der bärenstarke Liedermacher. Aus dem stirnbandverzierten Kräuselgestrüpp begrüßen sie zwei blitzende Eichkatz-Augen.
»Django?«
»Ja.«
Zwischen beiden entsteht sofort eine Brücke von Pol zu Gegenpol: Die High-Tech-Queen und der Faun. Es schauert sie beim Anblick seiner fellbedeckten, fleischbepackten Körperlichkeit, behängt mit klappernden indianischen Tier- und Steinamuletten. Django ist unverhüllt neugierig auf Leisa, die FF so ausflippen läßt mit Abrakadabra-Terminologie und Weiberfleisch.
»Ein Bier für die Lady – und eins für mich!«
An den Fässern zwei Burschen aus St. Heinrich, die fachgerecht Bier ausschenken, einer in Krachlederner, der andere Gebirgsjäger, die Köpfe feuerrot von der Maloche, vom Bier, weil es Freitagnacht und das Kultfest einsame Spitze ist.
Der Krachlederne schockt Lisa mit einem »Grüß Gott, Frau Dr. Mayer-von-Schloßberg!« Er grinst angesichts Lisas überdimensionaler Bomberjacke. Lisas Datenhirn ist außerstande, zu diesem Burschen Erkenntnisse zu liefern, sie zieht es vor, sich zu verdrücken, und erst viel später schaltet sie, daß es der Golfclub Beuerberg ist, in dem dieser Bursche kellnert.
Django, mit Bierkrug und begleitet von einem Hund

mit Schlappohr, führt Lisa, auch mit Bierkrug, zur Feuerstelle vor der Waldhütte, wo in handgeschmiedeten Kesseln die Hasen schmoren und diesen Duft verbreiten, der über der ganzen Lichtung hängt. Django erzählt ihr, wie Meister Lampe erjagt, abgehangen, mit selbstgesammelten Beeren gebeizt und mit Kräuterschnaps geschmort wird.

Die Vollmondnacht ist warm, die Glut strahlt sie an, man ist aufgeheizt.

»Zieh die Jacke aus, Leisa«, sagt Django, »du siehst heiß aus.«

Er zieht ihr mit einer Hand, in der andern das Bier, die Bomberjacke ab, erst rechts, dann Bierkrugwechsel bei Lisa, dann links, und er sieht mit Eichkatz-Blick die vibrierende Üppigkeit unter der T-Shirt-Mickymaus. Er grinst nach innen, von wegen cool und High-Tech-Queen, hier zeigt sich in Fleisch und Blut, was FF so abhängig und verzweifelt ausflippen läßt. Die Jacke hängt er an einen Nagel an der Hütte direkt unter einen Tierschädel, dann sucht er ihr zwei besonders zarte Hasenstücke aus, füllt sie in eine Blechschüssel, gießt zwei Schöpflöffel Schmorsaft darüber, schneidet eine Scheibe selbstgebackenes Brot ab und reicht es Lisa zusammen mit Blechgabel und Holzgriffmesser.

An der Hüttenwand, mit einer rätselhaften Anordnung skurril verformter Hörner und Schädel von Waldgetier, setzen sie sich auf die Bank.

Lisa tunkt das Brot in den Schmorsaft und stopft es in sich hinein, dann sticht sie mit der Blechgabel nach dem Hasenstück, beißt reißend ab und mampft, schlürft gleich noch Schmorsaft vom Teller hinterher, selbstvergessen und wurschtig wie ein Kind, das die aufgezwungenen Manieren mißachtet. Den Schmorsaft auf der Zunge, das Hasenfleisch zwischen den Zähnen, der Biß auf eine bittere Waldbeere, die Luft rundum durchschwirrt von Glücksbotschaften, unter einem vollen Mond über himmelhohen Baumstämmen, beim flakkernden Feuerschein, vor einer magischen Hütte neben einem magischen Faun.

Das kann doch nicht wahr sein. Und doch ist es wahr.

Django sitzt da und trinkt sein Bier, irgendwo blöken Schafe, ein Pferd schnaubt. Er läßt ihr Zeit. Manche kommen, gesellen sich dazu, reden mit Django, rauchen eine, lachen, schwatzen, gehen wieder, zum Bierholen, zum Squaredance ...

Lisa stellt aufschnaufend die Schüssel weg und kippt das Bier zur Hälfte in sich hinein, wischt sich den Mund mit dem Handrücken, dann dreht sie den Kopf zu Django und trifft auf seine aufmerksamen Augen.

»O Gott, Django, mir hat noch nie im Leben etwas so gut geschmeckt wie dieser Hase mit der bitteren Beere ...«

Django lacht. »Und in der feinen Küche wird der Schmorsaft durchgeseiht, weil man bittere Überraschungen keinem zumutet. Dabei ist das Bittere genauso wichtig wie das Süße.«

Lisa ergänzt philosophisch: »Wie im Leben.«

Überraschend ist für Lisa, was Django jetzt zu ihr sagt: »Ich möchte dich einmal als High-Tech-Queen sehen, bei einer Geschäftskonferenz, mit Fachvortrag in Fachterminologie ...«

»Django, du weißt wohl *alles* über mich!« flippt sie aus.

»Und FF hat mir bis heute nacht verschwiegen, daß es dich überhaupt gibt!«
»Ein Mann braucht seine Geheimnisse.«
»Er kommt und geht und geht und kommt! Daraus macht er seine großen Geheimnisse. Das bringt mich noch zum Wahnsinn.«
»Sein Totem ist der Puma. Ein Puma lebt in großen Sprüngen.«
»Das kann ich nicht nachvollziehen. Ein Mann wie FF, mit Intelligenz, Kreativität, Imagination, mit globalem Erfahrungsvolumen – ein *High Potential!* – lebt radikal seine Launen aus, hat nicht ein Minimum an Akzeptanz für reale Aufgabenstellungen ...«
»Doch. Er ist dafür bereit. Aber er weiß es noch nicht. Er bockt zurück wie ein Pferd im Lasso. Sein Totem ist der Puma.«
»Was soll das heißen: Sind Pumas pausenlos auf Fernfahrt oder vor der Fußball-Glotze?!«
»Aber Leisa, versteh doch! Ein Puma braucht, damit er sich nicht selbst verliert, einen, der ihn in die Realität zwingt.«
»Das läßt sich bei FF nicht machen.«
»Du wirst es machen, Leisa.«
Sie bricht noch einmal aus: »Er ist so verdammt selbstherrlich! So unberechenbar! So gräßlich störrisch! So ... so ...«
Ihr stockt das Wort, denn der selbstherrliche, unberechenbare, störrische FF steht vor ihr, hat ihre Klage angehört, grinst. Daß Leisa sich bei Django über ihn beschwert, findet er geil.
Sie springt auf, und ihre Brüste bringen die Mickymaus

in Bewegung. »Ich hol mir noch 'n Bier!« sagt sie, und der Satz könnte, hundertmal gehört, von FF sein, sie will flüchten, denn neben FF, von FF um die Taille gefaßt, steht diese kringelgelockte Underground-Beauty Babsi! In einem Fantasy-Outfit, daß einem die Augen rausfallen, mit Tauben aus milchweißen Perlen und Ornamenten in Silbernieten, unter der groß geöffneten Jacke ein lila Spitzenbody mit viel Durchblick und die Ohrmuscheln entlang bis oben Glitzerstecker.

FF hat Lisas Handgelenk gepackt, daß man meint, man hört die Knochen krachen; aus dem halbvollen Bierkrug, den sie am Henkel hat, spritzt Bier in FFs Gesicht, er läßt los, und sie taucht ab, hinter Django her, der sich, Richtung Podium, mit seiner Gitarre durchs Gewusel quetscht.

Babsi lacht spitz, und ihre spitze Lache trifft FF wie kleine Eisenpfeile, und mit unterdrücktem Kreischton: »Nicht mal *sie* kannst du festhalten! FF, du bist ein *Schlaffi*!«

FF horcht auf: ein Schlaffi? Was soll das heißen? Was genau? Sein Griff um ihre Taille wird enger, er zieht sie ganz an sich und sagt in ihr aufmüpfiges Gesicht: »Ein Schlaffi? Was soll das heißen? Was genau?«

Babsi windet sich, denn sie merkt sehr wohl, daß FF gerade eben und jetzt kein Schlaffi ist. »Du weißt genau, was ich meine. Wodka im Dutzend und dann mit gekonntem Tiefschlaf auf meine Seidenkissen! Ein jammervoller, butterweicher, schnarchender Schlaffi!« Und sie schüttet sich aus vor Lachen.

»Ein Schlaffi also? Echt wahr?« fragt FF und gibt sich schuldbewußt. Dann schreit er »Hach!« und haut sich

auf die Schenkel. »Das ist das Geilste, was ich je von dir vernommen habe!«
»Ich schwör's dir, FF, das nächste Mal krieg ich dich hoch!«
»Fehlanzeige, Babsi. Es gibt kein nächstes Mal.« FF grinst ihr breit ins Gesicht. »Ich bin ein sehr verheirateter Mann!« Und damit läßt er sie stehen und geht auf Joschi zu, der eben eingetroffen ist mit seiner dicken Blondine.
»Wer's glaubt!!« ruft Babsi hinter ihm her. »Ich nehm dir schon noch den TÜV ab!«
Lisa lechzt nach einem Bier, doch sie übt Verzicht, auf ein Bla-Bla mit dem Golfclubkellner ist sie nicht scharf. Sie gesellt sich zu Django. Der steht dicht vor der Bühne, heizt mit anfeuernden Rufen in einer fremden Sprache die Musiker an. Die fangen an zu geigen und treffen Lisa mitten ins Herz. Zigeunermusik pur!
Einschmeichelnd erst, schmachtend, lockend . . . dann beflügelt, feurig, selig, trunken . . . abrupt todtraurig, klagend, verzagend . . . wieder hoffend, auftrumpfend, jubilierend . . . wild und archaisch.
Drei olivhäutige Burschen, in weißen Rüschenhemden und Jeans, in handgenähten Stiefeln, schwarze, runde Hüte über öligen Locken, mit dunklen Augen, die nach innen schauen, mit Ohren, die nach innen horchen, mit ererbten Zigeunergeigen, die sie zum Instrument ihres Ich machen, zum Medium für die furiose Aussendung von ewig neuer Lust, von ewig altem Leid, virtuos hinausgespielt in die Lüfte zum Empfang für wen auch immer, wenn er nur bereit ist zu empfangen.
Das Szenevolk, sensibel für alles Außergewöhnliche,

tobt und schreit »Zugabe«, als sie sich am Ende würdevoll verbeugen.

Da kommt einer und ruft: »Grroßarrtig! Grrandiose urralte Geigenkunst! Da sitzt das Zigeunerherrz im Fidelbogen, und auf was es geigt, das sind in ganzer Wahrrheit diese feurrigen Nerrven, und die hat nurr ein feurriger Zigan!!«

Stroganoff-Chef Ivan ist aufgetaucht, er ringt freudig die Hände und verkündet rundum: »Wollt ihrr wissen, wo ich sie habe gefunden? Ja? Im Asylantendorrf! Habe nach Tante gesucht, wo Aussiedlerrin ist. Sehe ich, hörre ich: Sitzen da und fideln vorr Wohnwagen diese drrei gottgnädigen Bürrschchen!!«

Ivan entdeckt zu seiner Begeisterung Lisa, küßt ihr galant die Hand und strahlt sie an: »Ist schönes Zaarrin ebenso hierr, welche Frreude!« Und mit schmunzelnder Bewunderung: »Wunderrschönes T-Shirt!« Lisa wird röter, als sie schon ist.

Ivan ist nicht allein gekommen. Er wedelt nach hinten und scheucht seinen Klan nach vorn, die Balaleika-Truppe und die aufgeputzten, kichernden, genierten Mädchen aus Petersburg, mit fülligen weißen Röcken über mehreren Unterkleidern, verziert durch aufgenähte Bänder aus Satin in allen Farben, weiße Blusen mit Spitzen und Volants, eingeflochtene Bänder im Haar, rote, handschuhweiche Stiefel.

»Django!« ruft Ivan, »meine Engel aus Petersburg werrden dirr jetzt was vorrsingen!« Die Balaleikaspieler sind schon oben, und unter viel Gezerre und Geschubse hievt man die widerspenstigen russischen Engel, die sich verschämt die Hände vor die Augen halten und krei-

schend zappeln beim Hochheben, auf die improvisierte Bühne.
Die Balaleika-Spieler legen gleich los, und noch ehe die Mädchen sich vom Kichern und Kreischen erholt haben, jubeln schon die Mädchenstimmen ihr russisches Lied von der Nachtigall in den Himmel, von der Nachtigall, die das Herz des Jünglings verzaubert, daß der Liebsten das Herz daran zerbricht . . .
Lisa hält Ausschau nach FF, möchte von ihm übersetzt haben, was das russische Lied bedeutet. Aber FF treibt sich irgendwo herum. Von der Musik emotional vehement aufgemischt, fühlt Lisa sich enttäuscht und von ihm abgeschoben.
Drüben im flackernden Feuerschein bei den Schmorkesseln – entdeckt Lisa – stehen FF und Joschi, an Hasenkeulen nagend, Bier trinkend, für ein paar Roadfreaks knallharte Truckerstories loslassend, ausholend und gestenreich unterstrichen mit abgekauten Knochen. Stories nicht ohne Wirkung, man hört es am gellenden Gelächter von Joschis Blondine.
Lisa reckt den Hals, ob denn FF noch immer diese Babsi an der Klammer hat, aber sie sieht Babsi bei Django, der Bierholen ist, die Jacke in der Hand läßt sie sich von Django die Symbolik ausdeuten, perlengestickte Indiomotive – Fuchs, Taube, Frosch –, und bietet dabei aller Welt freimütig die Teilansicht ihres den weitmaschig durchbrochenen Spitzenbody durchscheinenden delikaten Körpers.
Die Zigeunerburschen, von Spielleidenschaft entfacht, sind nochmals aufs Podium gestiegen, intonieren, nach kurzem Kauderwelsch mit der Balaleikatruppe, mit vir-

tuosen Geigen Kosakenlieder und Krakowiak. Die Petersburger Mädchen verschränken die Arme vor der Brust und queren das Podium mit stampfenden Stiefeln in schnellen und kunstvollen Tanzschritten, die Balaleikaspieler können sich nicht beherrschen, stürzen einzeln vor, stemmen die Arme in die Hüften, gehen in die Knie, werfen die Beine im Rhythmus wechselweise vor, lassen den Unterkörper um die aufgestützten Arme kreisen und stoßen Schreie aus – die Fans geraten in Raserei, jubeln und klatschen.

Lisa wird links und rechts eingehakt und im Takt hin- und hergeruckt von zwei begeistert flippigen, tanzenden, die Augen rollenden Schwarzen, mit Musik im Blut und strahlendem Lächeln. Diese animieren Lisa, dem Rhythmus zu folgen, die Beine zu wirbeln . . . Aber Lisas Gefühlsleben revoltiert: eben noch total offen für die Ausuferungen des Kultfests, jetzt versteift und störrisch bei der ungebetenen Berührung durch wildfremde Typen, wenn sie auch sympathisch lachen und Lebensfreude teilen wollen. Sie igelt sich ein.

Zum Glück kommt Django mit Gitarre und Hund und einem Bier für Lisa. Die Connection Petersburg-Bukarest verläßt das Podium. Django stellt sein Bier auf die Bretter, wuchtet einen Stuhl hinauf, macht Anstalten hochzusteigen, der Schlappohr-Hund ist schon oben, bewacht das Bier, und wer auch oben ist, sind die zwei Schwarzen.

Ohne Instrumente, aber mit je zwei Löffeln, die sie aus den Jeanstaschen ziehen, beginnen sie zur Verblüffung aller, die in einer Hand Löffel-auf-Löffel gehaltenen Eßgeräte auf altbayerische Art zünftig im Takt zu klap-

pern, wie es die alten Krauter gerne tun, in den Dorfwirtschaften, im hintersten Tal. Sie stampfen mit dem Fuß auf und lüpfen ihre Hüte und derblecken mit G'stanzln das kultische Waldfest, verkünden in unverfälschter Mundart die Mutmaßungen der Waldbäume über die kracherten Waldgespenster, die bei Mondschein und Feuer, bei Hasenopfern und stampfender Dämonenvertreibung ihrem Halbgott die Ehre geben . . .
Am Ende machen sie durchs Mikro bekannt: »Mei Nachbar hia«, er zeigt auf seinen schwarzen Kumpel, »des ist der Schorsch, a Hiesiger von Thalkirchn, auch wenna ned so herschaut«, er zeigt auf sich, »und I bin da Sepp von Weidach, kennts mich ja. Und damit ihr wißts, mir san zwoa bairische Nega . . .«
Die bayrischen Cowboys rufen: »Auf geht's, Zugabe, Zugabe!« und werfen ihre Hüte in die Luft. Die Freaks heben die Arme und machen Victoryzeichen.
Bewegung kommt in die Menge, jeder, der ein Instrument hat, klettert aufs Podium, Lisa fühlt sich unerwartet geküßt, heftig und total. Solche Küsse kennt sie, das Aroma noch nicht: Ein Geschmack nach Schmorhase, nach Bier, nach Machorka, nach Beerenschnaps, nach FF . . .
Und weg ist er, springt auch auf die Bühne, bläst aufgekratzt seine Mundharmonika, denn jetzt wird Djangos Erkennungsmelodie intoniert, alle spielen mit, alle singen mit . . . Der Balladen-Vortrag gerät zur Jam-Session, zusammengehalten von Djangos titanischem Baß.
Es ist *Das Lied vom Gnom und vom Riesen*, das in endlosen Varianten, von der Vorzeit durchs Mittelalter

bis zu Hightech und New Age, die immer gleiche Geschichte erzählt über den Unterschied von Groß und Größe, vom Meßbaren und Maßlosen, von Metern und Zentimetern und von Unmeßbaren Dimensionen ...
Und alle singen immer wieder im Chor: »Was groß daherkommt, ist nicht immer groß ...«
Lisa singt die Zeilen frei heraus mit, losgelöst von allen Zwängen, frei, so frei ...
In Blickkontakt mit FF, er oben, sie unten, schmettern sie gemeinsam Djangos skurrile Weltsicht in die Nacht.
Als Django die Ballade abschließt mit der Botschaft, daß sie ins Weltall aufgebrochen sind, das Universum auszumessen, der Riese und der Gnom, da reagiert die Szene dynamisch, alle heben die Arme, ausgestreckte Finger zeigen auf den Mond: »Fly to the stars!«
FF setzt zu einem Solo an, das sein handkleines Instrument zur exaltierten Orgel verwandelt, ein Solo, das sein furioses, animalisches Ich zu Musik macht, er spielt nur für Leisa, nur für Leisa, nur für Leisa ...
Und Lisa, im Anprall der suggestiven Wellen, erlebt einen Kick wie von Morphium, der sie ihrem Körper entgleiten und sie irrational als Geist über der Waldlichtung schweben läßt.
Der Spuk zerstiebt, zurückgeholt auf die Erde wird Lisa von zwei zupackenden Händen und vom fröhlichen, lauten Honky-Tonk. Sie wird unversehens von FF zum Tanzboden abgeschleppt, und ehe Lisa Luft holen kann, galoppiert sie über die Tanzfläche, geführt und gehalten von FF, nach den Weisungen des Squaredance-Meisters: vor-zurück und hochgehoben und herumgedreht und abgesetzt und Partnertausch. Sie klebt plötzlich an Jo-

schis Bierbauch, und FF hat dessen vollschlanke Blondine im Arm, die er nicht hochheben kann, und wieder vor-zurück und tauschen, zurück in FFs Arme, zurück an seinen heißen Körper, jetzt der Wirbel, sie hängt an seinem Hals, die Füße fliegen durch die Luft, bringen anderen blaue Flecke bei. Sie tanzen, bis sie nicht mehr können.

Der Mond verzieht sich hinter die hohen Fichten, Nebelfeuchte drängt vor gegen das abglimmende Feuer, die Hasen sind vertilgt, der Schmorsaft mit dem letzten Stück Brot aufgetunkt, die Bierfässer leer.

FF und Lisa, im Aufbruch, bahnen sich ihren Weg über die Waldlichtung voller Hindernisse. In Lisas Kopf dreht sich alles wie ein Karussell, sie taumelt und FF muß sie stützen. Lisa kichert hemmungslos und FF lacht laut. Dann stürzen beide über einen dunklen Hund im tiefen Nachtschatten, der in Panik aufjault, und beim Zubodengehen ratscht Lisa an einem knorrigen Baumstamm entlang, der ihr T-Shirt aufreißt, daß ihre Brust hervorspringt wie ein hübsches, neugieriges Tier.

Sie liegen auf dem Waldboden, FF bedeckt ihre Brust mit der Hand, und sie lachen und lachen ... Endlich rafft er sich auf. Vom Nagel unter dem Tierschädel an der Hüttenwand holt er die Bomberjacke, unter der Lisa ihr zerfetztes T-Shirt versteckt.

Sie faßt in die Tasche und bekundet: »Mein Telefon ist geklaut.« Zu etwas wie Empörung kann sie sich nicht aufraffen.

FF sagt: »Scheiße, wir müssen unser Motorrad finden.«

Sie steigen über Bier- und Schnapsleichen, auf der Suche nach ihrer Maschine, umgehen fummelnde Paare und brettern endlich unter Sturzhelmen über den stockfinsteren Holzweg, lassen die legendäre Waldlichtung hinter sich.

33.

Wenn Lisa denkt, die Nacht sei vorbei und Punkt . . .
Nein, Lisa, die Nacht fängt jetzt erst noch mal an.
Durch den Forst, am bewaldeten Seeufer entlang, und bergauf und links vorbei an einem Bauernhof und dann . . . und dann . . . FF hält an, mitten auf dem schottrigen, abschüssigen Viehweg: unter ihnen der See, mondbeschienen, von einzelnen Schwänen durchkreuzt, im Süden die Alpenkette in bleiches Licht getaucht.
FF läßt die Maschine bergab rollen bis zum Seeweg, zu einem hinter dichten Bäumen versteckten Bootshaus. Er stellt sie ab, nimmt Lisa und hebt sie über den Holzzaun.
»Zieh dich aus, Leisa!« Und blitzschnell, wie FF nun einmal ist, steht er schon gleich selber splitternackt da, auf dem Bootssteg vom Mond beschienen.
Lisa findet beim Ausziehen in der Tasche der Bomberjacke ein knisterndes Päckchen, darin ein Stirnband von Django, muschelperlenverziert, und – fast einer rituellen Handlung gleich – zieht sie das Band über ihre Stirn.

So schreitet sie mit Muschelglanz im Haar, nackt und überirdisch schön wie eine Waldfee aus dem Ufernebel auf den mondhellen Steg, erwartet von einem sehr nackten, sehr bärtigen, sehr aufgerichteten, sehr liebesbereiten Mann. Er nimmt sie hoch auf seine Arme, und wenn Lisa jetzt denkt, daß sie sich lieben würden . . ., nein, FF, der Wahnsinnige, setzt an zu einem kühnen Sprung ins Wasser.

Sie kann nicht aufkreischen, denn ihr Kopf ist unter Wasser, als sie hochkommen, will sie losschreien, kann nicht, weil er sie küßt. Er küßt nicht nur, der bärtige Neptun bedrängt die muschelperlentragende Nymphe unter Wasser, spielt mit ihr, dreht sie auf den Rücken, hebt sie mit den Händen an die Oberfläche, läßt sie vom Mond besichtigen, taucht, schwimmt wie ein Fisch unter ihr, mit offenen Augen in dem milchigen Wasser. Sie strampelt und wehrt sich gegen seine Hände, seine Finger. Als er nach oben kommt, drückt sie ihn unter Wasser, daß er denkt, er ertrinkt. Schnaubend wie ein Walroß schnellt er hoch, packt sie, läßt sie nicht mehr aus und beweist im kühlen Naß ganze Manneskraft – denn Blut ist heißer als Wasser. Er will sie haben, ganz und gar, von außen und von innen, zwängt sich in seine Nymphe, die zum Glück keine schuppenschwanzbewehrte Nixe ist. Das platschende, spritzend bewegte Liebesspiel läßt FF und Lisa mehrmals im See versinken, und Lisa, die nach Atem ringt, findet sich ab mit dem Schicksal, bei Liebesküssen zu ersticken und dabei zu ertrinken. Und der Faun, ja Django, der Faun sollte eine Ballade darüber dichten, vom nassen Liebestod des Neptun und der Nymphe im Starnberger See . . .

Als sie ausgepumpt auf dem Bootssteg liegen, wissen Lisa und FF mit dem Instinkt und der Hellsichtigkeit von Geschöpfen, die eins sind mit sich und der Natur, daß diese Mond- und Sternstunde einmalig ist.
Denn ab morgen wird alles anders…

34.

Die weiße Mittagssonne bescheint grell den neuen Tag, begrüßt im Kingsizebett das Liebespaar. Seit Stunden schlummern sie engumschlungen in abgrundtiefer Erschöpfung noch immer unter der Magie des Mondes.
Lisas chromblitzendes, schwarzglänzendes Cockpit demonstriert indessen eigenmächtig High-Tech-Power: elektronische Hausgeister, surrend und schnarrend mit Balzsignalen, blinkend und blinzelnd, locken mit außermenschlichem, elektromagnetischem Charisma ihre High-Tech-Queen zurück in die Schaltzentrale.
Lisa reagiert wie ein ferngesteuerter Apparat. Sie entschwindet aus den weichen Kissen und den federleichten Träumen, die Nymphe entwindet sich den umschlingenden Armen des bärtigen Neptun, sie kehrt zurück in die ihr zugeordnete Welt der kühlen Technik und Programme.
Denn ab heute wird alles anders!

Was sich für FF anfangs anhört wie das Wellengeplätscher eines nächtlichen Sees, hämmert sich allmählich ein in seinen Schlaf mit nervendem *Akrakadabra*, schlägt ihm gegen die Ohren und weckt sein Hirn.
Workaholic Lisa, ungekämmt im Batistpyjama, diktiert in die Aufnahmegeräte, als wolle sie testen, ob ihr Potential noch vorhanden ist, oder ob es versunken ist im See. Nein, die Power ist ungebrochen, der IQ bedankt sich und gibt Lisa Zucker: Termine, Tabellen, Tips und Tricks.
FF stöhnt, gräbt sich tief in die Kissen, wälzt sich von einer Seite zur anderen, räumt den störenden Teddy grob aus der Bahn, erhebt sich endlich, ausgereizt und saftlos und schleicht sich ins Bad.
Lisa blickt überhaupt nicht auf, powert, formuliert die FAX-Schadensmeldung betreffs Diebstahl des Mobilphones, unterbricht ihre Arbeit für die BTX-Wirtschaftsnews, dann quäkt Dr. Mangold auf den Anrufbeantworter. Als FF aus dem Bad kommt, sagt Lisa gerade: »Ja, Herr Dr. Mangold, sehr gerne. Vielen Dank. Bis später dann, auf Wiedersehen.«
FF, in Boxershorts mit Sexmotiven, den Bart glatt abrasiert, die Haare mit Melissenshampoo gewaschen und mittels Gummischnipser zum Pferdeschwanz zurückgenommen, aufdringlich nach *Chanel No. 5* duftend, auf dem Weg vom Bad zum Kingsizebett, kreuzt Lisas Weg vom Computer zum Bad.
Sie bleiben stehen, dicht bei dicht, ihre Blicke verfangen sich, eine merkwürdige Distanz sperrt sie voneinander, das Märchen von gestern ist in ihren Augen nur ein ferner Abglanz. FF, mit Tendenz negativ, lebt seinen

Kater aus, genervt vom Kräfteverlust durch pausenlosen Einsatz auf der Straße, im Wald, im See, gefrustet von Leisas beknacktem, nervigen, geschäftsbesessenen *Abrakadabra.*

Lisa, ihrerseits mit Tendenz aufsteigend, steht geballt da, animiert vom Hightech-Kick, gerötet vom Flush im Vorgefühl dessen, was sie mit FF vorhat.

»Gibt's Kaffee?« fragt FF mit schiefem Lächeln.

»Ja, gleich.« Sie gibt ihm das schiefe Lächeln zurück und trabt in ungewohnter Beflissenheit zur Küche.

FF wirft sich aufs Kingsizebett; den Teddy als Nackenstütze, nimmt er sein *Asterix und Obelix*, versucht zu lachen, fühlt sich aber eher geleimt und niedergemacht vom Erkenntnisschub, daß Comics ihn nicht mehr anmachen. Einzig der Kaffeeduft, der seine Nase erreicht, erhellt seine Laune.

Lisa stellt das Tablett mit duftendem Kaffee auf den Tisch und verwöhnt FF mit süßlicher Fürsorge: »Warte, ich bring dir den Kaffee ans Bett. Muß schnell nochmal ins Bad.« FF fängt den merkwürdig falschen Ton auf, der bei Lisa mitschwingt.

Und dann sieht er sie auch schon aus dem Bad kommen – da haut's dir ja den Vogel raus! – im Kimono aus hochroter Seide mit dramatischen goldenen Drachen, und in den hochhackigen roten Pantöffelchen mit weißem Kaninchenfell – Geschenke von FF an Lisa, im Asia-Shop für sie ausgesucht, von ihr zutiefst verachtet. Sie kommt angetänzelt mit Kaffee, Dosenmilch, Süßstoff und einem zuckrigen Lächeln.

Das Vergnügen am Leben kehrt zurück, FF ist begeistert: »Frau Dr. Mayer-von-Schloßberg: Total exotisch!!«

FF faßt nach ihr und Lisa verschüttet Kaffee.
»Du siehst aus ... zum auf-die-Matte-legen!!«
Er zieht sie aufs Bett, Lisa wehrt sich, die Tasse entleert den Restkaffee auf den Teppichboden, Lisa quiekt.
»Nein!!« Sie strampelt. »Nicht jetzt!! Wir müssen zum Geschäftsessen! Von Dr. Mangold! Im Vier Jahreszeiten! Neunzehn Uhr!«
FF sieht auf die Uhr: »Noch massig Zeit für *das*!« Dann erst kommt seine Reaktion auf die Information: »Geschäftsessen? Mit Dr. Mangold?! O Scheiße! Geh'n wir einfach nicht hin!« Sie rangeln auf dem Bett, er kneift sie durch den hochroten Kimono in ihr Speckröllchen und verkündet vergnügt: »Ich hol Currywurst und dann seh'n wir zusammen Dortmund gegen Kaiserslautern.«
Lisa tuschelt katzenfreundlich in sein Ohr: »Mangold ist aber eminent wichtig. Er hat extra *mit Ehemann* eingeladen.
Sie läßt sich auf den Hals küssen, tuschelt katzenfreundlich weiter: »Im Mangold-Projekt steckt mehr als das Honorar ...«
Mehr als Mangold interessiert FF die Halsbeuge von Lisa, doch unvermittelt faucht sie ihn an: »Das gibt doch einen ganz gemeinen Knutschfleck, verdammtnochmal!« Sie versucht, FF wegzudrücken: »FF! Du bist doch nicht ganz dicht! So kurz vor dem Geschäftsessen!«
FF lacht über ihr Gefluche, schickt seine Hände auf Erkundungstour, will ertasten, wie weiblich sie ist.
Lisa findet zurück zur Katzenfreundlichkeit, schnurrt ihn an:
»Du gehst mit mir zum *Vier-Jahreszeiten*-Essen! Sag ja!

Wo ich doch extra für dich den exotischen Seidenfummel angezogen habe ...«
FF geht ihr an den Kimono. Sie wehrt ab: »Nein! Wir haben nicht genug Zeit für *das*!«
Aber FF hält sie fest, wie Liebesgeflüster flötet er in ihr Ohr: »Ich zieh auch den tödlichen Armani-Anzug an ... für dich!«
»Also abgemacht!!« ruft Lisa im Triumph, setzt sich steil auf, kontrolliert die Uhr, schaltet vom Bett aus den Fernseher ein, ruft: »Die *Sportschau*!«
FF dreht sich zum TV, im gleichen Moment greift Lisa zum Nachttisch nach der bereitgelegten Küchenschere und – *Schnapp!* – schneidet sie ihm den gebündelten Haarschweif ab.
FF zuckt wie unter Elektroschock mit beiden Händen in Panik an seinen Hinterkopf, fährt herum wie ein Blitz, schreit mit Entsetzen: »Was machst du!! Willst du mich entmannen!?«
Er entreißt Lisa den abgeschnittenen Haarschopf, sinkt in sich zusammen, starrt auf das Haaropfer in seiner Hand, fühlt seine Lebenslinie durchschnitten, fühlt sich abgeschnitten vom Brodeln der Szene. Total kastriert. Von der Geliebten mit der Schere entmannt!
Lisa kann den entsetzt gelähmten FF nicht ertragen, fährt ihm mit der Schere voll verzweifelter Entschlossenheit weiter in die Haare, schnippelt unkontrolliert kreuz und quer.
FF, mit verschleppter Reaktion, erduldet in fataler Betäubung die Tortur, dann kochen Wut und Zorn in ihm hoch, in einem Anfall von Gewalt packt er ihre Hand, entreißt ihr die Schere:

»Du hast ja 'nen Gehirnschlag!!«
Sie reißt sich los, er bekommt einen Kratzer im Gesicht ab, packt sie mit Gewalt, auch sie kriegt einen Kratzer im Gesicht. Lisa unter ihm, er hat beide Handgelenke fest im Griff, drückt sie in die Bettdecke, fühlt sich herausgefordert wie ein Catcher zur nächsten Runde.
»Jetzt spuck dein Geständnis aus! Über diesen brutalen Anschlag!«
Lisa läßt die Katze aus dem Sack, eine haarsträubende Katze für FF: »Ich will dich als *High Potential* anbieten bei Mangold, als Ideenträger, als Mann mit Imagination und Kreativität, mit Querdenker-Qualitäten und Mut zu innovativen Strukturen . . .«
FF läßt ein brutales Gelächter hören: »Du willst mich zum *Chef-Idioten* machen?! Bei Dr. Mangold?! Diesem Blutdruck-und-Cholesterin-Typ? Im gnadenlosen Freeclimbing-Job! Das überlebt der nicht. Da setzt du *alles* auf eine Karte.«
»Ich weiß!«
Sie schweigen, sortieren Hintergedanken.
»Steig ein, FF, du hast im Leben doch immer gezockt.«
Die Spannung zwischen ihnen ist brisant aufgeladen.
»Okay, Leisa!« sagt FF endlich, und ein unversteckter Drohton wird von ihm mitgeliefert. »Bingo! Ich mache mit in deinem Power-und-Fantasy-Spiel!«
Lisa, schlagartig überflutet vom geheimen Triumph, wird heiß unter seinem gewaltsamen Griff.
FF wittert ihren Nervenkitzel, voll Aggression verstärkt er den harten Griff: »Aber Achtung: Warnung! Ich bin besser, als du denkst! Wenn du das Spiel überziehst, laß ich dich im Büßerhemd im Wald stehen!«

Sie blitzen sich an, Auge in Auge, Kampfeslust und Spielsucht im Blick, keine Sperre mehr zwischen ihnen, aber auch kein Schmuseglück.

Neben einem plätschernden Brunnen, unter exzessiver Lichterflut als Schau-Objekt: ein nackter Mann in Alabaster, ausgeformt bis ins letzte Detail, ein Jüngling von göttlicher Schönheit – Michelangelo läßt grüßen. FF reicht schon das, er denkt, er ist im falschen Laden, und bockt zur Tür zurück.

Aber der aus Richtung des Adonis heraneilende Mike Strohelm, der Frisier-Guru in eigener Person, im burgunderroten Valentino-Anzug, ohne seinen Goldlamékittel, ergreift schon mit sanftem Druck FFs Arm und kokettiert mit Wortschwall, daß er nur für Frau Dr. Mayer-von-Schloßberg und nur für deren attraktiven Ehemann diesen ganz speziellen Liebesdienst durchzieht, um auch nach Geschäftsschluß noch, kurz vor dem Konzertbesuch, für einen so überaus sympathischen Geschlechtsgenossen einen Designer-Haarschnitt zu kreieren. Er schwenkt einladend den Frisiersessel, zelebriert verheißungsvoll eine Reihe messerscharfer Haarschneidegeräte auf den Spiegeltisch.

FF steht da, in Erwartung der Attacke, wie ein mit der Axt gestutzter Klotz, und wie von der Axt behauen auch sein Gesicht, so verquer sind die unheilvoll eingewinkelten Brauen, die schiefgestellte Nase, der gekerbte Mund. Die wild abstehenden Haare geben FF, elegant im Armani-Anzug, mit Whitecollar-Hemd, Exklusivkrawatte, Hochglanzschuhen, eine groteske Optik.

Gräßliche zwanzig Minuten wird der mit Lackumhang

dekorierte FF vom Meister künstlerisch bearbeitet, mit klappernder Schere und schnarrendem Nackenrasierer, von dessen einfühlsamen Fingern mit Gel balsamiert, mit Duftwässerchen beträufelt, an allen Fingern bepult zur Tilgung von Trauerrändern und Truckerdreckspuren, angereichert mit einem Erguß philosophischer Wertbetrachtungen.
Mike Strohelm outet sich als Liebhaber männlicher Schönheit, gesteht, er habe FFs Nacktfoto in der *Madame* gesehen und hätte gerne, für sich ganz privat, das Original . . . Das katapultiert FF aus dem Frisierstuhl. Als Mike ansetzt, die durch das Haarstyling betonten edlen Profil- und Nackenlinien hervorzukehren, wird FF grob.
»Mensch, Mike, halt's Maul«, blafft er ihn an, »ich geh gleich hoch wie 'ne Rakete!«
Mike Strohelm zuckt lustvoll zusammen unter der verbalen Züchtigung. Aber er hat einen Trumpf: »Die Frisur muß vierzehntägig von mir nachgeschnitten werden!«
Damit kann er bei FF nicht landen: »Du hast sie wohl nicht alle, guter Meister. Mich siehst du nie wieder!«
FF zerrt sich den Lackumhang vom Hals, und mit einem »Schick die Rechnung meiner Frau«, stinkend wie ein Iltis, wie er findet, macht er einen Abgang raus auf die Maximilianstraße.
Lisa, in ihrem BMW auf dem ergatterten Parkplatz, sieht FF just in time auf die Straße treten, ihr Herz macht einen Satz: Der Mann sieht einfach phantastisch aus! Sie lächelt darüber, wie er mißtrauisch seinen Hinterkopf abtastet und dann seine gel-klebrigen Finger begut-

achtet. Aber keine Zeit für Schauvergnügen, sie steigt aus, schlägt die Wagentür ins Schloß, schließt ab und kommt mit flotten Schritten auf FF zu.

Der schaut in ihre Richtung, und – da haut's dir doch den Vogel raus! – diese gottverdammt eigensinnige Frau, wie sie da heransteuert in eiskühlem Gletscherblau, in gletscherblauen Designerschuhen, die ist, verdammtnochmal, einfach einsame Spitze.

»Gerade neunzehn Uhr!« ruft Lisa ihm zu, und eilig überqueren sie die Straße zum *Vier Jahreszeiten*.

»Wie ein Zuhälter sehe ich aus!«

»Das macht nur der Ohrring.«

»Du hast einen Kratzer im Gesicht!«

»Du auch!«

Sie sind mal wieder auf hundert, verschwinden im Eingang des *Vier Jahreszeiten*.

35.

In der Hotelhalle Schickimickies, VIPs und Promis. Der französische Starjuwelier *Cartier* veranstaltet eine Präsentation seiner neuesten Kollektion. Lokalreporter blitzen auch Lisa und FF. Man kennt die Unternehmensberaterin Dr. Mayer-von-Schloßberg, fragt nach dem Namen ihres Begleiters. FF gibt selbstgefällig Auskunft.

»Ah, sehr interessant, der Ehemann!«
»Darf man das Alter erfahren?«
FF ist kooperativ: »Da machen wir kein Geheimnis draus. Ich bin neunundzwanzig, und sie ist neununddreißig.«
»Ah, sehr interessant.«
Lisa ärgert sich. »Los, es ist zwei Minuten nach sieben!«
Lisa und FF betreten die Bar. Die ist stockfinster, altenglisch getäfelt, fast einzige Lichtquelle ist die kreisrunde, matterhellte Tanzfläche, so daß sie Mühe haben, ihre Augen anzupassen. Von der Bartheke her, angestrahlt von einem neonbunten, nostalgischen Werbeschild, leuchtet Dr. Mangolds nasse Stirnglatze und neben ihm eine Dame in flammendem Rot.
FF, schneller als Lisa hinter der Bustelli-Brille, sagt feixend: »Ich lach mich tot. Miß *Sweet-Swinging-Dingdong* aus deinem Seminar!«
»Wo hat der *die* denn aufgegabelt!« Ungewollt abschätzig Lisas Worte.
Man begrüßt sich. Unternehmenseigner Dr. Mangold, stäubchenfrei und bügelscharf, das Übergewicht vom Maßanzug vertuscht, betupft mit Monogramm-Taschentuch die streßgenäßte Stirn und erklärt: »Ich habe noch eine Dame mitgebracht, wegen der Zwei-und-zwei-Symmetrie. Darf ich vorstellen: Miß Wang-Pi.«
Man schüttelt Hände, Miß Wang-Pi zwitschert erfreut.
Lisa, deren Gletscherblau im düsteren Ambiente eiskühl schimmert, betont Distanz: »Wir kennen uns schon.«
Um Seriosität besorgt, will Dr. Mangold bei Lisa falsche Schlüsse vermeiden, wegen dieser fernöstlichen Flamme an seiner Seite, er betont deshalb den geschäftlichen Aspekt:

»Für Sie, Frau Dr. Mayer-von-Schloßberg, im Kalkül sicherlich ein gewinnversprechender Faktor bei Ihrer avisierten Unternehmensberatung: Miß Wang-Pi hat enorm preiswerte Markencomputer anzubieten . . .«
Und FF ergänzt: »Ganz ganz billig, macht Onkel in Bangkok.«
Als die vier mit Smalltalk von der Bar hinübergehen ins Restaurant, sagt der halbverhungerte FF zu Dr. Mangold: »Sie haben hoffentlich für uns nicht diese öde Potenzspeise bestellt, die es bei der Gala von Immobilienhai Hossmann gab. *Lachsnocke mit Sellerieessenz*!«
Dr. Mangold schaut verdutzt, und Lisa gibt FF einen unsanften Stoß in die Rippen, rüffelt ihn tuschelnd, aber im bossigen Ton: »Benimm dich!«
Das hätte sie sich besser verkniffen. Denn FFs Aufmüpfigkeit gegen Lisas Anweisungen läßt ihn über alle guten Vorsätze stolpern. Das Elend dieses Tages schwappt in ihm hoch, der Verlust seiner ungezähmten Langmähnigkeit, die Einbuße seiner Jungmännerfreiheit, das Gefummel von Guru Mike, das leichtfertige Sicheinlassen auf ein ungewisses Spiel, das mehr Streß als Vergnügen verspricht, die Verzweiflung über eine Liebe, die statt frei und göttlich und mondbeschienen jetzt kompliziert und anstrengend und von Computern abhängig ist.
Sie lassen sich an dem für vier reservierten, mit Silber und Kristall und Rosen dekorierten Tisch nieder, und als die Speisen aufgetragen werden, läßt FF alles scheitern, was Lisa so kompromißlos und erfolgsgewohnt im Seminar als Maxime predigt.
FF fängt an, klappernd aus dem Täßchen zu löffeln, obwohl die anderen ihre Hummersuppe noch nicht ha-

ben, er beginnt zu rauchen, ohne zu fragen, er animiert Dr. Mangold zum Trinken, obwohl er weiß, daß ihm das Probleme bereitet. Er baggert hemmungslos Miß Wang-Pi an und weidet sich im Rache-ist-süß-Gefühl an Lisas bröckelnder Fassade, die sichtlich durchlässig wird für Eifersuchtsanfälle und Gesichtsverlust. Er erzählt anstößige Witze, und Dr. Mangold lacht schallend, obwohl ihm das peinlich ist, in Gegenwart der Damen.
Die Ober, die den Tisch betreuen und sich auf dem Weg von und zur Küche treffen, der eine mit abgeräumten Tellern, der andere mit Tablett voll dekorativ getürmter Eis-Desserts, tauschen spottlustig Bemerkungen:
»Die fünfte Flasche Wein und die achte Flasche Bier an Tisch sieben! Bin mal gespannt auf das Trinkgeld. Der Dicke hat schon 'ne hochrote Birne.«
Und: »Auch nicht ganz astrein, die zwei mit den Riesenkratzern im Gesicht!« Sie lachen.
Die dekorativ getürmten Eis-Desserts werden serviert. FF hat soeben Dr. Mangold einen Witz erzählt, der lacht schallend, beginnt genüßlich sein Eis-Dessert zu löffeln.
FF schiebt angewidert sein Eis weit von sich, dreht sich eine Zigarette, sagt zu Dr. Mangold: »Haben Sie mal in einer Eisfabrik gejobbt? Ich sag Ihnen: jede Menge Synthetiks, Giftfarben, Bazillen und Salmonellen ...«
Dr. Mangold legt angeekelt den Löffel hin, kriegt den Rauch von FFs Selbstgedrehter in den Hals, muß gräßlich husten.
Lisas spitzer Schuh trifft unterm Tisch wie ein Geschoß FFs Schienbein. FF feixt Lisa frech an.
Miß Wang-Pi wendet sich mit Zwitscherstimme zu Lisa:

»Miß Dr. Mayer-von-Schloßberg, Sie sind sehr smarte Business-Frau, Sie können von mir Computer kaufen, ganz ganz billig ...«
Die entnervte Lisa schneidet ihr brutal das Wort ab: »Keine Geschäftemacherei während eines Dinners! Das haben Sie doch bei mir im Seminar gelernt, Frau Wang-Pi!«
FF hat Dr. Mangold einen weiteren Witz erzählt, der lacht schallend. FF ruft in Richtung Ober: »Wodka!! Hierher!! Doppelte!«
Und zu Dr. Mangold: »Kennen Sie den von Adam und Eva in Vietnam ...?«
Dr. Mangold winkt erschöpft ab, und zu Lisa: »Sie haben einen recht unkonventionellen Ehemann!«
Lisa, in Sorge um ihren Berater-Auftrag, stürzt sich eloquent auf Mangold: »Ich versichere Ihnen: Er hat enorme Qualitäten. Er ist genau der Typ Jungmanager der neuen Generation ...«
FF blickt mit selbstgefälligem Grinsen auf Lisa. Der Ober bringt doppelte Wodkas.
»Was ihn auszeichnet: Innovatives Denken, Sprachenvielfalt, alles, was in den Chefetagen heute hoch gehandelt wird: Kreativität, Imagination, Visionen und Querdenkertum ...
Dr. Mangold ist beeindruckt, hebt seinen doppelten Wodka zu FF, der stößt mit seinem doppelten Wodka an: »Darauf trinken wir!«
»Aber *ex*!«
Beide Männer leeren ihre Gläser in einem Zug.
Lisa setzt zu weiteren Qualifikations-Nachweisen an, aber FF quatscht einfach dazwischen: »Ich sage Ihnen

was, Mangold, im Stroganoff gibt's Wodka: halb so teuer. Und Suppe: dreimal so viel, nicht in so kleinen Täßchen wie hier. *Dahin* müßten Sie uns mal einladen ...«

Dann zieht er, um Lisa gnadenlos zu provozieren, alle Register aus seinem Terminologie-Fundus, präsentiert sich als der Supermanager, als den Lisa ihn gerade charakterisiert hat: »Jetzt erzähl ich Ihnen mal, wie ich in Fernost eine marode Computerfirma saniert habe, mit *Innovativen Methoden*, mit *Imagination* und *Visionen*.

Dr. Mangold schnauft merkwürdig, langsame Atemzüge, ein – und Luftanhalten – und aus.

Lisa bückt sich unter den Tisch, sucht nach dem Schuh, den sie beim Tritt gegen FFs Schienbein verloren hat, sieht unterm Tischtusch Dr. Mangolds Hände auf seinen Knien, starrt auf seine Finger, die im Zählmechanismus von eins bis zehn bewegt werden.

Ein Mokkalöffel fällt unter den Tisch, gleich danach erscheint Miß Wang-Pis Kopf, ihre Hand angelt nach dem Mokkalöffel. Sie sieht Dr. Mangolds Fingerspiele und sagt fachkundig zu Lisa: »Japanische Atemtechnik mit Fingerzählübung – hilft gegen Herzinfarkt. Aber viel viel besser helfen Happy Pills, macht Tante in Bangkok ...«

Lisa taucht hoch in höchster Alarmbereitschaft, FF setzt gerade zum Höhepunkt an: »... ich habe schon zehn Computer-Firmen saniert ...«

Lisa fährt FF in die Parade, vergißt die Etikette, benebelt auch sie, in alkoholisierter Direktheit fällt sie ihn an: »Du hundsgemeiner Egozentriker! Das ist doch von A bis Z erlogen!«

FF lacht grob: »Das ist eben *Imagination*!«
Dr. Mangold hört zu, nickt beifällig, kapiert nichts mehr, er ist ziemlich betrunken.
Lisa kippt einen doppelten Wodka und erleidet einen Absturz in ein schwarzes Loch. In dieser abgrundtiefen Finsternis hallen hämische Stimmen mit der Akustik von Böllerschüssen . . .
Anja: »Er ist ein *Stadtindianer*!«
Vater: »Du hast deinen Verstand im Schlüpfer!«
Susanne: »Den wirst du nie zähmen!«
Vater: »Ein Paradiesvogel! Undiszipliniert! Verantwortungslos!«
Das akustische Karusell dreht sich immer schneller.
Vater: »Du kriegst ihn nie in ein Erfolgsschema!«
Ihre eigene Stimme: »Mein Mann ist mein Hobby!«
Vater: »Du programmierst deinen eigenen Absturz!«
Lisa fühlt sich an der Schulter gefaßt und leicht gerüttelt. Sie reißt die Augen auf hinter der Bustelli-Brille, FF macht ihr Zeichen mit dem Kopf in Richtung Mangold: »Lins mal rüber: Sie stopft ihm Happy Pills ins Maul!«
Lisa stellt den Augenfokus auf scharf, sieht, wie die Wang-Pi dem atemgeschädigten Mangold Pillen zwischen die Lippen schiebt, ihn abschleppt, ohne daß er bezahlt, Richtung Ausgang.
Lisas Katastrophenstimmung kulminiert beim Anblick von FF, der die goldene Kreditkarte aus ihrer Handtasche zieht und die horrende Rechnung begleicht, die eigentlich Dr. Mangolds Einladung war. FF hält ihr den Wisch zur Unterschrift hin, grinst sie an, der Kratzer in seinem Gesicht ist blutrot wie ein böses Zeichen.

Lisa unterschreibt in willenloser Kapitulation, zwanghaft unterworfen unter eine Art Orakel: Dieser Mann ist dein Ruin!

36.

Das Aus für Lisa und FF?
Ja, so scheint es. Aber ein neuer Tag mit einer neuen Überraschung reißt Lisa vorwärts in die Wildbahn. Ein Fax ist das große Surprise-Angebot im Venture Play: Dr. Mangold, total begeistert vom *Vier-Jahreszeiten*-Essen, wenn auch mit Erinnerungslücken, nachhaltig beeindruckt von Lisas hochkarätigem Ehemann, bietet per Fax dem Seiteneinsteiger FF eine hervorragend dotierte Position als Innovativer Ideenträger, als Koordinator für Speed und Flexibilität. Auch Lisas Consult-Projekt für die *Dr. Mangold CVS* wird bestätigt, beide Vertragsentwürfe sind für die nächsten Tage avisiert.
Lisa, am Faxgerät, gönnt sich volle zehn Minuten für das Auskosten ihres verschwiegenen Triumphes. Ja, Powerfrau Lisa steigt voll ein auf den Risikokurs. Sie wird ihrem Vater beweisen, daß sie mit diesem Ehemann nicht scheitern wird, daß Dr. Dr. Lorenz Mayers düstere Prophezeihung von Lisas dreifachem Absturz, karrieremäßig, gesellschaftlich, privat, ein Akt willkürlicher

Schwarzmalerei gewesen ist. In der Bibliothek der alten Villa hat sie es ihm an den Kopf geschleudert: Ich werde ihn machen! Ich werde ihn ins System einprogrammieren. Wetten?!
Und Vater: Wetten nein!
Und Lisa: Wetten ja!!
Die Wette ihres Lebens muß sie gewinnen, wird sie gewinnen! Jetzt wird FF einprogrammiert, gnadenlos, ob er will oder nicht!
Sie ruft den Kollegen Dr. Baumann an, Unternehmensberater und Betreiber des *IFM*, Institut für Finanzmanagement, läßt sich das Kurs-und-Seminar-Angebot faxen, meldet FF als Tagungs-Teilnehmer für den *Finanz-Knowhow*-Wochenkursus, Kostenpauschale: dreitausendsechshundert, inklusive Mittagessen. Diese Investition muß sich auszahlen, wird sich auszahlen.
Im Zuge ihrer Strategie weckt sie den schlafenden FF mit delikaten Küssen, mit heißem Kaffee und altem Brot, knackigen Bifis und Schnaps dazu und fragt ihn, ob er Lust hat auf eine Woche Sporthotel – Golf, Reiten, Tennis, Swimmingpool, alles inklusive.
FF nimmt die Küsse entgegen, den Kaffee, die Salamis, den Schnaps und fragt mißtrauisch: »Wo ist der Haken?«
Lisa gesteht, daß mit Golf, Reiten und Tennis auch ein Fachseminar verbunden ist: *Finanz-Knowhow für Nichtfachleute*.
»Und wo?«
»Sporthotel Olympia, Baden-Baden.«
»Okay, mach ich«, sagt FF, der dringend Erholung nötig hat.

In schönster Eintracht und in angeregtem Gespräch, hauptsächlich von Lisa über das Was und Wie des Finanz-Knowhows bestritten, betreten sie und FF die exklusive Herrenausstatter-Boutique *Herkules* am Dom.

Der Chefverkäufer wittert eine fette Provision und zeigt die ganze Skala seines Verkaufsgenies. Mit Spaß an der Metamorphose eines Jeans-und-T-Shirt-Freaks zum sportiven Edel-Typ, wird FF, der stoische Gelassenheit demonstriert, mit Tweed und Leinen und Leder, mit Microfaser, Kaschmir und Wildseide, in Noppen und Fischgräten, Frottee und Elastanzan angereichert im authentischen Fashion-de-luxe-Stil.

An der Kasse bezahlt Lisa – die Summe ist vierstellig – mit goldener Kreditkarte. Unbekümmert und selbstherrlich, wie FF nun mal ist, hat er damit keine Probleme. Freundlich nimmt er die Kartons entgegen.

Auf der Straße lädt er Lisa zum Dank an einem Eisstand zu zweimal Schoko-mit-Sahne ein. Sie schlecken eilig, trennen sich, denn Lisa hat noch drei Termine.

Tiefblauer Himmel, weiße, jagende Wolken, flitzende Bäume, vorbeirutschende Raststätten, Wälder, Täler, Höhen – das weite Land öffnet sich per Autobahn, der Geschmack der Freiheit, in etwa . . .

Doch der Mann am Steuer ist nicht *Marlboro-Man* in Prärieklamotten, Cowboyboots, der auf einer Pferdestärke ausruht und dabei eine raucht, nein, nicht mehr. Hinterm Steuer des Porsche 911, schwarz, offen, schnell, *gerentet*, sitzt in lässiger Haltung, aber mit wachen Nerven, ein Yuppie der edlen Art: Leinenhose, Kasch-

mirsweater, Fischgrätsakko, mit Bustelli-Sonnenbrille und Guru-Haarschnitt, glattrasiert und nach *Big Max* duftend, Golf und Tennis und etwas wie Big Business im Hirn. Einzige Formfehler: der verschweißte Ohrring und die Russenuhr am inneren Handgelenk. Er lacht und zeigt seine Zähne, denn FF hat volle Pulle abgehoben auf das neue Spiel, erprobt seine Wirkung seit Stunden an einer langbeinigen, bildschönen Anhalterin, die wie eine Stute erregt ihre blonden Haare wirft und wiehert, denn was dieser flotte Boß mit dem diamantbesetzten Ehering beim heißen Autobahnflirt an krassen Texten liefert, ist nichts fürs Poesiealbum.
Vor dem Autobahnkreuz Süd schert der rasende Porsche von der Überholspur, die Rechtsspur querend, aus auf den Raststättenparkplatz, FF öffnet Blondie die Tür und sagt mit robustem Lächeln: »Endstation, Baby, ciao.« Und ohne Telefonnummerntausch gibt er Gas, prescht in Pfeilrichtung davon, spult die Autobahnschleifen ab, noch fünf Kilometer Schnellspur, dann Ausfahrt und Abtauchen in den Schwarzwald.
Er fischt seine Mundharmonika hervor, und mit links holt er sich Honkytonk und Blues und Hillbilly ins Auto und ins Gemüt. Und weil die Strecke lang ist, grast er vom flippigen Nitti-Gritti-Dirt-Sound bis zum kettenschweren Blues alles ab, nur die Reise ins *Land der Imagination* will ihm nicht gelingen, Djangos irrlichternde Waldlichtung hält sich versteckt, überlagert von neuen Programmen, gestört vom zunehmenden Straßenverkehr.
Auf dem Hinweisschild: Baden-Baden. FF wirft die Mundharmonika auf den Beifahrersitz, kurvt ein in die

Schnellstraße Richtung Baden-Baden, drückt die Musik im Rekorder auf Start, bekommt unversehens eine Art Stromschlag:
Aus dem Rekorder, sehr nah, sehr lebendig, sehr cool die Stimme von Lisa: »Hallo FF! Hier noch ein paar Tips für die Seminar-Woche: Erstens Bestätigung: Du bist gebucht für das *Finanz-Knowhow-Seminar für Nichtfachleute.* Bitte nimm teil! Diese Erfahrung ist meines Erachtens immens wichtig zur Optimierung deiner Persönlichkeit.«
FF lacht schallend.
»Zweitens bitte merken:
a) Das Sporthotel besteht nicht nur aus Swimmingpool und Bierbar ...«
FF grinst, nimmt sich eine vorgefertigte Selbstgedrehte, zündet sie an.
»b) Die Teilnahme am Seminar, denk daran, muß mit schriftlicher Bestätigung belegt werden. In Klammern: wegen der Steuer ...«
FF amüsiert sich.
»c) In deiner Brusttasche steckt ein Minirekorder ...«
FF läßt die Selbstgedrehte im Mundwinkel hängen, tastet an der Brusttasche, zieht den Minirekorder raus, sieht ihn kurz an –
»... damit kannst du alles aufzeichnen und abfragen, was dir wichtig erscheint.
Und noch eins: Zur Technik von Konzentration und Memory-Training, bei Komplexen wie *Finanzanalysen, Cash-flow,* Interpretationen von ...«
Da hauts dir ja den Vogel raus! FF schaltet kopfschüttelnd und leicht genervt die Kassette aus. Stadtschild Baden-

Baden. Wo liegt das jetzt genau, dieses Sport- und Tagungshotel *Olympia*?

Das *Olympia*, werbewirksam ausgeschildert mit gekreuztem Tennis- und Golfschläger, einladend hingebreitet am Rande eines Golfplatzes, präsentiert sich als mit Betriebsamkeit erfülltes Fünfsterne-Investobjekt, bei dem Tagungen, Seminare und Sportturniere für Geldrückfluß und Amortisation stehen. Ein Luxustyp wie FF, mit Porsche, englischem Lederkoffer und italienischen Reisebags, liegt da genau richtig.

Nach dem Check-in erstmal ein Bier im Stehen an der Bar. FF kramt nach Zigarettenpapier, krümelt, rollt und leckt und entzündet die Selbstgedrehte mit Dunhillfeuerzeug in Gold, mit Pumakopf, ein Geschenk von Lisa.

Dann schaut er sich um und trifft auf zwei Katzenaugen, die ihn beobachten, als wäre er eine Maus. Die Katze, die zu den Augen gehört, ist eine mit aufregend gekreuzten Beinen auf einem Barhocker placierte Kupferrote – Tituskopf und eine Handvoll Sommersprossen, flammend rote Lippen, flammend rote Nägel, schätzungsweise dreißig, in Alta-Moda-Klamotten –, die gerade ihren zweiten Espresso bestellt.

FF leiert ein Gespräch an, auf italienisch. Si Si Si, sie ist Italienerin. Aus Mailand? Si si, aus Milano.

»Jetzt rat ich mal«, sagt FF, »Sie besuchen das *Finanz-Knowhow-Seminar für Nichtfachleute*, stimmt's?«

Die Italienerin winkt lachend ab: »O Dio mio! Nichts für mich! Ich bin gebucht für *Anwenderschulung der neuentwickelten Animations-Programme.*« Sie stolpert über das sperrige Deutsch, und FFs Mundwinkel beginnen zu spielen. Er schiebt sich näher, schiebt sein Bierglas mit, stellt sich vor: »Franz Ferdinand von Schloßberg.«

Sie gibt ihm ihre poppig aufgemachte Karte: Elena Boticina – Computer-Grafik – Milano.

Mit italienischem Drive legt sie los: »Ich bin voll Begeisterung! Diese neuentwickelten *Paint-PCs* sind einfach überwältigend! Die Funktionen sind praktisch infinitiv! Die Variationsmöglichkeiten beim *Ham Modus* bieten eine Skala von circa dreißigtausend Farben! *Fantastico!*«

FF ist echt interessiert, an diesen Paint-PCs und an dieser Frau: »Werden Sie mich mal an Ihre Geheimnisse ranlassen?«

Elena Boticina lacht: »O si si si ...«

FF, der gerade Feuer fängt, wird schnell kalt abgeduscht, als Elena Boticina mit Hallo und Küßchen einen Herrn begrüßt – graumeliert, hochgewachsen, markante Züge, gutaussehend, über fünfzig ...

»O amato mio!« Und italienisch weiter: »Ich habe ja soo auf dich gewartet, ohne dich schmeckt mir nicht mal der Espresso.«

Der Abend wird jämmerlich öde für FF. Der Swimmingpool ist ab neun geschlossen, im hypergestylten Gesellschaftsraum sitzen in Lederfauteuils diese Finanz-Eierköpfe, einer vom anderen das Abziehbild in teurem Grau, diskutieren mit kaltem Eifer Firmenstrategien, Liquiditätsplanungen, Budgetierungssysteme. Vor dem Gemeinschaftsfernseher zwei strenge Fachfrauen, die sich ein jammervolles politisches Magazin reinziehen.

Die Tennisgirls, die morgen das Match haben, sind alle schon im Bett.
FF begießt seine Einsamkeit mit Bier, vergrätzt den Barmann, der kein Fan vom FC Bayern ist, geht angeödet auf sein Zimmer, schaltet den Fernseher an – wieder das jammervolle politische Magazin. Genervt steigt er aus den Klamotten, auf dem anderen Kanal der übliche Brutalkrimi, er wirft alles auf den Stuhl, schmeißt sich nackt ins Bett, ruft Leisa an. Leisa meldet sich nicht. Wieso das? Wo ist sie? Er sieht auf seine Russenuhr. Halb zwölf. Er steht auf, holt sich Whisky aus der Minibar, geht wieder ins Bett. Der Killer wird jetzt per Car Racing gejagt. Bingo! Die ist ja heute nach Basel gedüst zu *Chemcon*. Er stellt das leere Glas hin. Gerade als der Killer mittels Durchschuß plattgemacht wird, fällt er in Tiefschlaf.

37.

Nach dem überdimensionalen Frühstück mit Speckeiern und Cornflakes und Grießflammeri mit Kompott und jeder Menge Kaffee, begibt sich FF zwangsläufig mit den anderen in den Seminarraum.
Man setzt sich an hochmoderne Stahl-und-Kunststoff-Tische, auf futuristische Stahlstühle, an jedem Platz das

Namensschild und die Tagungsunterlagen, wie mit dem Lineal ausgelegt. Der Seminarleiter begrüßt die Damen und Herren mit rhetorisch bewährtem Stimmorgan, informiert über den *IFM*-Wochenkurs, der Grundlagenwissen bietet, das auch den Nichtfachmann befähigt, aktiv an der finanziellen Unternehmensführung mitzuwirken. Die Seminaristen stellen Auge, Ohr und Hirn auf Empfangsfrequenz, FF benutzt dafür seinen Minirekorder, den baut er aktionsbereit vor sich auf.

»Ich als Ihr Trainer lege Wert darauf«, sagt der Mann mit dem erwähnten Stimmorgan, »in einer für Nichtfachleute verständlichen Sprache die wesentlichen Bereiche des Finanzmanagements zu behandeln, wie zum Beispiel: Bilanzierung, Bilanzanalyse, Cash-flow, Budgetierung, Deckungsbeitragsrechnung, Return on Investment ...«

Der *Finanz-Knowhow*-Vortrag rutscht an FF gewaltig vorüber. Er konzentriert sich auf die Betätigung des Minirekorders, drückt bei exotischen Fachworten jedesmal den On-Knopf.

Er drückt den On-Knopf: *Bilanzanalyse ...*

Er drückt den On-Knopf: *Bilanzkennzahlen ...*

Er drückt den On-Knopf: *Kapitalflußrechnung ...*

Er drückt den On-Knopf: *Gewinnschwellendiagramm ...*

Er drückt den On-Knopf: *Cash-flow ...*

Die spitzen Blicke der anderen Yuppies auf den ohrringtragenden Außenseiter mit den lachhaften technischen Manipulationen können FF nicht kratzen, er ist voll auf Trip mit dem Schnellschalt-Timing.

Am Mittagstisch, genervt von drei Eierköpfen, die bei Tomatensuppe und Wiener Schnitzel mit Pommes den

Fachvortrag wiederkäuen und sich beim Apfelstrudel über die geheimen Regeln bei der Vergabe von Firmenwagen für höhere Angestellte ereifern, beschließt FF eine Programmänderung.
Der kupferroten Italienerin, drei Tische weiter in Gesellschaft von Werbefritzentypen, macht er Zeichen, hebt den Arm, klopft mit dem Finger gegen die Russenuhr, zeigt zwei Finger hoch für die Uhrzeit, macht mit den Armen Schwimmbewegungen. Die Italienerin lacht, schüttelt den roten Lockenkopf, klopft auf ihre Uhr an ihrem erhobenen Arm, streckt fünf Finger hoch für die Uhrzeit. Er zeigt *Daumen hoch* für gebongt.
Das geringschätzige, versteckte Neidgrinsen der Tischgenossen kann er aushalten. FF fühlt sich sichtlich besser, bei Mokka und Cognac fragt er seine Kollegen, die Eierköpfe, nach Karriere und Zielpunkten aus. Was er zu hören kriegt an Jobdenken und Firmenversklavung hält ihn gerade für eine Zigarettenlänge, dann türmt er, wirft sich in seinen Porsche und radiert seinen Frust am Straßenpflaster ab.

Treffpunkt Swimmingpool. Fünf Uhr. Das Becken ist voll mit tobenden Tennisgirls, die ihren Streß abstrampeln. Ein paar Eierköpfe tragen ihre blasse Haut zur Schau.
Die kupferrote Elena Boticina, atemberaubend im schwarzen Hochglanz-Schwimmsuit, und FF, in sonnengelber Badehose, mit sonnengelbem Bademantel überm Arm, mit Outsider-Flair durch Tattoo-Rose und Ohrring, schlendern zur Palmenbar, tauschen Seminar-Erfahrungen aus, bestellen *Hotel Olympia*-Drinks.

FF hängt den sonnengelben Bademantel auf, fischt den Minirekorder aus der Tasche, sagt: »Jetzt zeige ich Ihnen mal, was Methode ist.« Sein Daumen drückt im Hackrhythmus die Wiedergabetaste, die Finanz-Schlagworte quäken aus dem Minirekorder:
Bilanzanalyse... Bilanzkennzahlen... Kapitalflußrechnung... Gewinnschwellendiagramm... Cash-flow... Break-even-Analyse... Zero Balancing...
Sie lachen wie die Kinder. Das Becken ist randvoll mit Schwimmern, sie suchen sich ein Plätzchen auf der Unterwasserbank am Beckenrand, erproben die Massagedüsen. FF ist Fachmann, er drückt Elena Boticinas schönen Körper mit starker Hand gegen die Bandscheibendüse, was sie mit einem genußvollen Aufstöhnen belohnt.
»Du mußt dich ganz entspannen, Elena«, sagt FF locker, »du wirst gleich merken, wie deine Computerstreßhaltung sich löst.«
Elena Boticina, überrascht von dem schnellen Du, entschließt sich, aufgedreht vom Holidaygefühl im sportlichen Ambiente, genauso überraschend schnell für die lockere Form. »Ich muß für dich auch etwas vorführen«, sagt sie, und FF lächelt, »meinen Zauberkasten – den neuen Animations-Computer ... *fantastico!*«
FF tippt vorsichtig an: »Auf deinem Zimmer?«
»Si.«
»Und dein Begleiter? Der graumelierte Herr?«
Elena zieht ein Gesicht, hält FF ihre Hand hin, an der ein dicker Brillantring blitzt: »Brillant hier – Mann fort!«
Und hinter hohler Hand: »... ist sehr verheiratet!«
»Und wie ist deine Zimmernummer?«

Und Lisa?

Lisa wird halb umgebracht von Wagner-Musik. Erste Reihe, erster Rang sitzt sie neben ihrem Vater, dem Opernenthusiasten Dr. Dr. Lorenz Mayer, und kämpft mit schmerzenden Füßen und Kopfweh gegen den gewaltsamen akustischen Anprall der *Tannhäuser*-Ouvertüre. Vor zwei Stunden zurück aus Basel, nach zwei Tagen auf den Beinen, wagt sie nicht, die geschwollenen Zehen von den Schuhen zu befreien, denn in die enggewordenen Pumps gäbe es dann kein Zurück mehr. Sie fischt nach einem Kau-Aspirin im Seitenfach ihrer Abendtasche, die knallvoll ist durch das hineingezwängte neuerworbene D1-Funkphone, knistert mit Papier – Anja hat ihr ein Foto durchgefaxt, aus der *Abendzeitung*, das will sie ihrem Vater unter die Nase halten. Sie schiebt diskret die Tablette zwischen die Lippen, kaut verhalten, schielt zum Vater, der, berühmt und gefürchtet für eiskalten Sachverstand und unnachsichtig strenge Haltung, jetzt gefühlsschwanger mit geschlossenen Augen die Wagnermusik wie ein Elixier in sich einfließen läßt.

Lisa hat hummelartige Roboter im Gehirn, die rotieren um die Projekte *Chemcon/Aliterm/VitA, Compumax, Dr. Mangold CVS,* um Bankauszüge, Gelddispositionen, steuersparende Vermögensbildung, Penthauskauf? *Hossmann!!* Zweitwagenkauf? ...

Sie fischt entnervt ein zweites Kau-Aspirin aus der Handtasche, knistert versehentlich mit dem Fotofax von Anja, startet einen Versuch, ernsthaft auf die Musik zu hören, die jetzt lyrisch wird mit einem Liebesmotiv, die Augen fallen ihr zu, der Kopf nickt nach vorn, davon

schreckt sie hoch mit einem kleinen Schnarcher, die Sesselnachbarin schaut zu ihr ... *O Gott, warum lebt man nicht als Nixe im See?*
Endlich ist die Ouvertüre zu Ende, das achtungsvolle Klatschen wird abgelöst von vibrierendem Raunen und unruhevoller Erwartung, denn was dem hochkarätigen Publikum heute abend vorgesetzt werden soll, wurde in den Feuilletons als kühnste Inszenierung des Jahres, als hochgelobter und bezweifelter Versuch zur Neuinterpretation des *Tannhäuser*, mit Relationen zum Jetzt und Heute, vorgefeiert.
Das erste, nachdem der Vorhang sich gehoben hat, das die Münchner schockt, ist die Venus im zur aktuellen Drogenhöhle umfunktionierten Venusberg, eine bekannte Sopranistin – fast splitternackt! Die herumwabernden, durch Frisuren und Kosmetik aktualisierten Nymphen: nackt oder halbnackt. Die modernisierten, herumliegenden Liebespaare: nackt oder halbverwest. Was Lisa am meisten schockt, ist der Tenor, sich windend in den Fängen der rothaarigen, nackten, Verführungszauber verströmenden Venus: Tannhäuser – im Armani-Anzug und mit Mozartzopf! Er sieht genau aus wie FF.
Eine unkontrollierte Welle von Eifersucht schießt in ihr hoch, bringt ihren Kopfschmerz zum Toben, treibt ihr das Wasser in die Augen. Was macht er? Wo ist er? Mit wem vergeudet er seine Zeit?
Lisa und Lisas Vater wenden im gleichen Moment die Köpfe, um auf den anderen einen kurzen, neugierigen Blick zu werfen. Die Augen treffen sich. Dr. Dr. Mayer ist geschockt von Lisas Augensprache: dunkel und naß, überquellend von gewitterschwüler Emotion. Lisa er-

kennt in Vaters Augen eine noch nie an ihm entdeckte, unverhüllte, blanke Lüsternheit, die er nicht schnell genug wegstecken kann. Ihr Vater, ein entflammbarer Mann? So hat sie ihn noch nie gesehen.

Eiligst drehen sich die Köpfe erneut zum Bühnengeschehen, verdrängen die wortlosen Enthüllungen, die jedoch unvergeßlich sind. Lisa verliert sich vollends im Anblick der singenden, liebenden, leidenden Zweitausgabe ihres FF. Das Publikum ist gespalten, die Klassiker murren, Progressive klatschen, zaghafte Buhs, aber alles wird zermalmt von der alles tilgenden, alleinherrschenden musikalischen Botschaft des Richard Wagner.

In der Pause endlich kann das Müncher Publikum Luft ablassen, Lisa und ihr Vater stehen mit Opernfreunden zusammen; bei Champagner und Vanilleeis mit heißen Himbeeren zeigt man sich irritiert, fühlt sich gewatscht, für dumm verkauft, kann die Parallelen von der göttlichen Venus zur tödlichen Drogenkonsumentin nicht nachvollziehen. Die Zeitgeistler loben die Inszenierung über den Klee, finden die Zeitbezüge überzeugend, denn Operndramen finden heutzutage in jedem Bahnhofsklo ihr Furioso!

Lisa zieht ihren Vater beiseite: »Ich will dir etwas zeigen.« Sie holt aus ihrer Tasche das Foto hervor, entfaltet es, hält es ihm hin und lacht: »Erkennst du ihn? Dein Schwiegersohn!«

Dr. Dr. Mayer sieht auf das Bild, ein Ausschnitt von *Leute* aus der *Abendzeitung*. Er liest halblaut den Text zum Foto: »Ebenfalls gesichtet bei der *Cartier*-Präsentation im *Vier Jahreszeiten:* die bekannte Unternehmensberaterin Dr. Lisa Mayer-von-Schloßberg, neununddreißig, mit ihrem Ehemann Franz Ferdinand, neunundzwanzig ...«

Er studiert das Foto wie mit der Präzisionslupe: »Dein Asphaltcowboy? Hätte ich nicht wiedererkannt! Wie hast du das gemacht?«

»Ich hab ihn in der Mache, wie du siehst«, erklärt Lisa mit Siegesbewußtsein, »er wird derzeit von mir umprogrammiert, und zwar total!« Und mit Genugtuung: »Er besucht gegenwärtig ein einwöchiges *Finanz-Knowhow*-Seminar, vom Institut für Finanzmanagement, und er fängt nächste Woche bei der *Dr. Mangold CVS* an.«

»Als was?« Mit skeptischem Unterton.

Lisa wählt die Vorwärtsstrategie: »Ganz nach dem neuesten Trend: Als innovativer Ideenträger, als Koordinator für Speed und Flexibilität ...« Als sie sieht, daß seine Mundwinkel sich für eine sarkastische Äußerung rüsten, sagt sie schnell: »Ich muß mal.« Lisa verzieht sich auf die Toilette.

Dort herrscht ein irrer Andrang, Taft und Seide rascheln, das Wasser rauscht, der Handtrockner surrt, man zieht die Lippen nach, pudert die Nase, parfümiert und kämmt sich, man fällt über die schamlose Sopranistin her, deren Nacktheit nicht Idealmaßen entspricht, bringt eigene Erfahrungen ein vom FKK-Strand, äußert sich hingerissen über den Tenor im Armani-Anzug und mit Mozartzopf ...

Lisa flüchtet durch Gänge, endet auf einem Absatz der Nottreppe, zieht ihr D1-Funkphone aus der Abendtasche, drückt die vorprogrammierte Taste vom Sporthotel *Olympia*, Baden-Baden, verlangt Franz Ferdinand von Schloßberg.

Der ist nicht erreichbar, ist nicht auf seinem Zimmer, nicht im Gesellschaftsraum, nicht an der Bar . . . Wo ist er? Was treibt er? Und mit wem?

Lisa hätte Zimmer 707 verlangen sollen. Da ist FF. Zusammen mit der attraktiven, kupferroten Elena Boticina. Er hat Spumantisekt aufs Zimmer gebracht, sie hat Käsespezialitäten aus Italien serviert. Was machen sie? Sie arbeiten!

Gepackt und gefesselt von der tausendfachen Variationsbreite der *Artshow-* und *Corel-draw*-Programme sitzen beide auf dem Boden vor Elenas PC. Elenas flammend rote Fingernägel flitzen über die Tasten und zaubern Formen auf den Bildschirm. Mit Hilfe der Versions-Anleitungen und ihrer Spickzettel aus dem Anwender-Seminar führt sie FF vor, wie mittels komplizierter, aber, wenn gekonnt, effektiver Anwendung bestechende Werbegrafiken und umwerfende Animationen zu verwirklichen sind.

FF fährt voll ab: Sein Kreativitätsbedürfnis wird hier mit Zuckerln aus technisch eingefangener Phantasie gespeist, als Zutat eine Frau, die ihn anmacht in Variationen von Rot: Kupferrot der Tituskopf, flammend die Lippen, vom Spumantisekt in Richtung Himbeere gerötet die Partien um die Wangenknochen, im burgunderroten Knittersamt und mit orangeroten Lacksandalen. Diese Alta-Moda-Farbpalette bringt FF zu der lustvollen Illusion, man könnte Elena anbeißen wie eine saftvolle Südfrucht.

Aber Elena Boticinas Interessen bündeln sich zur im Kopf geborenen Imagination. Elena ist Feuer und

Flamme für einen *Würfel!* Auf dem Monitor erscheint, von ihr eingetippt, ein Würfel, schwarz auf weiß.
»Der Würfel ist nur ein Würfel«, sagt sie zu FF, »aber du wirst sehen!«
Sie macht den Würfel erst blau, dann grün, dann rot, dann auf der einen Seite blau, auf der anderen rot, sie stellt ihn auf die Spitze, blau-grün-rot, sie dehnt ihn zum Balken, läßt ihn wieder schrumpfen, spiegelt ihn, verdoppelt ihn, dann zehn Würfel, gibt jedem Würfel eine andere Farbe, mischt die Farben, Würfel im Regenbogendesign ...
Sie kommentiert ihre Aktivitäten mit kataraktartigem Italienisch, und FF ist schlichtweg überwältigt von dieser sprühenden, technikstrotzenden Frau in delikatester Verpackung, Rot mit Sommersprossen.
Ohne Wenn und Aber versucht er, weil FF eben FF ist, ihr an die Wäsche zu gehen, aber nicht bei Elena, die lacht, klopft ihm auf die Finger.
»No, no, no, amico mio, *no!* Du bist süß, du bist sicher toll, aber *amore ...?* Keine Chance! Ich gestehe: Ich liebe nur, ganz allein nur Männer in ihren allerbesten Jahren. Die sind so fantastico: weiße Haare, aufrechter Gang, Lebenserfahrung, Liebeserfahrung, die haben Klasse, sind soo charmant, und soo reich!«
»Du weißt nicht, was du verpaßt, Elena«, antwortet FF selbstbewußt, aber Elena winkt ab.
»Du bist viel zu jung für mich, und weißt du was? Mit deinem Ohrring wirkst du kindisch.«
»Aber Elena«, ruft FF aus und wirft sich in den Sessel, »ich wirke nicht kindisch – ich bin kindisch!«
Sie lachen. Sie werden Freunde. Es wird eine Superwo-

che. Sie schwimmen, spielen Golf mit exzellentem Handicap, gehen italienisch essen, gehen ins Spielkasino, steigern sich gegenseitig hoch in Visionen von designermäßig Phantastischem, aber technisch Machbarem, und kommen am Ende sogar zu konkreten Objektideen.

O Gott, dieser Sägefisch Hossmann gibt nicht auf!
Lisas Nackenhärchen sind gesträubt, sie macht einen Schritt im Halbkreis, dreht sich aus Hossmanns Hand, die zudringlich auf ihrer Schulter liegt, mit dem Daumen intim in Lisas frisch geschnittenem Nackenhaar. Die befreite Hand fängt sogleich ihr Handgelenk ein, zieht sie von der großen Bildtafel ein Stück nach links, um nach Begutachtung der Grundrisse ihr nun die Perspektivgrafiken zu zeigen.
Lisa, nach außen tiefgekühlt, businessmäßig, und Immobilienhai Benno Hossmann, von ihrer Tiefenkühle angestachelt, nach außen machtbewußt, weil er hat, was sie haben will: das Penthouse am Hirschpark.
In einer Art Eiertanz bewegt sich Lisa ausweichend vor Hossmann her durch das weitläufige Chefbüro, geschätzte hundert Quadratmeter, ganz in Sahneweiß, mit Blick über die Stadt, mit Urwaldriesen, die per Großfoto die Sesselecke in Sahneweiß dekorieren. Er nimmt sie am Ellbogen, führt sie zu dem auf einem glasklaren Plastikwürfel aufgebauten Penthouse-Modellbau.
»Sehen Sie hier, Lisa ...« vom Ellbogen die Hand jetzt aufwärts am Oberarm mit Griff durch die Rohseide, sich hochschiebend in Richtung Achselhöhle, »unser Stararchitekt hat an alles gedacht.« Hossmann weist anhand des Modells auf Raffinessen hin.

Lisas Gehirn funkt ihr visionäre Wunschbilder:

FF und Leisa engumschlungen auf der Penthouse-Terrasse hoch über den Baumwipfeln

FF und Leisa in der Penthouse-Loggia bei Wein und Oliven

FF in Manager-Outfit, Designerhaarschnitt, klappernde Autoschlüssel

und Lisa an der Penthouse-Bar mit Begrüßungs-Champagner

FF und Leisa in der spanisch gekachelten Penthouse-Küche, kochen Chili con Carne

Leisa im Penthouse-Cockpit, nebenan zwei Sachbearbeiter im Consult-Büro

FF und Leisa vor der Penthouse-Glaswand im Kingsizebett . . .

Selbstdisziplin ist hier gefragt: Lisa, ermahnt sie sich, dies ist kein Hollywoodfilm!

Sie macht sich los aus Bennos Griff, wirft mit Zahlen und Fakten um sich, Hossmann antwortet mit Zahlen und Fakten, legt seinen Arm um ihre Taille, seine Hand ans geheime Speckröllchen, er schiebt Lisa zum Monitor, ruft Zahlen und Daten ab, informiert über Quadratmeterpreise, Finanzierungskonditionen, Bezugsdaten, Sondertarife der Hausbank, sie erfragt Nominalzins, Effektivzins, Tilgungsanteil, Steuerersparnis, Abschreibungsmodus. Lisas IQ berechnet, kalkuliert, überschlägt im Schnellverfahren die faktische Belastung – bei den horrenden Summen werden einem ja die Knie schwach!

Benno Hossmann zeigt seine Raubfischzähne: »Sie wissen, man reißt sich in München um ein solches Objekt.«

Lisa setzt sich (schwache Knie und Füße, noch von Basel

und der Oper) halb auf die Ecke von Bennos weißem Chefschreibtisch, entblößt dabei viel Bein.

»Wenn ich Ihnen das Penthouse zuschanze, dann, Lisa, dann werden auch Sie mir entgegenkommen«, Kater-Ton in Hossmanns Stimme, »sagen wir mal: Nächsten Monat? Zehn Tage auf meiner Segelyacht? Und in der *Casa del Sol* auf der griechischen Insel . . . ?« Seine Flosse auf ihrem Knie, sein Mund ganz nah, »nur du und ich?« Er leckt sich schon die Lippen.

»Nein«, sagt Lisa angewidert, »der Preis ist mir zu hoch.« Sie drückt den Rufknopf auf Bennos Schreibtisch, und sehr schnell, Benno kann gerade noch einen Schritt zurückmachen, als hätte sie auf Lauerposten gestanden, taucht Freiin Dagmar von Saßmann auf, Partnerin, Lebensgefährtin, Erfüllungsgehilfin, Alltagssklavin von Benno Hossmann, mit Immobilienlächeln und Fragezeichen im Gesicht, mit Weiberblick auf Lisa, halb auf der Schreibtischkante, mit sehr viel Bein.

»Frau von Saßmann«, sagt Lisa, »hätten Sie ein Glas Wasser für mich?«

»Mir einen Scotch, Dagi!«

Der Magen knurrt, und das ist gut so. Lisa hat sich die ganze Woche, da FF weg ist, mit Wasserreis und süßstoffgesüßtem Apfelkompott kasteit. Das ungeliebte Speckröllchen ist immer noch da. Gleich wird sie im *Lady's Gym-Slim*, beim Freitagstreff mit den Freundinnen, den regelwidrigen Fettzellen zuleibe rücken, wird sich mit Lust auf die stählerne Umarmung mit den unbarmherzigen Fitnessmaschinen einlassen.

Noch steckt Lisa im Straßenrückstau. Ihre strapazierten

Füße, in Strümpfen ohne Schuhe, treten seit zwanzig Minuten im Wechsel Gas, Bremse und Kupplung und reagieren mit Stechen in der Mitte der Fußsohle.
Ha! Diesen Sägefisch Bruno Hossmann mit seinen fetten Flossen! Den hat sie aufs Trockne gesetzt! Bennos Sklavin Dagi mußte ihm gleich einen Scotch holen. Den Luxustraum vom überteuerten Penthouse hat Lisa allerdings verabschiedet, sie ist zwar wahnsinnig, siehe FF, aber nicht geisteskrank.
Sie kontrolliert die Uhr am Armaturenbrett, vergleicht mit der Uhr am Handgelenk. »Verdammter Mist.« Drei Minuten Terminüberschreitung. Wenn sie etwas haßt, dann Terminüberschreitungen. Die Behelfsampel zeigt jetzt Grün, Kupplung und Gas, der Fuß sticht, der Arbeiter in Leuchtorange winkt sie mit italienischem Lächeln und mit Fähnchen in die Ausweichspur, endlich, freie Fahrt, zwei Blocks, dann rechts in die Tiefgarage, auf den für Frauen hell beleuchteten Parkplatz, da stehen bereits die Autos der Freundinnen. Lisa sprintet mit der Sporttasche zum Lift. Im Lift die erste Entspannung.
In der Umkleidekabine die Schuhe aus, zweite Entspannung. An der Mineral-und-Vitaminbar im neonhellen Stahl-und-Spiegel-Ambiente des Fitness-Eldorado erwartet Lisa bereits die geballte Ladung Frauenpower in Axel-Shirts und Sweat-Shorts: Paragraphenfreak Anja, Psychofachfrau Susanne, Optiklady Karin, Lifestylistin Maya. Als Lisa auftaucht, im schwarzen Cottenbody und mit schwarzrot geringelten Wadenwärmern, schreien sie laut »Hallo« und schwenken das Zeitungsblatt mit der Rubrik *Leute*.
Die Meinungen über FFs neues Styling weichen drama-

tisch auseinander. Lifestylistin Maya und die vernunftbegabte Anja finden die Kurzhaarfrisur schick und überzeugend, und Lisa bestätigt: »Die freigelegte Nackenlinie ist total erotisch.« Susanne und Karin jammern der Indianermähne nach und erklären Lisa zur Anpasserin, die vor der Gesellschaft kuscht und nicht zu dem Mann ihrer Wahl steht, den sie bei der Hochzeit groß präsentierte, und jetzt vor ihrer eigenen, vielbestaunten Kühnheit und Unbedenklichkeit einen Rückzieher aus Schwäche vollzogen hat.

Lisa fühlt den Stachel der Wahrheit. Das ist der Preis, wenn man Powerfrauen zu Freundinnen hat, sie nehmen leidenschaftlich Anteil, leben dein Leben als Zweitleben mit, treffen pistolenschnell Schwachstellen, die sie erbarmungslos wie mit dem Skalpell sezieren, begutachten, beurteilen. Sie entreißen Lisa zudem die absurden Begleitumstände, finden es witzig, daß Guru Mike Strohelm in eigener Person und nach Ladenschluß FFs Macho-Erscheinung zurechtstutzen durfte.

»Wahrscheinlich hat er FFs abgeschnittene Haare geflochten unter sein Kopfkissen gelegt!«

Nein, die hat Lisa in einem Anfall von Gewalt und Machtanspruch selber mit der großen Schere abgekappt. Sie amüsieren sich köstlich auf Kosten von Lisa. Und Lisa, die Entspannung sucht und Abstand von ihrer täglichen Ration Streß, atmet auf, als die Fitness-Chefin Fee Müller-Mühlen herankommt, eine Endsechzigerin mit Knittergesicht, aber tadellosem, durchtrainiertem Body, die wie eine Ballettmeisterin, die sie einst war, in die Hände klatscht und sie an ihre Martergeräte scheucht.

Wie jeden Freitag unterwerfen sie sich mit lustvollem Masochismus, liefern sich unerbittlich aus, lassen sich in die Knie zwingen, auf den Rücken pressen, unterjochen vom Übergewicht, bis der Körper am Schwitzen, der Puls auf hundertsechzig ist. Weiß Gott, die Maschinen haben mehr Power als die Männer! Ja, so empfinden sie ihre Freitagslust, außer Lisa, die denkt nur an ihr ungeliebtes Speckröllchen.
Am Ende stehen sie alle fünf nackt und aufgeheizt unter den heißen Duschen, knackig, fleischig, durchblutet, glänzende pralle Hinterbacken, aufgestellte Brüste, naß triefende Venuswinkel, vaginale Geschöpfe, gemacht zum Spermaempfang und Kinderaustragen. Aber alle fünf sind Expertinnen im Verhüten. *Was für eine nutzlose Verschwendung.* Das denkt Lisa und nimmt sich selbst nicht aus.
Heitere Entspannung ist angesagt, auch Lisa hat ein gutes Gefühl nach der Kampfrunde gegen die Fettzellen. Entspannung durch positiven Streß, so nennt Susanne das, Lisa setzt noch eins drauf, geht in die heiße Nadeldusche, dreht ruckartig auf kalt und produziert einen gewaltigen Aufschrei, ihr rosarotes Weiberfleisch färbt sich knallrot, sie flüchtet aus der eiskalten Benadelung, patscht zum Whirlpool und steigt extra langsam mit hochschwellendem Glücksgefühl ins brodelnde, prikkelnde, gemütliche Sitzbad.
Damenkränzchen zweiter Teil. Mit Schnattern, Kichern und Glucksen wird das hemmungslose Talkie-Talkie fortgesetzt.
Lauter als das Whirlpoolgeplätscher ist das ausgiebige Gelächter. Die, die das Gelächter erzeugt, ist Lisa, bei

der Schilderung von Benno Hossmanns Spezialgriffen: Hand vom Ellbogen aufwärts und Einschieben in die Achselhöhle, bei Hand-auf-Schulter simultan den Daumen kraulend in den Haaransatz, bei Hand-um-die-Taille Abtasten etwaiger Speckröllchen, bei Hand-auf-Knie zugleich schmatzbereit Lippen lecken ...
Sie lachen sich kaputt. Lisa ist witzig und locker, so kennen sie Lisa überhaupt nicht. »Du hast dich wahnsinnig verändert, Lisa! Sonst warst du bei jedem Pieps gleich auf der Palme.«
Psychofachfrau Susanne hat auch gleich die tiefenpsychologische Erklärung parat: »Zwei heterogene Substanzen, in diesem Falle Lisa und ihr FF, im Prozeß der Verschmelzung zu einer Einheit begriffen, da gibt es zweierlei gleichzeitige Konsequenzen: A) Explosionsartige Abstoßungsreaktionen und B) Fruchtbare Fusionen als Vereinnahmung von Wesentlichem des anderen in die eigene Wesenheit.« Das war von Susanne durchaus ernst gemeint, aber das Gelächter ist schallend und unbarmherzig unernst.
Lisa sagt: »Ich will gar nicht wissen, was das im Klartext heißen soll.«
Aber Susanne liefert den Klartext: »Du, Lisa, und dein FF, ihr akzeptiert und übernehmt einer vom andern die Eigenschaften, die ihm gefallen. FF hat eine heitere, unbesorgte Weltsicht, und siehe – auch unsere Lisa kann neuerdings über Dinge lachen, die sie früher nur genervt hätten.«
»Und FF?« fragen die anderen.
Lisa klärt sie auf: »FF absolviert derzeit ein *Finanz-Knowhow-Seminar* vom Institut für Finanzmanagement

in Baden-Baden.« Da staunen sie. Und mit Genugtuung: »Nächsten Montag fängt er bei der *Dr. Mangold CVS* in der Chefetage an!«
Da sind sie sprachlos. Und in die Stille Susanne mit der Konklusion: »Wie ich gesagt habe: FF übernimmt von Lisa den Ernst des Lebens!«
Das Prusten und Lachen geht erneut los. Und auch die Vorwürfe. Anja formuliert, was alle als negativ empfinden, als wunden Punkt sozusagen: »Lisa, wir können dir nicht verzeihen, daß du nach einmaligem Vorzeigen zu deiner Hochzeit uns deinen Ehemann total vorenthälst, ihn versteckst und geheimhältst.«
»Da mußt du uns schon plausible Gründe nennen.«
Das ist der Preis, wenn man Freundinnen hat, die alles wissen wollen und deren Sport es ist, daß ihnen nichts entgeht. Sie wirft ihnen als Bonbon die Zusage hin zu einem gemeinsamen Abendessen mit FF, nur damit sie kuschen und nicht weiterforschen. Denn alles wird sie ihnen zum Zerreden nicht auf die Nase binden, wie verschwiegene Momente der Verzückung, wie Juchzer auf der Waschmaschine und mondbeschienene Wasserspiele, die bleiben bei Lisa im Geheimfach.

Heute oder morgen kommt FF zurück. Bei ihm weiß man nie . . . Lisa auf Einkaufstour, erst im Spirituosenladen (ein Wein von der Rhône, ein Wodka für FF), dann im Delikatessenshop (Oliven und Pistazien, für FF Zigeunerchips und Mexikanischer Bohnentopf), in der Drogerie (Cockpitspray, Chromputzpaste fürs Cockpit, Rasierwasser von *Lagerfeld* für FF), im Supermarkt (Sa-

lami für FF, Edamer für FF, Butter und Bauernbrot für FF, ein Kasten Weißbier für FF).
Und als ein Extra: eine feuerrote, hochglänzende, kostspielige Überraschung für FF!

Der diamantschwarze BMW, vollgetankt, gewaschen und poliert, mit Wochenendeinkäufen beladen, wird von Lisa in die Tiefgarage Holbeinstraße vier gefahren, sie schaltet die Scheinwerfer ein, steuert ihren Stellplatz an. Das erste, was im Lichtpegel aufscheint, ist der Leih-Porsche 911, Cabrio, bis obenhin verdreckt, nach einer offensichtlichen Offroad-Rallye schlammverziert – mit Fuchsschwanz an der Antenne.
Ärger und Entzücken verschwistern sich: FF ist wieder da!

38

Das erste, worüber Lisa beim Betreten ihrer Wohnung stolpert, ist der Kasten Bier bei der Tür, den quergestellten Lederkoffer umgeht sie, steigt über die hingeschmissenen Schuhe und Socken, die Autokarte, die Motorzeitschrift, das Fischgrätsakko, arbeitet sich vor bis zum Kingsizebett, wo FF (FF! FF! FF!), in Unterhosen, glattrasiert, frischgeduscht, duftend, die Haare widerborstig aufgestellt, den Teddy als Nackenstütze, die *Bild*-Zeitung in der Hand, im unbekümmerten Tiefschlaf verweilt und die Tattoo-Rose auf der Brust zur Ansicht freigibt.

Lisa steht am Bettrand, ihr Herz klopft im FF-Rhythmus. Sie geht in die Hocke, küßt ganz vorsichtig die Rose auf seiner Brust. FF ist sofort hellwach: »Leisa!« Seine Arme greifen nach ihr, und ehe sie »Ach« sagen kann, liegt sie der Länge nach im Citylook mit Brille und Pumps festgeklammert auf dem Mann ihrer Wahl. Ehe sie nochmals »Ach« sagen kann, ist sie im Großangriff ausgezogen und vernascht worden. Die Brille und die Pumps liegen links vom Bett, und rechts der Teddy mit verlorener Zipfelmütze.

Nach einer Weile fragt Lisa, mit leichtem Nachzittern in der Stimme: »Wie war das Seminar?«

FF legt seine Hand auf ihren Bauch: »Leisa, du kannst stolz auf mich sein! Ich bin ein absolutes As im Memory-Training.« Er setzt sich auf, beginnt mit dem Abrattern von Fachterminologie, tippt bei jedem Fachwort frech auf Lisas bloßgestellte Merkmale:

Bilanzanalyse – Tip auf die Nase,

Kapitalflußrechnung – Tip auf die Brustspitze,

Cash-flash – Tip auf die andere Brust.

»*Cash-flow!*« verbessert Lisa.

»Okay, *Cash-flow*«, sagt FF und fährt fort:

Gewinnschwellendiagramm – Tip auf den Nabel,

Return on Investment – Lisa erwartet den Tip aufs Dreieck, doch seine Männerhand greift voll hinein ins Glückszentrum, es ziept gewaltig, und Lisa schreit »Aua!«

FF lacht laut, beugt sich zu ihr und küßt im Nachgenuß ihr zartes, pralles Fleisch, das ihn, was leider selten ist, ohne BH unterm T-Shirt mit Zittereffekt so gnadenlos ausflippen läßt.
Zwischendurch gibt er ein Statement ab: »Dein ganzes Fach-Abrakadabra, alles für mich null problemo . . .«
Lisa will genauere Information. »Was war noch im Seminar?«
FF richtet sich auf. »Das Tollste, das waren die neuen Animations-Programme, supergeil: mehr als zweiunddreißigtausend Farben, Verfärbungs- und Transparenteffekte, infinitive Darstellungsfunktionen. Designertechnik vom Feinsten.«
Jetzt setzt sich auch Lisa auf und fragt mißtrauisch: »Das war doch nicht im Rahmen des *Finanz-Knowhow-Seminars?*«
»Nein«, FF tut harmlos, »bei dieser italienischen Designerin, Top-Frau, aus Mailand, kupferrote Haare . . .«
Lisa signalisiert Eifersucht: »Eine Mailänderin? Rothaarig?«
»Ich sage dir, die bringt Sachen mit ihrem *Corel-draw-Programm*, einfach irre. Damit könnte man marketingmäßig die größten Nummern durchziehen. Ich mache die Vorhersage: Ich werde Visionen umsetzen! Mit links!«
»Und die hat dir Animationstechniken gezeigt?«
»Ja.«
»Auf ihrem Zimmer?«
»Na ja . . .«
Lisa zieht die Augenbrauen zusammen wie ihr Vater, und die vom Vater geerbte steile Falte schnellt hoch,

da quäkt der Anrufbeantworter. »Frau Dr. Mayer-von-Schloßberg, sind Sie zu Hause?«
Dr. Mangold! Lisa sprintet zum Cockpit, nimmt den Hörer: »Ja, Herr Dr. Mangold ... Moment bitte, bin gleich wieder da.« Sie sprintet zum Bad, denn es ist ihr peinlich, splitternackt mit Dr. Mangold zu telefonieren, erwischt den roten Kimono und spurtet zurück zum Telefon.
FFs Kitsch-Ader wird punktgenau getroffen, die High-Tech Queen total exotisch, total erotisch mit Halbwelt-Flair wie aus der Hafenbar, ein wohlgefälliges Lächeln verbreitet sich auf FFs glücklichem Gesicht.
»Da bin ich wieder, Herr Dr. Mangold, die Betriebsanalyse ist schon ausgedruckt ... Ja, Ihr Fax habe ich erhalten. Ja! Geht in Ordnung ... am Montag.«
Sie dreht sich zu FF, hält die Hand über die Sprechmuschel: »Du fängst Montag bei Dr. Mangold an.«
FF geht hoch: »Was?! Bei Dr. Mangold?! Du tickst wohl nicht richtig!! Als *was* denn?!«
Er wird lauter, Lisa hält die Telefonmuschel zu. »Kommt überhaupt nicht in Frage! Montag ist Fußball, Bayern gegen Hertha BSC!«
»Der Vertrag ist schon unterschrieben!«
FF explodiert, verfällt in Straßenjargon: »Ich pack's nicht! Du bist der totale Abschuß – aber echt! Manipuliert hier rum wie 'n Hammer auf der Weide!!«
Auch Lisa regt sich jetzt so auf, daß sie gegen alle guten Sitten den Hörer auflegt, mitten im Gespräch. Sie ist auf hundert: »Wir haben fünfzigtausend im *Soll*! Die Firmen machen alle nur Teilzahlungen. Was denkst denn du, was das alles kostet. Die Leasingraten! Dein Finanz-

seminar! Deine Designerklamotten ...« Sie schnauft erregt durch. »Deinen Sportwagen muß du dir schon selbst verdienen!!«
»Sportwagen!? Was für'n Sportwagen?«
Lisa hält FF einen Hochglanzprospekt unter die Nase: Sportwagen, ferrarirot, schwarzes Leder, die rote, glänzende, kostspielige Überraschung!
Sie hält die Autoschlüssel hoch: »Zwei Bedingungen: Du fängst Montag bei Mangold an. Und: Der Ohrring muß weg!«
FF rastet aus: »Der Ohrring ist verschweißt! Der ist meine *Hundemarke!!* Du hast es immer noch nicht kapiert!«
»Mit Ohrring kein Sportwagen!«
»Ich glaub', mir haut's den Vogel raus! Das ist ja primitiver Kuhhandel! Latrinenniveau – auf stinkfein!!«
Lisa hält tapfer die Position, sie denkt an Djangos Worte: Ein Puma braucht, damit er sich nicht selbst verliert, einen, der ihn in die Realität zwingt. Sie will argumentieren, aber FF überschreit sie:
»Deinen Dr. Mangold und seine Computer-Vertriebssysteme kannst du dir sonstwo hinstecken!«
Er wird noch lauter: »Und den Vertrag nimm bitte als Klosettpapier!«
FF reißt ihr die Autoschlüssel aus der Hand, reißt das Fenster auf, wirft die Autoschlüssel aus dem Fenster, steigt mit Affenzahn in Jeans und Boots, nimmt seine Bomberjacke, knallt hinter sich die Tür zu.
Lisa sitzt da wie gesteinigt. In ihrem hochroten Seidenkimono mit goldenem Drachen, in einem Klamottenchaos wie nach einem Tornado.

Der Anrufbeantworter quäkt, das Fax pfeift, Botschaften mit Piepsen und Schnarren, mit roten und gelben Signalen . . . aber Lisa sieht und hört nichts.

39.

Wenn Lisa nachdenkt, dann ist das eine blitzschnelle Angelegenheit, ihr IQ erfaßt alle programmierten Werte und Unwerte, knackt das Problem auf intellektuelle, logische und nahezu mechanische Weise, bietet im Schnellverfahren Lösungen zur Auswahl an.
Hier aber ist Lisa konfrontiert mit einem Problem ganz anderer Art, einem gordischen Knoten, einem Wirrwarr aus konträren Elementen, da ist das Emotionale, ganz stark, ungeeignet für Patentlösungen: Liebe, Sinnlichkeit, sexuelle Besessenheit (ja, sie gibt es vor sich selber zu), da ist kühles Kalkül (den Mann mit Erfolgsgewähr in die Industrie integrieren) und fast etwas wie Begönnerung (seine ungenutzten Talente zur Entfaltung bringen), ihre bossige Art (das verträgt seine Selbstherrlichkeit nicht), da ist ihre Spielsucht (die Wette gegen den Vater), Egoismus (sie will ihr Spielzeug nicht einbüßen, den Mann als Hobby), Angst vor der Meinung der anderen (der Vater, die Freundinnen, Dr. Mangold, Edelgart . . .), Grauen vor der Häme der Gesellschaft, die

nach dem Tritt gegen das Schienbein auf das Scheitern ihrer Ehe nur lauert.
Unbemerkt und unbeachtet von Lisa ist es inzwischen stockfinstere Nacht, nur die bunten Signale geben Orientierung. Lisa hat profunde nachgedacht, hat ihre tiefsten Tiefen befragt, eine Zeitlang wie betäubt im Erschöpfungsschlaf verbracht, ist völlig kopflos aufgewacht, aber dann, aus dem schlaftrunkenen Kuddelmuddel, faßt sie einen Entschluß.
Sie steht auf, um Licht zu machen, stolpert über den quergestellten Koffer, dann über FFs Schuhe. Aber das ist alles überhaupt nicht wichtig, nur eines . . .

Und FF?
FF spielt Billard. Ist nach langer Pause ins Stroganoff heimgekehrt, hat den Spott der Kumpels über die Einbuße seiner Langmähnigkeit stoisch hingenommen, hat Stroganoff-Chef Ivan nur maulfaul gegenübergestanden, spielt jetzt Billard, allein und mit düsterer Miene, und kaut an seinem Problem.
Erst haben sie sich dazugesellt, die Easyrider, die Kumpels, mit Billardstöcken, startbereit und mit Witzen und den letzten Undergroundnews, zu einer Partie Poolbillard. Er hat sie alle verscheucht. Also lassen sie ihn in Ruhe; mit den Sensoren von Leuten, die sich mehr auf Instinkt und Riecher als auf Gesetz und Regeln verlassen, erspüren sie seine verschärfte Gemütslage, respektieren seinen Solotrip.
Außerdem wird Fußball angepfiffen. Sie mauern vor dem hochgehängten Fernseher, schlucken Bier und Schnaps, lassen sich hochschrauben von der Spannung,

lauern auf das erste Tor, um dann die Sau rauszulassen. Es riecht nach Hammel und nach Kohl. Balaleika und schluchzende Lieder trotz Fußball. Ivan kurvt durch sein Lokal, die Petersburger Engel bedienen hinter der Theke, am hintersten Tisch, wie immer, der dicke Iraner und der krächzende Schweizer mit der Goldrandbrille.
Der brodelnde Underground beruhigt FFs Nerven, aber mit Nachdenken ist er noch lange nicht fertig. Und die Erkenntnis, daß da ein paar Fäden gerissen sind, daß er nicht mehr ohne Wenn und Aber im Stroganoff zu Hause ist, macht das Ganze nicht leichter.
Dann wird alles schwarz, denn zwei Hände, die krassen Veilchenduft verströmen, halten ihm von hinten die Augen zu, und eine Stimme flüstert: »Rate, wer dich immer noch liebt . . . !«
FF fegt die Hände weg, schnellt herum, und schon hängt sie an seinem Hals, Babsi, sehr jung, sehr schlank, immer noch sehr vertraut, mit ihren schwarzen Kringellocken und in glänzendem Leder, mit Stuten-Flair. Er packt sie bei den Rippen, hebt sie hoch, will sie wegstellen. Sie klammert sich mit ihren Händen an seinen bloßen Hals, und während er sie losreißt, sagt sie giftig: »Das war *sie!* Deine Tussi aus der Chefetage, die hat dich beschnitten, daß es einer Sau graust!«
FF stellt sie grob auf den Boden, macht ein hartes Männergesicht, wie sie's noch nie an ihm gesehen hat: »Ich geb dir 'nen Tip, Babsi: Ich will nicht angequatscht werden. Sonst krieg ich 'n echten Anfall!«
Babsi trollt sich mit Schmollmund.
Beim Spiel Bayern gegen Stuttgart fällt das erste Tor.

Grölen, Schreie nach noch mehr Bier. FF nimmt keinen Anteil und spielt weiter einsam Billard.
Auf einmal setzt sein Herz aus, einen Herzschlag lang. Lang genug, um tot umzufallen, wie FF meint. Der Grund der Herzattacke: Leisa steht am Billardtisch, in seinen alten Jeans, in T-Shirt ohne BH. Sie greift ohne ein Wort nach einem Billardstock. Schweigend, verstockt spielen beide Billard. Sie macht einen Stoß, er macht einen Stoß. FF schiebt Lisa wortlos zur Seite, um die Kugel ins Visier zu nehmen.
Ivan beobachtet das verbissene Spiel mit Mißbilligung, sein großes Russenherz hält es nicht aus, er verschwindet in der Küche.
Lisa und FF, im Trotz verkapselt, blaß und genervt, von der Körperchemie einander zugetrieben, vom Hirn an die Kette gelegt, sind auf Rettung von außen angewiesen.
Das Stroganoff wäre nicht das Stroganoff, wenn nicht hier mit russischer Weitherzigkeit arme Gestrauchelte ihrem Heil würden zugeführt werden können . . .
Ein vollbeladenes Tablett: dampfende Pellkartoffeln, Kaviar, Wassergläser, eine Flasche Wodka. Ivan hält das schwankende Tablett FF und Lisa unter die Nasen. Und eine Sturzflut russischer Vorhaltungen ergießt sich über FF. Das hört sich nach etlichen Kopfnüssen an. Dann holt Ivan tief Luft, und mit überschwenglicher Liebenswürdigkeit wendet er sich an Lisa: »Frrau Leisa! Wunderrschönes Ebenbild von geliebtes Zaarrin . . . nicht ärrgern über FF – err ist wie err ist: Schlauerr Dummkopf.« Er hebt das Tablett: »Hierr Verrsöhnungsessen!«

Lisa und FF sind gerührt und setzen sich an den Tisch mit der Rundbank, Ivan gießt Wodka in die Wassergläser, hebt sein Glas: »Nasdarowje!«

Sie kippen ex, Lisa schüttelt es.

Vor dem Fernseher schreien sie »Tooor!« und Ivan verzieht sich dorthin.

Lisa und FF sitzen sich gegenüber, schweigen sich an.

Endlich sagt Lisa: »Du brauchst nicht zu *Mangold*, ich habe den Vertrag zerrissen.«

FF sagt: »Doch – ich gehe zu Mangold ...«

Lisa: »Nein.«

FF gießt Wodka nach. *»Doch!«*

Sie verstummen wieder, essen Pellkartoffeln und Kaviar, trinken ziemlich zügig Wodka.

Lisa sagt: »Nein. Es war dumm von mir.«

»*Doch* ... Ich mach's.«

»Nicht nötig.«

Sie essen und trinken stur und stumm.

Vor dem Fernseher geraten sie in Ekstase: Drei zu Null für den FC Bayern! »Ivan! Noch 'ne Lage!«

Lisa, in alkoholischer Erleuchtung, sagt: »Ich habe die Wette verloren ... *jawohl*, ein *Herzbube* ist er. Jawohl. Aber kein *As*!«

FF fragt mißtrauisch: »Was soll das heißen? Das kapiere ich nicht.«

»Kein Kommentar.«

FF kehrt seinen Trotz heraus, gießt Wodka nach: »Ich gehe zu Mangold. Es macht mir *Spaß!*«

Lisa, stur auf ihrer Linie: »Ich werde morgen absagen.«

FF, alkoholisiert: »Du willst mir versauen, was mir *Spaß* macht?!«

Lisa, ebenfalls benebelt, fragt ungläubig: »Es macht dir *Spaß* als Manager bei Mangold?«
FF: »*Jaaa!* Verdammt *Ja!*«

40.

Ein Sonntag im Bett. Ein bayrischer Hochsommertag mit eiskaltem Schnürlregen. Einen ganzen Sonntag im Kingsizebett? Und ganz ohne Sex? Na ja, Lisa kaut Kau-Aspirin (der Wodka!), trinkt literweise Pfefferminztee, fühlt sich k.o. von ihrem emotionalen Kuddelmuddel und von der Zitterpartie mit FF, seinen Zusagen und Absagen und Zusagen in bezug auf seinen Einstieg als *Shootingstar* bei Mangold.

Und FF? Er hat die seelischen Purzelbäume und den Wodka im Stroganoff längst verdaut. Mit der Unruhe eines Hengstes vor dem Start auf der Rennbahn, liegt er neben Lisa und gibt nervöse Impulse ab. Er stopft sich voll mit Salami und Bauernbrot, Bier, Käse und Bananen, macht Fett- und Obstflecke auf Lisas Faltblätter, die ihm zur Orientierung dienen sollen, bei seiner Aufgabenstellung bei *Dr. Mangold CVS*. Laut und mit vollem Mund verliest er erstmal die Titel:

»Organisations-Entwicklung – Komplexitäts-Management – Chaos-Organisation – Krisen-Controlling – Flexibilitäts-Steuerung – Logistik-Optimierung – Objekt-

Orientierung . . . Alles klar«, kommentiert er und holt sich noch ein Bier, »ich werde Mangold und seine Mannschaft mit *Effizienz* und *Kompetenz* schon auf Trab bringen.«

Mit einer neuen Portion Salami und der Bierflasche wirft er sich ins Bett, daß Lisas Kopfschmerz heftig protestiert. »Ißt du denn gar nichts? Das ist schlecht für die Nerven.«

Lisa verkündet stolz: »Ich habe einskommafünf Kilo abgenommen, als du weg warst.«

Das alarmiert FF: »Hoffentlich nicht an den falschen Stellen!« Er setzt zur sofortigen Untersuchung der Oberweite an und macht Fettflecke auf Lisas Designernachthemd. Sie schiebt seine Hände weg.

»Du darfst nicht einfach mit Schlagworten um dich werfen, du mußt immanent effektiv handeln, sonst bist du unglaubwürdig.«

»Und wie soll das gehen?«

»Ich gebe dir pragmatische Verhaltensregeln.«

»Na, dann leg los, aber schnell, in dreißig Minuten ist Sportschau.«

Lisa setzt sich auf, rattert im Telegrammstil erstmal Grundsätzliches ab: »Die Firma ist illiquide. Unnötige Kapitalbildung durch zu hohen Lagerstand. Der Chef ist nicht sehr gesund. Das Personal ist nicht innovativ, es herrscht Beamtenmentalität. Der ganze Laden muß total umgekrempelt werden, um den *Turn Around* vor dem Konkurs zu schaffen.«

»Aha«, sagt FF.

»Hier ist wesentlich mehr erforderlich als nur Firmenkosmetik.«

FF sagt: »Aha.« Er dreht den Unterarm und sieht schon wieder auf die Russenuhr. »Und wie soll ich das morgen machen?«

»Als erstes das Prinzip: *In der Ruhe liegt die Kraft.* Sage das Jedem, setze klare Ziele und: *Lasse die Anderen arbeiten!*«

»Okay, und weiter?«

Lisa müßte eigentlich mal (der viele Pfefferminztee!), aber sie kneift lieber zusammen, ehe etwa FF zur Sportschau abtrudelt. »Erste Handlung morgen: Du läßt dir das *Firmenorganigramm* geben und die Personalakten der Hauptabteilungsleiter mit Lichtbildern. Im *Memory Training* bist du ja stark: Du prägst dir Namen, Aussehen und Funktionen ein, und gewisse Lebenslaufdaten, sehr wichtig.«

»Mache ich mit links.«

»Du lädst die folgenden Hauptabteilungsleiter in dein Büro, und zwar von *Finanzwesen, Vertrieb, Einkauf, Logistik, Personalwesen.* Fünf Stück. Kapiert?«

Da ist wieder ihr bossiger Ton, der nervt ihn. Er gähnt ausgiebig und leiert dann ab: »Eins *Finanzen,* zwei *Vertrieb,* drei *Einkauf,* vier *Logistik,* und fünf *Personal*!« Mit schiefem Lächeln: »Gut so?«

»Es wird schon noch interessant und da ist Talent gefragt: Du begrüßt jeden mit seinem Namen, plus Doktor, so er hat, und machst eine persönliche Bemerkung zu seinem Lebenslauf.«

»Zum Beispiel?«

»Zum Beispiel: Aha, Sie haben in Augsburg studiert. Oder: Sie waren bei Siemens beschäftigt . . . Damit sind sie dann schon beeindruckt und zugleich verunsichert.«

Dieses Spiel gefällt FF schon besser, er vergißt das Gähnen, den Blick auf die Uhr, sogar die Sportschau. Er vereinnahmt problemlos, was Lisa vorschlägt: daß er sofort verkünden soll, er werde einen neuen Führungsstil einführen, daß er fragen soll, wobei das Zauberwort ›Was schlagen Sie vor?‹ heißt, daß er, wenn einer zu lange redet, ihm das Wort nehmen soll, um es gleich an den nächsten zu richten: ›Wie finden Sie diesen Vorschlag? Ist das auch Ihre Meinung?‹ . . .
Lisa holt tief Luft: »Wenn er seine Meinung geäußert hat, sagst du: *›Ist das alles? Da fällt Ihnen doch sicher noch mehr ein, oder? Das kann doch nicht alles sein!‹*«
FF haut sich klatschend auf den Oberschenkel und läßt eine abgrundtiefe, zustimmende Lache hören: »So wird also *Big Business* gemacht! Ha! Kinderspiel!«
Lisa: »Es ist der alte Trick: Beeindrucken. Verunsichern. Die Anderen arbeiten lassen.«
Lisa richtet sich weiter auf, kniet jetzt auf einem Kissen, sie ist high, ihre Augen blitzen, ihr Kopfweh ist weg, sie tippt wie auf einem Terminal in ihren Ehemann die neue Programmierung ein. Sagt, wie er handeln, wie er fragen, wie er sich bewegen soll. Und der reagiert wie ein High-Tech-Computer. FF spuckt die Software aus ohne Wenn-und-Aber: »*Finanzwesen*: Herr Dr. Dingsbums, wie lange sind wir noch liquide? Was schlagen Sie zur Verbesserung des *Cash-flash* vor?«
»*Cash-flow!*« verbessert Lisa.
»Okay: *Cash-flow! ... Logistik:* Senkung der Lagerbestände um dreißig Prozent. Ihr Vorschlag, Herr Sowieso, wie und bis wann wird das Ziel erreicht? *Vertrieb:* Liegen wir mit unserem Produktsegment richtig? *Einkauf:* Nut-

zen Sie in vollem Maße *Global Sourcing?* ... Äh, und was war jetzt Nummer fünf?«

»Personalchef ... Aber warte, hier kommt jetzt der Zwischensatz«, Lisa, auf ihren Knien, unterstreicht ihre Worte mit Gesten, ihre Oberweite unter dem dünnen Nachthemd vibriert ansehnlich: »Meine Herren, *Kostenmanagement* ist der erste Schritt zur Sanierung! – Peng! *Prinzip Hoffnung.*«

»Okay. Also weiter: *Personalchef:* Bitte prüfen Sie, inwieweit ein Drittel aller Gehälter der Führungskräfte *erfolgsabhängig* gestaltet werden kann.« FF läßt wieder seine Lache raus. »Ich packs nicht! Da wirst du ja echt machtgeil!«

Lisa: »Weiter!«

»Ich erwarte hierzu selbstverständlich Ihr Einverständnis. Ich erwarte die Vorlage von Zielsetzungen mit prozentualer Bewertung – äh, bis morgen – für das Erlangen einer persönlichen Prämie!«

Lisa, mit Zeigefinger auf und nieder und mit wippendem Busen: »Du wirst sehen, wenn es ums eigene Geld geht – wie sie für dich arbeiten werden!« Sie fügt anerkennend hinzu: »Du hast einen ziemlich guten Intelligenz-Quotienten.«

FF lacht, er schubst sie spielerisch um, daß sie seitlich ins Bett zurückfällt, sagt: »Ich habe nicht nur einen guten IQ, Leisa!«

In der Nacht schreckt FF panisch hoch aus einem perversen Traum: Ein Richter in Robe und mit dem hochroten Gesicht von Dr. Mangold verkündet das Urteil: *Abrakadabra*, lebenslänglich! Vor Mangold steht Leisa, in der Uniform einer Strafvollzugsbeamtin, einen Computer auf Mini-Rädern, wie einen kleinen Hund an der Kette. »Nehmen Sie das Urteil an, Franz Ferdinand von Schloßberg?« fragt der Richter den Computer an der Kette.

FF geht kalt duschen. Er hockt sich ans gasbetriebene Kaminfeuer, raucht nachdenklich eine Selbstgedrehte, fährt sich durch die kurzgeschnittenen Haare. *Bullshit!* Er wirft die Kippe ins Feuer. Das ganze Leben ist Bullshit, beknackt, verzwickt, abgepackt in Zwangsjakken ...

Er geht in die Küche, fahndet nach Schnaps, die Salami liegt ihm im Magen. Er kramt nach Eßbarem, ganz egal, Mixed Pickles oder Thunfisch. Von Lisas Wochenendeinkauf ist außer Bier nichts mehr da. Alles, was er findet, ist süßstoffhaltiges Apfelkompott und in einer unteren Schublade eine sonderbare Plastiktüte. Er fischt den Inhalt heraus, es ist sein eigenes, abgeschnittenes Haar! Da haut's dir doch den Vogel raus! Noch mit dem gleichen Gummischnipser drum. Leisa! Sie hats aufgehoben! Nicht in den Müll geschmissen! Zwar in keiner silbernen Andenkendose, aber immerhin ...

Sein Emotionspegel steigt, er hat da etwas für Leisa! FF filzt seine Bomberjacke, irgendwo muß das doch sein! Er filzt alle Taschen, außer Tabakkrümeln, alten Comics und Kaugummipapier ist da auch ein zerknautschter Brief, ungeöffnet, mit brasilianischer Marke. Den braucht er gar nicht umdrehen, der ist von der Frau, die alle hundert Jahre einmal schreibt, seine exzentrische Mutter. An das Stroganoff adressiert. Er stopft den Brief ungelesen zurück, das Taschenfutter ist zerrissen.

Hier findet er, was er sucht, eine flache Tüte, geht damit zu Lisa, die in den Tiefschlaf abgetaucht ist. Ihr gelöstes Gesicht auf dem Kopfkissen, daneben der Teddy, mit der roten Zipfelmütze über den Augen. Ganz vorsichtig bringt er auf Lisas rechtem Handrücken die Besonderheit aus der Tüte an, ein Aufklebe-Tattoo:
Eine rote Rose und drumherum der Text: *My rose forever.*

41.

Montag, fünf vor neun.
Ort: Industriegebiet zwei, erste Einfahrt rechts. Firma Dr. Mangold Computer Vertriebssysteme.
Pünktlich zum Karrierestart brettert FF im ferrariroten Sportwagen in die Werkseinfahrt und erzeugt auf dem Firmenparkplatz das kreischende Geräusch einer Vollbremsung. In den Bürofenstern erscheinen Gesichter.
High potential FF – Boss-Anzug, Streifenhemd, Seidenkrawatte, Budapester – entsteigt dem schwarzen Lederpolster, nimmt seinen Aktenkoffer, bewegt sich selbstbewußt als der kommende Mann auf die Firma zu, die Wirkungsstätte seiner künftigen, hochkarätigen Betätigung: Das brandneue Firmengebäude, stromlinienförmig, richtungweisend im Design, ist beeindruckend,

wenn auch (wie er von Leisa weiß) nur angezahlt und auf geleastem Grund. Auch innen präsentiert sich die Firma nobel – in hochpoliertem Silbergrau.
Als Mangolds langgediente, angestaubte Vorzimmerdame für FF die Tür zum Chefbüro öffnet, entflattert dem Bereich des Firmenchefs niemand anderes als Miß Wang-Pi, mit reizendem Lächeln und gezwitschertem: »O sehr sehr erfreut, weiß schon, Sie sind neuer Chef Nummer zwei.« FF antwortet mit einem abgrundtiefen Grinsen.
Dr. Mangold, stäubchenfrei und bügelfaltenscharf wie immer, empfängt FF in Hochstimmung in seinem überdimensionalen Machtzentrum, erhebt sich vom futuralistischen Chefsessel hinter seinem futuralistischen Schreibtisch, kennzeichnet FF euphorisch als Hoffnungsträger des Unternehmens und lobt dessen Pünktlichkeit als gutes Omen.
FF beweist sich ohne Zeitverlust als Mann mit Drive: »Ich benötige als erstes das *Firmenorganigramm* sowie die Personalakten der Führungskräfte mit Lichtbildern – und zwar bis zehn Uhr dreißig auf meinem Schreibtisch!«
Dr. Mangold beauftragt seine altgediente Vorzimmerdame Irene mit der Herbeischaffung der Unterlagen. Dann führt er FF im Rundkurs durch die Firma, zeigt Konferenzsaal und Lager, scheucht Mitarbeiter aus dem Alltagstrott.
Während des zügigen Schreitens kommt Dr. Mangold durch Übergewicht und rasenden Puls ins Schwitzen. Nach einer Stunde im Schnelldurchgang findet FF die Beurteilung der Firma durch Lisa punktgenau getroffen:

Designerbau, einige Nummern zu groß, zu edel, vom Stararchitekten der *Hossmann Citybau* erstellt, erst vor kurzem in Betrieb genommen. Eine müde Mannschaft, aus einem herkömmlichen Mittelstandsbetrieb hierher verfrachtet zwischen Chrom und Glas, angesäuert vom ewigen Ja-Sagen, von einem Chef, der unter der Bürde der selbstgewählten Alleinverantwortung unter erschreckenden Streßsymptomen leidet. Führungskräfte, die ihr Potential nach zehn bis zwanzig Jahren Firmentreue eingebüßt haben.

FF findet sich wieder an einem riesigen und absolut leeren Schreibtisch in seinem großräumigen, neonhellen Chrom-und-Glas-Büro und pflegt zwei Minuten lang eine mikrokleine Drepression.

Ziemlich kritisch begutachtet er die herankommende Bürohilfe, blond, struppig, zwanzig, Minirock und dicke Beine – man hat ihm nicht gerade die beste Fachkraft zugeteilt. Sie heißt Corinna und kommt mit einer vollen Kaffeetasse von der Kaffeemaschine quer durchs Büro, tritt an FF's Schreibtisch und verschüttet beim Hinstellen den Kaffee.

FF rügt sie: »Ohne Kleckern Kaffee hinstellen, ist erste Voraussetzung für eine qualifizierte Büro-Fachkraft.«

Corinna kontert aufmüpfig: »Was soll die Predigt? Hab die Schreibtischkante nicht gesehn.«

FF macht sie freundlich aber brutal auf ihre Fehler aufmerksam: »Zu eitel für 'ne Brille, aber nicht eitel genug für 'nen Minirock!«

Corinna antwortet frech: »Sie mit Ihrem Ohrring sind doch auch nicht ganz astrein!«

FF lacht, wenigstens ist sie eine, die zu ihrer Meinung

steht. »Das kapierst du nicht, Corinna, das ist meine Hundemarke!«
»Dogge oder Pinscher?«
»Das wirst du schon noch schnallen!« Der Kaffee schmeckt immerhin besser als die Brühe aus dem Automaten bei Mangolds Vorzimmerdrachen. FF kramt sich Tabak und Zigarettenpapier aus der Jackentasche des Boss-Anzugs und dreht sich eine. Seine Laune ist im Aufwind, und er gibt Corinna ein paar Tips: »Willst du mehr Knete machen ...?«
»Warum nicht.«
»Dann zieh dir mal ein paar Erfolgsfaktoren rein:
Punkt eins: Trend-Klamotten im City-Look,
Punkt zwo: Ein Benimm-Seminar,
Punkt drei: Persönlichkeits-Training.
Du wirst staunen, wie das Aufsteigen funktioniert.«
Corinna meint hellsichtig: »Sie tischen hier wohl eigene Erfahrungen auf ...«
FF grinst sich eins. »Aschenbecher gibt's hier scheint's keine?«
»Seit Mangold Nichtraucher ist, darf keiner rauchen. Im Korridor gibts welche für Besucher.« FF ertränkt seine Kippe im Kaffeerest.
Punkt zehn Uhr dreißig klopft es, die Chefsekretärin bringt das *Organigramm*, das FF die Firmenstruktur vermittelt, und die Personalakten der Führungskräfte mit Lichtbildern und Lebensläufen. FF bedankt sich mit einem erotischen Lächeln, das die langgediente Vorzimmerdame in Sekunden verjüngt.
FFs Schreibtisch ist jetzt nicht mehr leer, ausgebreitet zum Intensivstudium liegen die Akten offen. Corinna

ist kompetenter, als ihr schlampiges Äußeres vorgaukelt. Sie verfügt über Insiderwissen und ist kooperativ, weil ihr der Chef mit dem Ohrring schmeckt. Sie gibt FF knallharte Tips über Schwachpunkte und Macken der Leitenden. Vertriebschef Paulus: läßt sich am Telefon verleugnen, wenn er seine Zierfische füttert. Dr. Bertram, Finanzwesen: privat überschuldet, legt Wert auf Image in Form von schwarzsilbernen Bürotassen. Einkaufschef Dr. Kornhas: führt als Auflage ein Fahrtenbuch, schon zweimal wurde ihm der Führerschein gezwickt. Personalchef Block: mehrmals geschieden, ist bekannt als Busengrabscher. Logistikleiter Sandorf: schüttet Cognac aus dem Flachmann in jede Tasse Kaffee. Corinna warnt vor der Ratzenhuber: vom Chefbuchhalter die Geliebte, strickt unterm Schreibtisch Pullis und hängt alle hin als Schandmaul vom Dienst.
Die Tussi ist brachial gut, denkt sich FF und sagt: »Bestell mal die Herren von Finanzwesen, Vertrieb, Einkauf, Logistik, Personalwesen und den Chefbuchhalter zur Einführungskonferenz in mein Büro – punkt vierzehn Uhr.«

Punkt vierzehn Uhr. FF begrüßt jeden der Leitenden mit freundlichem Handschlag und fehlerfrei mit Namen und Doktortitel, soweit vorhanden. Entspannung bei den Mitarbeitern, erster Eindruck: Dieser Mann ist menschlich. Die Mangold-Riege stellt bemüht Selbstsicherheit zur Schau, trotz Magenfalten, Bierbäuchen, Glatzen und Nackenspeck.
FF vermittelt seinen ersten Eindruck von der Firma: »Unser hochmoderner Gebäudekomplex signalisiert mit

Trendsetter-Styling in Alu, Chrom und Glas einen hightech-orientierten, futuristisch richtungweisenden Erfolgsbetrieb.« Die Herren nicken zustimmend. »Ich erwarte von Führung und Belegschaft, daß sie sich in Zukunft durch *Effizienz* und *Optik* diesem Hochleistungsanspruch gewachsen zeigt.« Die Herren nicken, mehr aus Gewohnheit als mit Zustimmung. Große Worte und Anspruchsdenken sind in ihrem Büroalltag kein Thema.

FF bittet sich zu setzen, schreitet zu seinem Schreibtisch, vergewissert sich kurz anhand des *Firmenorganigramms* über Struktur und Aufgabenverteilung der Firma, blättert in Unterlagen, kritzelt Bemerkungen, notiert diskret auf einem Zettel Namen, Funktionen, Sitzplätze der vor ihm placierten schweigsamen Herren.

Dann legt er los und verkauft sich ohne Wenn-und-Aber als Spitzenkraft. Er verkündet den neuen Führungsstil, erwartet von den Leitenden Managern einen Einsatz von zweihundert Prozent, die Zurückstellung aller privaten Interessen, volle Identifikation mit dem Unternehmen und dem gesetzten Ziel.

»Wir – und ich betone *wir gemeinsam* – werden den *turn around* schaffen!«

Die Herren nicken, wie es ihre Art ist, in der Haltung von Ja-Sagern mit langjähriger Erfahrung. Doch FF wird sie gleich aufmischen:

»Jeder Einzelne von Ihnen muß umdenken. Sie zum Beispiel, Herr Dr. Bertram ...« der Chef der Finanzen glättet sich nervös mit zwei Fingern das Bärtchen – »... Sie werden Ihr Image-Bedürfnis nicht nur auf Ihre schwarzsilbernen Bürotassen beschränken, sondern auf

sich selbst beziehen müssen. Ich möchte Sie zukünftig in unserem Firmenstil angepaßten, qualitativ hochwertigen Anzügen sehen.« Dr. Bertram schnappt nach Luft, aber FF setzt noch eins drauf: »Das werden Sie bei Ihrer Privatverschuldung hoffentlich noch finanzieren können.« Vertriebschef Paulus versteckt sein Grinsen.
»Bei Ihnen, Herr Paulus, bin ich überzeugt, daß Sie als Vertriebschef in der Lage sind, große Fische für die Firma an Land zu ziehen.« Vertriebschef Paulus reagiert selbstgefällig. »Dann brauchen Sie Ihre gutbezahlte Zeit nicht mit der Fütterung von Zierfischen zu vergeuden.« Herr Paulus ist längst nicht mehr so selbstgefällig wie zuvor.
Die anderen Herren räuspern sich, sind unruhig, jeder wartet darauf, sein Fett wegzubekommen. Und so ergeht es Personalchef Bock, dem FF empfiehlt, ein drittes Mal zu heiraten und die Finger von firmeneigenen *Titten* fernzuhalten. Die Anderen können offensichtliche Schadenfreude kaum verbergen.
»Herr Dr. Kornhas wird sich einem Psychotraining unterziehen, um Raserei und polizeiliche Strafzettelflut einzudämmen. Einen dritten Führerscheinentzug kann die Firma nicht mehr hinnehmen.«
FF wedelt zu Corinna, die in Erwartungshaltung an der Kaffeemaschine steht. »Bring doch mal Kaffee, Corinna!« Logistikchef Sandorf und Chefbuchhalter Rudolf atmen auf, er hat sie verschont. Corinna serviert Kaffee, ohne zu kleckern.
Beim Kaffee wird Sandorf geschockt mit dem Fakt, daß der neue Controller genauestens Bescheid weiß über seinen Flachmann und den Cognac im Kaffee.

Als FF von jedem eine Personal-Liste fordert, mit der Auflistung entbehrlicher Mitarbeiter, wird die unterdrückte Unruhe hörbar.

Der neue Controller will als erstes Frau Ratzenhuber in die Wüste schicken. Der Chefbuchhalter kuscht nicht mehr, sondern rebelliert. »Frau Ratzenhuber ist als Fachfrau von unschätzbarem Wert!«

»Ich weiß, Sie haben eine Beziehungskiste mit ihr«, FF faßt mit zwei Fingern prüfend an dessen Handstrickjacke, »Frau Ratzenhuber kann Sie in Zukunft privat bestricken, statt auf Kosten der Firma unterm Schreibtisch.«

Falls die aufgestörten Herren der Meinung sind, dies wären sie gewesen, die Höhepunkte der Manager-Konferenz, beziehungsweise die Tiefschläge – Irrtum! Jetzt erst werden sie zum großen Finale gebeten:

»Wir werden jetzt die zu überwindenden Problemstellungen angehen. Bitte machen Sie, jeder für sein Ressort, prägnante Vorschläge.«

»Bis wann?«

»Jetzt gleich. Ich werde am Schluß einen von Ihnen als Protokollführer benennen.«

Jetzt hat er sie soweit, alle sind wach, firmenorientiert im Einsatz. Seine Sensoren registrieren das Knirschen der Gehirne, die Wellen der Unwilligkeit, den Aufruhr gegen seine Infragestellung ihrer Anteile an der Macht.

FF setzt an zum Sprung: ein Puma im Angriff, geschmeidig, gefährlich, beutesicher. Die Führungsriege erlebt ihn als Hardliner:

»Wie lange sind wir noch liquid und wie erzielen Sie

eine Verbesserung des *Cash-flow?* (Gut so: nicht *Cash-flash!*). *Was schlagen Sie vor?*«

»Liegen wir mit unserem Produktsegment richtig? *Wie ist Ihre Beurteilung?* – Wie ist eine Umsatzsteigerung um fünfundzwanzig Prozent zu erzielen? *Was schlagen Sie vor* – Zu den eben gemachten Vorschlägen. *Wie finden Sie dieses Konzept? Was fällt Ihnen dazu ein?* – Zur Reduzierung der Personalkosten um zehn Prozent. *Was schlagen Sie vor? Ist das alles?* – Wie und wann erzielen Sie eine Senkung der Lagerbestände um dreißig Prozent? *Was schlagen Sie vor?* – Und zur Erhöhung der Lieferbereitschaft um zwanzig Prozent? *Ihre Vorschläge bitte!* – Warum verkaufen wir so wenig in die asiatischen Wachstumsmärkte? *Wie beurteilen Sie das?* – Was können wir tun, um *Global Sourcing* im vollen Maß zu nutzen?

Was schlagen Sie vor? Ist das alles? Da fällt Ihnen doch noch mehr ein, oder?«

Noch Firmenpsychologie: »Meine Herren, Sie wechseln von der Etappe zur Front! Wir haben situationsbedingt keine Knautschzone, ich erwarte von Ihnen Kreativität, unbedingten Erfolgswillen und absolute Identifikation mit dem Unternehmen!«

Die Herren rücken unruhig auf ihren Stühlen und scharren mit den Füßen. Das war vermutlich der Schlußsatz. Zeit für Bier, Kaffee mit Cognac, Magenbitter, um den Schock wegzuspülen.

»Und noch eins«, FF hält sie im Zaum, »Herr Block, von Ihnen als Personalchef erwarte ich bis morgen eine Vorlage, inwieweit ein Drittel der Gehälter der Führungskräfte erfolgsabhängig gestaltet werden können.«

Unruhe breitet sich aus, es wird geräuspert und gehustet. »Von Ihnen, meine Herren, erwarte ich selbstverständlich Ihr Einverständnis. Zielsetzung, mit prozentualer Bewertung, ist das Erlangen einer persönlichen Prämie.« Der grobe Wind, der ihnen ins Gesicht weht, läßt sie noch stärker husten und räuspern. Sie sind genervt, beeindruckt, verunsichert, hellwach; es riecht nach Achselschweiß.

»Herr Block, Sie fertigen das Protokoll an.« Das bewirkt Schadenfreude bei den übrigen, denn Busengrabscher Block hat als Personalchef ziemlich wenig Ahnung vom eigentlichen, operativen Geschäft.

»Ich erwarte eine schriftliche Fixierung Ihrer Vorschläge bis spätestens Mittwoch, neun Uhr. Ich danke Ihnen, meine Herren.«

42.

Wie kommt ein Manager nach einem arbeitsreichen Tag nach Hause zu seinem Eheweib? Müde? Abgekämpft? Entnervt? Grau im Gesicht?

Nicht so FF! Er strotzt vor Erfolg, er pfeift in der Tiefgarage, singt aus voller Kehle im Messing-und-Marmorlift das Django-Lied von der Tour nach Istanbul, er stürmt das Appartement, stürzt sich auf Lisa mit einem ›Du kannst stolz auf mich sein!‹, nimmt sie hoch auf seine Arme, wirbelt sie herum, bis sie schreit, dann wirft er sie gekonnt auf das Kingsizebett, wirft sich mit kalkuliertem Schwung auf seine Leisa, im Manageranzug, in Streifenhemd und Krawatte, sogar noch mit Schuhen. Mit einem Handgriff zieht er dem Teddy die Mütze über die Augen und flüstert an Lisas Ohr: »Du hast den potentesten *High Potential* unter Gottes geilem Ozonloch!«

Sein Energieschub ist nicht zu bremsen, er hält Lisa mit Eisengriffen an den Oberarmen nieder, er will nur *das Eine*, ohne Gefummel und Feinheiten. Lisa läßt alles mit sich machen. Ihr Energiespeicher ist gleich null, ausgepumpt von einem Tag randvoll mit Programmen, Paragraphen, Klauseln, Kalkulationen und Strategien, ausgepunktet vor nervöser Spannung auf den Tätigkeitsbericht von FFs beruflichem Einstieg.

Er hat sie gerade beim Umziehen erwischt und so liegt sie da, plattgemacht und abgedriftet, in sündigen Seidendessous unter einem Schlips-und-Kragentyp in voller Aktion. Fast kommt sie sich vor, wie mit einem fremden Mann in irgendeiner Pension, einer aus der Chefetage auf die Schnelle, der nicht einmal seine Nadelstreifen ablegt. Nur das Wissen um die unter dem Steifenhemd verborgene Tattoo-Rose macht sie frei in ihren Gefühlen mit diesem fremden, aufregenden FF.

Der Mann auf Lisa wirft sich mit einem zufriedenen Grunzen neben sie auf den Rücken, und fragt – wie alle schnellen, starken Männer: »War ich gut? Hat es dir Spaß gemacht?«

Lisa lächelt. »Du warst gut. Es hat mir Spaß gemacht.«

Die Gaukelstory von dem Quickie mit dem fremden Mann in der Fremdenpension behält sie für sich.
FF stützt sich auf den Ellbogen. »Gibt's was zu essen?«
»Ich habe eine frische Pizza im Warmhaltefach.« Das hört sich gut an für FF, der nun das Abendprogramm gestaltet:
»Punkt eins: jetz dusch ich, Punkt zwei: dann ess ich, Punkt drei: dann erzähl ich dir die Bürogeschichten, und unter Punkt vier, Leisa, mach ich mit dir eine *Blaue Stunde*!« Er legt die Hand aufs Herz, »Versprochen! Kerzen, Musik, Kaminfeuer, Champagner ... Eine nackte Frau, ein nackter Mann, und Liebeskünste vom Feinsten. Ich werde dich verwöhnen, versprochen!«
Das hört Lisa gern. Sie reagiert mit kleinen Schauern. FF als Liebesdiener. Als Goodwill-Tour für den sexuellen Überfall.
»Nur eine Bedingung«, sagt FF, mit Augenzwinkern und nimmt ihre Hand, küßt sinnlich die aufgeklebte Tattoo-Rose: *My Rose forever!*
»Und die wäre?« Ihre Augen glänzen.
»Nackt, aber mit schwarzen Strümpfen und mit hochhackigen Pumps.«
O Gott, Männer! denkt Lisa, Männer mit ihren ordinären Vorlieben! Ihre strenge Erziehung kommt hoch. »Das geht nicht«, sagt sie (was eigentlich heißt: sowas machen nur Huren). »Ich habe bloß Strumpfhosen, schwarz, von Dior, mit Straßdekor, Neunundfünfzig Mark Neunzig.«
»Super – mit Straß! Das Schlüpferteil schneide ich dann ab.«
»Nein!«

»Doch! Schnippschnapp – so, wie du meine Haare!«
»Okay, okay«, Lisa lacht mit schlechtem Gewissen und gleichzeitig mit Genugtuung. Wäre er heute da, wo er ist? Als Führungskraft im Management? Mit schulterlanger Roßmähne? Niemals! Also gut, soll er die Strumpfhosen zerschneiden und die Beinlinge als Reizstrümpfe für seine Sexphantasien ausschlachten! Wegen einer Dior-Strumpfhose wird sie ihre *Blaue Stunde* nicht gefährden.

Lisa serviert die üppige Spezial-Pizza mit allem; Salami, Käse, Tomaten sowieso, Pilze, Peperoni, Oliven und Krabben, sogar Spinat. FF schüttet sich das Weißbier rein und attackiert die Pizza mit Messer und Gabel wie mit Vernichtungswaffen.
Lisa hält es nicht mehr aus. »Ich sterbe, wenn ich nicht endlich höre, was heute gelaufen ist.«
Mit einem »Ich war sehr gut!« eröffnet FF seinen Geschäftsbericht, bestätigt das optimale Funktionieren von Lisas Programm, das sie ihm vorher eingepeitscht hat. »Ich habe radikal den neuen Führungsstil verkündet, habe zweihundertprozentigen Einsatz gefordert von den Schlaffies, habe mit Memory-Training mir alle Namen, Titel und Gesichter gemerkt, habe jeden korrekt begrüßt und ihm etwas Persönliches gesagt.« Er lacht, ist begeistert von sich, redet mit vollem Mund, fuchtelt mit Messer und Gabel. FF ist schlau genug, vor Lisa zu unterschlagen, was er im schroffen Direktgang an Persönlichem in verschärfter Variante abgelassen hat. Er berichtet ihr vom Schnellfeuerangriff mit: Was schlagen Sie vor? Wie ist Ihre Beurteilung? Ist das auch Ihre

Meinung? Was fällt Ihnen dazu ein? Ist das alles? Da fällt Ihnen doch mehr ein oder? *Abrakadabra!*
Er lacht sein selbstgefälliges, skrupelfreies Lachen.
Lisa triumphiert innerlich, kriegt aber auch Hosenflattern: Ihr Mann, der einprogrammierte Manager? Eine Kasperlepuppe an der Strippe der Powerfrau? Ein auf die Schiene gesetzter Androide? Was passiert, wenn er sich verselbständigt?
Von Verselbständigungs-Tendenzen gibt es gleich die erste Kostprobe: »Ich habe dieser Wang-Pi den Auftrag gegeben, mir ein Preis- und Mengen-Angebot an Billig-Computern zu machen.« Bei Lisa geht die Warnlampe hoch. »Die flattert pausenlos rein und raus bei Mangold. Jetzt hör mal zu! Ich habe Finanzvollmacht! Von Mangold unterschrieben. Finanz- und Handlungsfreiheit! Mangold war gigantisch beeindruckt von meinem Führungsstil, geradezu euphorisch! Er setzt alle Hoffnungen auf mich.«
Oh Gott, Finanzvollmacht! Der Risikofaktor FF nimmt eine neue Dimension an. Lisa wird bossig: »Ich verlange von dir, daß du nichts ohne mein Wissen und meine Anweisung machst. Du sollst mich immer erst fragen, fragen, fragen . . .!«
Der bossige Ton geht ihm auf den Wecker. »Leisa, wenn du noch auf die blaue Stunde Wert legst, dann muß du mir mehr Zucker geben.«
Lisa schaltet augenblicklich um, auf ihre blaue Stunde will sie nicht verzichten.

43.

Mittwoch, zehn Uhr dreißig. In der Firma *Dr. Mangold CVS* ist die Budgetierungskonferenz angesagt.
Der hochglanzpolierte Konferenztisch ist an sich für effizientere Runden entworfen als diese, für Männer mit Macht, Einfluß, Kapital, für Wirtschaftsmagnaten, die Weichen stellen, den Markt beherrschen. Diese Herren hier aber sind gekennzheichnet vom Würgegriff der Konkurrenz, von flauen Märkten, von roten Zahlen. Dr. Mangold, wie immer stäubchenfrei, mit DingDong-Pillenvorrat in der Jackentasche, wischt sich mit seinem Monogrammtaschentuch die Stirn.
Mehr Unbehagen als die roten Zahlen und der stagnierende Absatz macht den Leitenden der von Mangold favorisierte Phantomkarrierist, Franz Ferdinand von Schloßberg, der wie ein Dressman aussieht, wie ein Scenefreak Ohrring trägt, der rigorose Forderungen stellt und persönliche Gemeinheiten nicht scheut, der den Mythos der Unfehlbarkeit kultiviert und sie zum Überlebenskampf zwingt.
Am Katzentisch Mangolds altbackene Vorzimmerdame mit Stenoblock und Kaffeetassen.
Geschäftsführer Dr. Bertram, Finanzwesen, heute im Sonntagsanzug, referiert im Stehen, seine ewige Skepsis erweist sich als begründet: ». . . die Zahlen sprechen für sich: die Liquidität ist äußerst angespannt.«
FF dreht sich eine Zigarette, krümelt Tabakreste auf die Hochglanzpolitur, schaut suchend nach einem Aschenbecher, ergebnislos. Die mißbilligenden Blicke stören FF

überhaupt nicht. Er signalisiert volle Konzentration auf Dr. Bertrams Worte:
»Der fehlende *Cash-flow* und die Überziehungen im Investitions-Budget erfordern einen zusätzlichen Finanzbedarf.«
FF ergreift sein Rollenspiel und unterbricht: »Kein Grund zum Pessimismus! Es muß eben mehr Geld reingepumpt werden.« Er spielt mit der kalten Selbstgedrehten. »Wenn Sie sich das mal vor Augen führen: die Finanz-Analyse und die Finanz-Kennzahlen...«
Dr. Bertram korrigiert mit Häme: »Bilanz-Analyse, Herr von Schloßberg, und Bilanz-Kennzahlen – B wie Bertha!«
FF winkt beschwichtigend ab: »Okay, okay, von mir aus: B wie *Bertha*!«
Der Geschäftsführer verkündet: »Wir kommen jetzt zur *Break Even Analyse.*«
FF steht eilig auf, mit einer läppischen Entschuldigung vertraut er Dr. Mangold an: »Ich muß mal... mittags Mexikanischer Bohnentopf – Sie wissen schon...«
Er flüchtet aus der Konferenz.

Corinna, am Computer, denkt, der hat sie nicht alle!, so schnell reißt FF die Tür auf, durchquert sein Büro, schnellt zum Telefon, drückt die Tasten. Erst kommt Endloses vom Anrufbeantworter, dann sie – life. FF ist voller Ungeduld: »Hallo Leisa!! Ich bin hier in der Budgetierungs-Konferenz, Umsatz-und-Ergebnisplanung – sag mir doch mal schnell: was ist eine *Break Even Analyse?!*«
Lisa schreit ins Telefon: »Hier hat diese Mailänderin

angerufen, diese Kupferrote aus dem Sporthotel! Elena Boticina!«

Lisa im Cockpit, Saunamantel und Haarpackung, in einem Haufen von Geschäftspapieren, mit Kopfschmerzen vom Champagner und geschwächt von der *Blauen Stunde*, ist Opfer eines erbarmungslosen Anfalls unkontrollierter Eifersucht. »Diese arrogante Person wohnt im Vier Jahreszeiten, will sich unbedingt mit dir treffen! Muß dich unbedingt heute noch sehen! Willst du fremdgehen?!«

Beide hauen gleichzeitig wütend die Hörer hin, FF verdreht die Augen himmelwärts.

Corinna grinst frech. FF fragt: »*Break-Even-Analyse* – weißt du's?«

Corinna weiß es. »Logo: Gewinnschwellendiagramme im Rahmen der Kosten-und-Gewinnplanung; gehört zum Komplex Soll/Ist-Vergleich, Plan-und-Standardkosten . . .«

»Danke, das reicht.« FF ist schon an der Tür. »Bist echt gut. Ich lad dich auch mal zur Currywurst ein.«

Im Konferenzsaal zeigen die Herren bei säuerlichem Kaffee düstere Mienen. Geschäftsführer Dr. Bertram referiert noch immer in skeptischem Mäkelton: »Über eines sind wir uns doch alle im klaren: Lean Production und Make or buy sind heute Existenzfragen!«

FF kommt in den Konferenzraum zurück, mit Aschenbecher vom Flur mit Standbein, setzt sich, zündet sich die Selbstgedrehte an.

Bertram will FF reinlegen: Herr von Schloßberg, vielleicht können Sie uns ein Konzept anbieten?«

FF fühlt sich gut präpariert: »Der Schlüsselpunkt im Rahmen der Umsatz-und-Ergebnisplanung ist die *Break-Even-Analyse* als Gehirnschwellungsprogramm ...«
Dr. Bertram korrigiert mit ätzendem Beiton: »Nicht Gehirnschwellungsprogramm, Herr von Schloßberg, sondern *Gewinnschwellendiagramm!*«
Das reicht FF. Er bricht die Konferenz für seine Person ab, steht auf, teilt mit: »Ich habe einen Termin im Vier Jahreszeiten, eminent wichtig, mit einer italienischen Designerin, Superfrau! Mit der gehe ich jetzt Golfspielen!«
In ihre befremdeten Mienen läßt er die Binsenweisheit ab: »Ist ja bekannt: beim Golfspielen werden die klotzigsten Deals durchgezogen.« FF geht mit leichter Handbewegung: »See you later.«
Alle sind bedient. Dr. Mangold faßt sich ans Herz, kriegt Atemprobleme, nimmt wieder *DingDong*-Pillen.

44.

Sie spielen excellent Golf. FF, im Anzug, aber mit Golfschuhen, in Begleitung von zwei attraktiven, sportlich gestylten Frauen: Elena Boticina und Miß Wang-Pi. Die eine hat er mit freundschaftlichen Küssen und Umarmungen vom Hotel abgeholt, die andere gleich aus

der Firma mitgebracht, wo sie mit Gezwitscher und reizendem Lächeln um Mangold ihre Kreise zieht wie ein Flugobjekt im Anflug auf den Landeplatz. Beim zügigen Voranschreiten über die teppichweichen Fairways sprechen sie vom Geschäft.
FF und Elena Boticina diskutieren das Programm, das sie während des Seminars im Sporthotel Olympia, angetörnt von ihrer Beziehung, erst Flirt, dann Freundschaft, visionär und innovativ entwickelt haben. Elena Boticina hat in der Zwischenzeit diese Fantasievorgaben per Computer konkretisiert.
Miß Wang-Pi, im Umgang mit dem Golfschläger ebenso talentiert und zielsicher wie im Geschäftemachen, fährt voll auf das Projekt ab, wirft mit Zahlen um sich, schnattert wie eine siamesische Ente.
Nach der Dreierrunde wird das ausgebrütete Ei mit Champagner begossen. Auf der Golfterrasse, am runden Tischchen, stecken sie die Köpfe zusammen, begeistern sich, lachen, duzen sich. Elena Boticina breitet die vielfarbigen Comupterausdrucke auf den Tisch, sie reden deutsch, italienisch, englisch, brüten über ihren Ideen.
Der Tisch ist so voll, die Bedienung weiß nicht wohin mit dem Champagner und den Gläsern. Elena Boticina muß ihre Begeisterung erst loswerden: »Mein vielgeliebter Paint-PC hat alle meine und unsere Visionen umgesetzt und als Top-Angebotsware ausgespuckt! Fantastico!« Der Champagner wird eingeschenkt.
»Elena, du bist ein As!« FF hebt das Glas. »Auf die Fusion von Schönheit und Intelligenz! Wir trinken auf dich und dein irres Programm.« Sie stoßen an, lachen.

Miß Wang-Pi meldet mit ihrer Zwitscherstimme: »Und ich mache von den Visionen die Tatsachen! Und ...«, ihre nachtschwarzen Augen und das reizende Lächeln mit Richtstrahler zu FF, »und dieser wunderbare Chefmanager ist wunderbarer Finanzmann für das *Cash-Cash*!« Sie hebt das Glas zu FF.
Der sagt: »So ist es. Null problemo«, und stößt mit ihr an, hebt gleichzeitig streng den Finger der Linken und mahnt im Chefton: »Kein Wort zu Niemandem!«
Als erste sieht die Boticina diesen auffallend gutaussehenden, hochgewachsenen Herrn mit Silberhaar, im Golfdreß, (Dio mio, der ist ihr Typ: stattlich, lebenserfahren, reich!), mit entschlossenem Schritt auf ihren Tisch zukommen. Es ist Dr. Dr. Lorenz Mayer. Mit steiler Stirnfalte, scharf und zynisch fährt er FF an, der, trotz angeblich beachtlichem Karriereeinstieg in die Computerbranche, hier mitten am Berufstag auf dem Golfplatz mit schönen Frauen anzutreffen ist: »Ich darf wohl um eine Erklärung bitten!«
FF erklärt, betont cool, aber mit aufmüpfigem Blick in Dr. Dr. Mayers Augen: »Alles rein geschäftlich. Eine Outdoor-Konferenz im Interesse der Firma zum Zwecke innovativer Konzeptionen.«
»So?« ist alles, was Dr. Dr. Mayer darauf erwidert, sein Blick ist zu dem kupferroten Tituskopf abgeschweift und verweilt auf dem dazugehörigem Gesicht mit den Sommersprossen.
FF stellt vor: »Dr. Dr. Mayer – mein Schwiegervater.«
Der kupferroten Boticina entfährt ein: »Oh, du hast einen Schwiegervater?«
Dr. Dr. Mayer zieht die Augenbrauen zusammen. Hier

scheinen über den hergelaufenen Ehemann seiner Tochter wichtige Fakten verschwiegen zu werden.
Elena Boticina schiebt ihre Grafiken zusammen, macht einen Stuhl frei, ruft zur Bedienung: »Noch ein Glas!«
Sie versprüht ihr Temperament: »Sie werden doch einen Champagner mit uns trinken, Herr Schwiegervater ... ?!«
Dr. Dr. Mayer kann sich ihrem Charme nicht entziehen und läßt sich zu einem Lächeln herab: »Vor dem Golf? Da treffe ich ja nicht mehr den Ball!« Er blickt sich um: »Dr. Mangold hat mich offenbar einfach versetzt.«
»Der hatte heute Ärger in der Konferenz«, sagt FF.
»Und mit wem spiele ich jetzt die Runde?«
Die Boticina engagiert sich: »Oh, bitte, darf ich? – Sie werden sehen: es macht *Lust*!«
Der winzige Funke der Lust springt auf den strengen Dr. Dr. Mayer über. Galant, als würde er sie zum Tanz führen, reicht er Elena den Arm: »Darf ich bitten?«
Elena Boticina erhebt sich mit Grazie und hakt sich ein bei diesem fürstlichen Herrn, der ihr Typ ist. Als sehr attraktives Paar entfernen sie sich vom Tisch.
FF und Miß Wang Pi sehen ihnen überrascht hinterher.
Miß Wang-Pi ist schnell wieder beim Business: »... also zehntausend Stück? Und alle compatibel!«
»Und vor allem – halt deinen Entenschnabel! Du weißt – top secret!«

45.

Ein Stadtbummel? Wie absurd! Schon das Wort ist grotesk. Jedenfalls für Dr. Dr. Lorenz Mayer, den überzeugten Verfechter der zweckgebundenen Einseitigkeit, der nichts dabei findet, daß ihm am Frühstückstisch tagtäglich von Tante Edelgart, und niemand sonst, der Kaffee in die Tasse gegossen wird. Eine Aufforderung zum Stadtbummel hätte er in jedem Falle abgelehnt, nur bei dieser Mailänderin nicht. Und er gibt sich lieber keine Rechenschaft ab, über die Beweggründe.

Diese Elena Boticina mit ihrem kupferroten Tituskopf ist für ihn so etwas wie ein Renaissance-Engel, ihr Temperament, ihre Leichtfüßigkeit und schwungvolle Beweglichkeit umwehen ihn wie Flügelschlagen und versetzen Dr. Dr. Mayer in eine leichtere Gangart. Er fühlt sich nicht fehl am Platz, unter Arkaden vor eleganten Geschäften, mit dieser Frau an seiner Seite.

Elena schwärmt Dr. Dr. Mayer von der Oper vor und trifft bei ihm exakt den Nerv, den sie treffen will. Sie mischt ihn sichtlich auf, den standhaften Witwer, den Wirtschafts-Topmann, der Börse und Banken im Kopf hat, dessen Seelenleben verarmt scheint, vom sonstigen Gefühlsleben gar nicht zu reden. Sie himmelt ihn freiweg an, vergleicht ihn mit Burt Lancaster, als der im Film den Leopard spielte. Er lächelt, den Film hat er nie gesehen.

Im Showroom einer Designer-Boutique entdeckt Elena italienische Mode. Sie zieht ihn, der widerstrebt, lachend über die Schwelle, läßt sich die Kollektion zeigen, entdeckt eine Abendrobe, die sie ausflippen läßt, sie befühlt das hauchdünne Material, begeistert sich für die Raffinesse des Zuschnitts, besteht darauf, es auf der Stelle an sich auszuprobieren und entschwindet hinter schweren Plüschvorhängen. Dr. Dr. Mayer darf in einem goldenen Barockstuhl mit einem Glas Champagner ihren Auftritt erwarten.

Der Auftritt von Elena ist bühnenreif. Dr. Dr. Mayer ist geradezu geschockt von ihrer Schönheit, die sie mit Grandezza und gekonnten Wirbeln vorführt, es ist die ganz persönliche Schönheit der Elena Boticina: die Eleganz ihrer Bewegungen, ihr lebendiger Geist, ihre Inspirationen, ihre Begeisterung, ihr Lachen und ihre Sommersprossen.

»Fantastico!« ruft sie aus, »soll ich es mir kaufen?«

»Nein!« Das Nein klingt endgültig.

»Nein?« Sie ist enttäuscht.

»Weil ich es dir schenke.« Dr. Dr. Mayer probt die neue Rolle als Lebemann. »Ich möchte dich heute Abend in der Oper darin sehen!«

»Oh, Lorenzo!« Sie küßt ihn und es ist ihm gar nicht peinlich.

46.

Frauenfreundschaft pur. Wie immer zum Freitagstreff sitzen sie, nach den mit masochistischer Lust durchlittenen, brutalen Torturen an den Fitneßmaschinen, zu fünft zum Frauenkränzchen versammelt, Lisa, Anja und Susanne, Karin und Maya, im Whirlpool, voller Hingabe an den sanften Nervenkitzel, den die Luftperlen auslösen.

Doch der Schein trügt. Lisa befindet sich in einer heftigen Krise, die niemanden etwas angeht. Sie hat Liebeskummer total, die Tattoo-Rose auf ihrem Handrücken wurde von ihr radikal abgekratzt, mit Bürste und Bimsstein, daß fast die Haut in Fetzen ging. Die redefreudigen Freundinnen nerven sie. Anja sagt gerade: »Es ist leider wahr, Lisa, in Fachkreisen will man dich als unseriös abschießen.«

»Wegen FF?«

»Die Herren aus dem Establishment fühlen sich durch deinen aus der Kasperleschachtel hervorgezauberten Ehemann und die forsche Methode, mit der du ihn in die Chefetage hochkatapultiert hast, in hohem Maße vergackeiert. Tatsache ist doch . . .«

»Wir Frauen können uns einfach nicht soviel erlauben wie die Männer!« quatscht Susanne dazwischen. »Immer noch nicht! Sei es bei der Besetzung einer Position mit einem Favoriten, sei es bei der Wahl eines Partners, der zehn Jahre jünger ist. Ich hatte auch mal einen, acht Jahre jünger . . .«

»Zehn oder acht Jahre hin oder her«, fährt ihr Lisa

dazwischen, »das ist doch lächerlich! Das ist ... das ist vielleicht in zehn Jahren mal ein Problem.«

»Tatsache ist: Wir leben in einer Neidgesellschaft.« Anja will ihre Argumente nicht absaufen lassen: »Für diese Karriere-Roboter sind Seiteneinsteiger doch wie ein Kuckucksei. Das verzeihen sie nicht.«

»FF ist kein Kuckucksei!« Mit forciertem Temperament setzt Lisa sich für ihren Ehemann aus der Kasperleschachtel ein. »Ihr würdet staunen! Ich habe FF total auf die *Dr. Mangold CVS* einprogrammiert! Ich hatte schon meine Zweifel, aber jetzt bin ich überzeugt: er ist ein As! Meine erste Einschätzung seines Potentials war ein absoluter Treffer: Intelligenz, Eloquenz und innovatives Denken!«

»Und wo liegt dann dein Problem?« fragt Susanne mit Spürnase.

Lisa ist emotional am Zerreißpunkt: »Er geht fremd ...«

In den Gesichtern der Freundinnen Neugier und falsche Anteilnahme, Lisa taucht genervt unter Wasser. Die Frauen tauschen vielsagende Blicke. Lisa kommt nach oben, prustet und sagt sofort: »Mein Vater darf nichts davon erfahren!«

»Da du gerade deinen Vater erwähnst«, jetzt hat Maya das Wort, »den habe ich vorgestern in der Oper gesehen: Rigoletto. Mit einer tollen Frau. Tituskopf, extreme Haarfarbe, großes Make-up, italienisches Modellkleid!«

»Mein Vater!« Lisa kann es kaum glauben.

»Jaa! Und gebalzt hat er – wie ein Auerhahn!«

»Nicht möglich!« So entgeistert sah man Lisa selten.

47.

In der Holbeinstraße ist der kalte Krieg ausgebrochen, wird Katz-und-Maus gespielt bis zum Exzeß. Das einzig Muntere sind die emsigen Cockpitgeister. Das Kingsizebett bleibt kalt und der Teddy hat keinen Streß mit seiner Mütze.

Lisa hätschelt verbissen ihre Eifersucht. Sie fuhrwerkt durch die Gegend mit Wut im Bauch, befördert mit Fußtritten FF's herumliegende Schuhe aus dem Weg, sammelt aus allen Ecken seine dreckige Hemden auf, stopft sie mit Abscheu in die Waschmaschine. Nur weg damit!

Dieser Anruf aus den Vier Jahreszeiten! Lisa stellt sich hin, ahmt laut und affektiert die Stimme mit dem italienischen Tonfall nach. »Ich muß ihn unbedingt sehen!!«

Sie schüttet Waschpulver ins Fach, die doppelte, dreifache Menge. Was soll's! *Die sinnliche Stimme von der!*

Lisa läßt den Satz nochmal hören, sehr sinnlich diesmal: *»Ich muß ihn unbedingt sehen!!«* Sie knallt die Wäscheklappe zu und schreit unbeherrscht: *»Ich warte im Hotel auf ihn!!«*

Direkter geht es nicht! Ist doch klar, was die wollte, im Hotel! Und unbedingt mit ihm! Lisa trommelt mit den Fäusten auf die einst geliebte, jetzt gehaßte Waschmaschine, heimliche Plattform ihrer Lust, ihrer Juchzer, ihrer Kiekser neben brodelndem Chili-con-Carne ...

Sie wählt den Kochgang. Sollen sie doch kochen und sieden, seine Hemden! Sie stellt sich in der Küche auf, nimmt einen imaginären Telefonhörer zur Hand, flötet

in die imaginäre Muschel!: »Mein Name ist Elena Boticina! Ein Name wie aus einem Kitschfilm!«
Und sie, Lisa, ist die *dumme Gans*, die an die große Liebe glaubte!
Ihr blöder, altmodischer Stolz verschließt ihr den Mund, aber die ungefragten Fragen liegen ihr wie Klettenbrot auf der Zunge, an dem sie sich verschluckt, an dem sie würgt. Was für ein unwürdiger Zustand für eine Powerfrau, und lächerlich verstärkt durch FFs Ahnungslosigkeit, der keinen Schimmer hat von ihren Qualen, der seinerseits beleidigt ist über ihre knappe, bossige Umgangsart. Das legt er als Zweifel aus, an seinen bisher hochgejubelten Führungsqualitäten und das verträgt seine Selbstherrlichkeit schon gar nicht. Also gibt auch er sich maulfaul verstockt, kommt – ein Topmanager hat einen Sechzehnstundentag – nicht mehr vor Mitternacht nach Hause – und Lisa stellt sich schlafend.
Das uralte, abgeleierte Katz-und-Maus-Spiel, das immer wieder neu erfunden wird.
Eines Abends stellt sie ihn, als er auf die Schnelle nach Hause kommt, um sein Hemd zu wechseln. Die Jacke schmeißt er aufs Bett, die Krawatte fällt zu Boden, er zieht sich das Hemd ohne es aufzuknöpfen über die Ohren. Die tätowierte Rose! Ein Stich ins Herz. Wie lange hat sie sie nicht gesehen, nicht berührt, nicht geküßt . . .
Umso härter ihr Umgangston: »Willst du mir nicht Rechenschaft geben über das, was du tust!«
Er sucht, das war das letzte Hemd. »Du könntest wirklich mal die Hemden waschen!«
»Sonst noch etwas?«

»Ich muß weg. Kannst du mal schnell das Hemd aufbügeln?«
»Mach es doch selber!« Sie bricht aus: »Ich kann das nicht akzeptieren: Du müßtest mich wirklich orientiert halten über deine Machenschaften in der Firma. Wenn ich mit Mangold konferiere . . .«
»Mit Mangold konferiere ich schon selber.«
»Vielleicht machst du den größten Blödsinn!«
Das hätte sie nicht sagen sollen. Da ist FF empfindlich.
»Was ist mit dir los? Hast du kalte Füße? Du hast mich doch selber als *High Potential* auf dem Tablett serviert! Jetzt laß mich mal machen. Ich habe ein Mega-Ding am Laufen. Surprise, Surprise! Auch für dich bestimmt eine Überraschung. Ich habe den absoluten Marktfeger in der Hinterhand.«
»Wohl Hand in Hand mit dieser rothaarigen Mailänderin?! Mit dieser Elena Boticina!!« Sie macht die Stimme sinnlich, süßlich nach:
»Ich muß ihn unbedingt sprechen! Ich warte im Hotel auf ihn!«
FF stutzt. »Moment mal!« Dann bricht er in schallendes Gelächter aus: »Jetzt kapiere ich erst: Du bist eifersüchtig! Darum behandelst du mich auch so saumäßig schlecht! Leisa, du denkst doch nicht, daß ich mit dieser Mailänderin rumbumse!«
Lisa würgt an ihren Emotionen, ist argumentativ total außer Gefecht gesetzt.
FF zieht das verknitterte Hemd wieder an, die Tattoo-Rose verschwindet. Gut so! Vorbei ist vorbei!
»Ich werde dir beweisen, daß ich auch ohne deine Einpeitschlektionen etwas auf dem Kasten habe.« Er will

ihr einen Kuß geben, aber sie dreht sich weg. »Also ciao.«

Im Marmor-und-Messing-Lift, abwärts zur Tiefgarage, läßt FF nochmals sein Lachen hören. Verdammt, sie liebt ihn! Sonst wäre sie nicht so durchgedreht.
Ha! Wenn sie wüßte, was für ein Projekt er auf die Beine stellt! Seine Aktionen zur Durchsetzung innovativer Ideen sind tatsächlich beträchtlich, und gewissermaßen schauerlich. Lisa hat ja keine Ahnung.

Seine große Show zieht FF an diesem Abend ab – im Stroganoff.
Es ist knallvoll im Thalkirchener Exilrussenlokal, Balalaika live. Aus der Küche dampft es. Der Underground brodelt. Der Fernseher zeigt Fußball ohne Ton. Am Billardtisch spielen die Szenetypen, Joschi mit Trapperhut und der mit Perlschnüren, gegen zwei Easyrider. Die stoßen sich an und grinsen.
Denn in der Eingangstür ist FF aufgetaucht: der absolute Exot – Armani-Anzug, Streifenhemd, Krawatte, Stylisten-Haarschnitt, Aktenkoffer. Die Typen brechen in Gelächter aus, brüllen: »Eine Lage Bier auf Kosten des Exoten!!« und »Wie wär's mit 'ner Partie Poolbillard!«
Aber FF hat anderes im Kopf, eine brisante Aktion. Zielstrebig und ohne Zeitverlust ist er mit großen Schritten bei der Küchentür. In der Tür dreht er den Kopf zurück, ruft in Richtung Theke zu den russischen Engeln: »Eine Lage Bier und Schnaps! Für die Chaoten beim Poolbillard! Auf meine Rechnung!« Dann taucht

er ein in die Dampf-und Fettschwaden auf der Suche nach Stroganoff-Chef Ivan.
Der schuftet am Herd, vor brodelnden, zischenden Töpfen und brutzelvollen Pfannen. FF tritt an ihn heran, achtet darauf, daß sein Anzug keine Spritzer kriegt, faßt ihn an die Schulter und ruft ihm ins Ohr: »He Ivan! Schieb mal die Pfanne weg, ich muß dich zwei Minuten sprechen.«
Ivan dreht den Kopf, sieht FF, die Sonne geht auf in seinem Gesicht. Er schiebt die Pfanne weg: »Was ist so wichtig, daß ich muß Brutzelpfanne wegschieben, mein Sohn? Und so wenig wichtig, daß zwei Minuten sind genug?«
FF läßt die große Nummer raus: »Ivan, ich muß auf die Schnelle fünf Millionen aufreißen, du kennst doch Geldsäcke.«
Ivan mißt FF mit einem genauen Blick, wertet sein Aussehen, wägt sein Anliegen. Es ist im Stroganoff nichts Ungewöhnliches, daß Millionen über den Tisch geschoben werden. Ivan macht es spannend, läßt sich Zeit. »Du bist jetzt sehrr eleganter Mann, grratuliere. Wie geht es ihr, wunderrschönes Ebenbild von geliebte Zaarrin?«
»Es geht ihr gut«, lügt FF. »Also, Ivan, was ist mit deinen *connections*?«
Ivan wischt mit beiden Händen über die Küchenschürze, die, von Fett- und Saucenspritzern gezeichnet, einer Weltlandkarte gleicht, er macht eine Verschwörermiene und spricht mit Verschwörerstimme:
»Ich weiß prrallen Geldsack für dich. Dicker Irraner am Hintertisch ist Wagnis-Finanzier, verschiebt jede Menge

Venture-Kapital! Aberr Vorrsicht! Paß auf Kopf auf: Kannst du nix zahlen fünfundzwanzig Prozent – dann . . .« Er macht mit dem Küchenmesser eine eindeutige Bewegung, »dann *Chchch . . .*«

FF lacht laut über Ivan und dessen Nerv fürs Drama. Die Spekulation auf einen schnellen Venture-Kredit kitzelt seine Lust auf Macht und Erfolg, das tödliche Risiko als Beigabe würzt die Sache heiß und scharf wie Chili.

»Wenn es klappt, Ivan, spendier ich dir eine neue Pfanne.«

Ivan bekreuzigt sich entsetzt. »Beim Heiligen Isidorr: Nein! Pfanne ist Gottesgabe, hat tausend Gewürrze schon im Eisen!«

Durch das Gewimmel des Szenevolks schiebt Ivan FF in Richtung hinterer Ecktisch. FF stellt Fragen, Ivan gibt Informationen, sie sprechen russisch, bleiben stehen, wenn Ivan Ratschläge gibt.

An der Theke, bei einem Gin-Fizz, lehnt Babsi, die extreme, kringellockige Underground-Beauty, Silberringe an den Ohrmuscheln, jede Menge Silberringe an den Fingern. Babsis Herz macht einen Satz und schlägt wie ein wildgewordenes Schlagzeug. FF! Ja, da ist FF! Sie pflügt sich radikal durchs Gewimmel und mit einem Aufschrei wirft sie sich FF an den Hals, preßt die Indianerperlen ihrer milchweißen Tauben, und darunter ihre Brüste gegen seine Armani-Brust. FF wird rot bis zu den Haarwurzeln. Er reagiert stürmisch wie ein Hengst, nachdem er wegen seines Beziehungsstresses sexuell auf dem Trockenen sitzt.

Ivan schimpft: »Was soll Irraner denken, wenn err sieht solchen Zirrkus. Laß ihn los, Babsi, err ist sehrr verrheirrateterr Mann!«

FF hängt Babsi ab, er ist Geschäftsmann und hat nun Wichtigeres im Kopf.
Der gewichtige Iraner und der Herr mit Goldrandbrille, wie immer am hinteren Ecktisch, genießen Hammeleintopf, trinken Mineralwasser, die Tischplatte ist voll mit Papieren. Ivan tritt heran, redet, gestikuliert, stellt FF vor, der wird zum Sitzen eingeladen. Mit Daumen-hoch zu FF, verzieht sich Ivan in Richtung Küche.
Die Drei kommen lebhaft ins Gespräch. Von den hammelfettglänzenden Lippen des Iraners fließt fast fehlerfreies Deutsch, er hat in Deutschland studiert, wie er stolz kundtut, nicht nur die Sprache und die Geldgeschäfte, auch die Tricks und die Schlupflöcher. Das kann FF nur recht sein. Weniger umgänglich ist der Andere, ein Schweizer, der krächzende Kehllaute von sich gibt und mit Bankerblick hinter seiner Goldrandbrille lauert.
FF geht ohne Umschweife und Bedenken auf sein Ziel los: »Ich brauche einen Fünfmillionen-Kredit – und zwar *sofort*!«
»Wir geben keine Kredite auf blaue Augen«, sagt der Schweizer, »erst muß der Ertragswert auf den Tisch, Objekt-Beschreibung, Substanzwertermittlung, Finanz-Background, Handelsregisterauszug, Zeichnungsberechtigung, Personalausweis . . .«
FF will witzig sein: »Sonst noch was? Führerschein? Krankenkasse . . .?« Aber die Herren haben für Witze überhaupt keinen Sinn.
Aus seinem Aktenkoffer kramt FF alles auf den Tisch. Die Papiere häufen sich. Aus seinem Gehirn kramt FF alles hervor, was er vom Seminar her, vom Aufschnappen aus Lisas Geschäftschinesisch, von seinen Aktivitä-

ten bei Mangold an Fachterminologie und Finanzwissen zusammengewürfelt vorweisen kann.
Die Herren von der iranisch-schweizerischen Connection zucken mit keiner Wimper, durchschauen lupengenau das von FF geschickt jonglierte Wind-Ei. Und als FF vorstößt mit: »Sie als Wagnis-Finanziers, mit jeder Menge Venture-Kapital, können hier doch leicht und gewinnbringend Ihr gewaschenes Geld unterbringen«, zeigen die Herren kein Lächeln, auch keine Verärgerung über die unverfrorene Offenlegung von Hintergrundwissen. Ihnen sitzt in der Tat das Geld locker, Mega-Summen freien Geldes fließen durch ihre Hände. Sie zeigen Pokergesichter, schlagen einen Fünfmillionen-Wagnis-Kredit vor, zu fünfundzwanzig Prozent Zinsen per anno. Vertragsdauer: fünf Jahre, Vorteil: die Finanzierungen werden nach außen nicht bekannt.
FF zückt seinen Kugelschreiber für die Unterschrift. Aber benötigt wird auch die Unterschrift vom Unternehmenseigner.
»Das haben wir gleich!« FF springt auf. »Den schaffe ich her!«

In seiner altenglisch eingerichteten Wohnung sitzt Dr. Mangold im altenglischen, hellgelben Lederlehnstuhl vor einem echten Kaminfeuer mit echten Holzscheiten und pflegt seinen Hochdruck, sein Cholesterin, sein Adrenalin. Um ihn herum flattert mit Zwitscherstimme und reizendem Lächeln Miß Wang-Pi.
Das plötzliche Läuten des Telefons zu so später Stunde geht ihm sofort auf die Atemorgane, er beginnt zu schnaufen.

Miß Wang-Pi hat längst den Hörer abgenommen und zwitschert in die Leitung. »Wir kommen sofort«, läßt sich den Weg zum Stroganoff beschreiben und sagt zu Dr. Mangold: »Es ist Herr von Schloßberg, wir sollen ganz, ganz schnell in eine russische Kneipe kommen, er macht gerade eine Wagnis-Finanzierung.«
»*Gottstehmirbei!* Wagnis-Finanzierung!« Dr. Mangold springt japsend hoch aus seinem Lederlehnstuhl. »Wir müssen sofort los, das muß verhindert werden! Du mußt mich chauffieren. Und vergiß nicht die Pillen.«
»Nein nein.« Sie schiebt ihm gleich vier Stück zwischen die Lippen.

48.

Als Dr. Mangold und Miß Wang-Pi im Stroganoff eintreffen, ist die Stimmung auf hohem Wellengang. Die Balaleikagruppe spielt und die jungen Russinnen singen wie die Engel. Das Szenevolk ist komplett versammelt, Borschtschsuppe wird serviert, und Hammeleintopf, man trinkt und raucht und lacht und knutscht, manche tanzen.
Dr. Mangold, mit Miß Wang-Pi an der Eingangstür, wird von einem Horrortrip heimgesucht.
Er steht auf der Schwelle der Verdammnis vor dem

Eintritt in die Hölle des Lasters, von einem infernalischen Strafgericht dazu verurteilt, seine Atemorgane in undurchdringlichen Rauchschwaden und Essensdämpfen zur Opferung darzubringen.
Dr. Mangold wird von FF an der Tür abgefangen, durchs Lokal geschleust, zum hinteren Ecktisch, die Herren und die Dame werden bekanntgemacht, zwei Tische werden zusammengerückt, Kaviar und Wodka aufgetischt und Dr. Mangold der handgeschriebene Vertrag zur Unterschrift vorgelegt. Dr. Mangold unterschreibt zwanghaft, Satan persönlich, so glaubt er, führt ihm die Hand.
Darauf muß Wodka gekippt werden. Jetzt unterschreibt FF. Nochmal Wodka. Es unterschreiben die Wagnis-Herren. Miß Wang-Pi hält Mangold ein Erfrischungstuch unter die Nase, und er kann weiter seinen Kaviar mit Pellkartoffeln essen. Das schmeckt ihm.
FF erzählt einen Witz, er muß lachen, beim zweiten Witz lacht er schallend, beim dritten Witz und vierten Wodka wird das Lachen so extrem, daß Miß Wang-Pi ihm mit einem japanischen Inhalierer zu Sauerstoff verhilft, sie umhätschelt ihn mit reizendem Lächeln und betupft seine Stirn:
»Herr Dr. Mangold, bitte erlauben Sie mir . . ., ich fahre Sie ganz ganz schnell nach Hause. Die Gesundheit ist sehr sehr kostbar . . .«
FF gibt Ivan das Siegeszeichen. Der nickt, grinst, wiederholt seinerseits halb spaßig, halb zweischneidig die gewisse Bewegung mit entsprechendem »Chchch . . .«
Als Mangold weg ist, stürmt FF zur Theke, schnappt sich Babsi, reißt sie in seine Arme, fühlt unter ihren

milchweißen Tauben das Stutenfleisch, wirbelt sie herum zum Tanz zwischen Tischen und Stühlen. Er hat das absolute Hoch, hat das Venture-Kapital abgestaubt, hat eine pistolenscharf entsicherte Frau im Arm ... Wenn Leisa bis jetzt ohne Grund eifersüchtig war, dann kann sie jetzt mit Grund eifersüchtig sein!

49.

In der Firma *Dr. Mangold CVS* ist FF der Alleinherrscher an der Spitze, denn Dr. Mangold ist krank. Er liegt in seiner altenglisch eingerichteten Wohnung auf seinem altenglischen Sofa, hat hohen Blutdruck, hohe Cholesterinwerte, hohen Adrenalinspiegel, hohes Infarktrisiko und einen hohen Pillenverbrauch. Sein Gehirn taucht ihn in Wechselbäder, mal hat er Wahnvorstellungen von dicklichen, hammelverzehrenden Iranern, mal totale Aussetzer; dann denkt er, er sei schon tot. Die *Ding-Dong*-Pillen werden immer weniger, Dr. Mangold immer nervöser.
FF aber, in der Firma, wird immer besser. Er reißt das müde Fußvolk aus seinem Tiefschlaf, indem er ein Betriebsfest organisiert. Das ist, was FF unter Image-Pflege und Verbesserung der Firmenkultur versteht.
Er räumt das Lager zu Schleuderpreisen. Er mischt die

Führungsriege auf, läßt sie antanzen zur Berichterstattung. Er schafft Raum für das neue Produktprogramm, dessen nähere Bezeichnung aus Geheimhaltungsgründen noch verschwiegen wird und das bei extrem günstiger Preisgestaltung als extrem hitverdächtiges Verkaufsobjekt, als der absolute Marktfeger wie eine Bombe einschlagen wird.

Die Herren der Führungsetage werden von Tag zu Tag elastischer, agiler, eleganter, der neue Wind weht offensichtlich den Staub aus ihren Köpfen und den Kalk aus ihren Knochen.

Als Elena Boticina, mit Mailänder Flair, kupferrot, mit Sommersprossen, mit flammendem Mund und flammenden Nägeln, in Alta-Moda-Klamotten erscheint, und von FF zu einem Firmenrundgang begleitet wird, trifft sie auf kein Abblock-System, im Gegenteil, man spürt den innovativen Aufwind und rätselt, ob Herr von Schloßberg mit dieser Hoffnungsträgerin wohl liiert ist.

Unter Einweihung von Corinna, heute im wadenlangen Vichy-Karo und ordentlich gekämmt, mit schwarzweißer Halbbrille, unter der wichtigtuerischen Anleitung von Mangolds altbackener, inzwischen aufgewärmter Vorzimmerdame Irene, installieren FF und Elena Boticina einen Rekorder und einen Farbmonitor auf dessen futuristischen Chefschreibtisch, placieren ein geheimnisvoll versiegeltes Kuvert dazu – als Überraschung für Dr. Mangold zum Tag seiner Genesung und Rückkehr ins Büro.

Im Anschluß daran verschwindet FF von der Bildfläche, bucht einen Fernflug für zwei Personen und düst davon ins ewige Blau des Himmels über den Wolken.

FF ist weg. Einfach abgehauen.
Lisa, nervlich und psychisch angekratzt, kämpft mit der niederschmetternden Problematik bezüglich FFs Charakterdefizit, dem ewig unangekündigten *hier-und-weg* und *überall-und-nirgendwo*.
Selbstmörderisch vergräbt Workmaniac Lisa sich in Arbeit, attackiert ihre elektronischen Hausgeister mit pausenlosem Hochleistungssoll, mauert gegen den Ansturm der ungeliebten Fragen: Wohin? Warum? Wieso? Mit wem? Wann kommt er? Kommt er überhaupt?
Ohne Lächerlichkeit zu riskieren, ohne Autoritätseinbuße, kann sie eine Nachfrage bei der Firma nicht wagen. Noch um zwei Uhr nachts strapaziert sie ihre Hardware mit Wertanalysen und Produktionstechnologien, mit Rationalisierungsstrategien und Vergleichs-Tabellen ...
Plötzlich, zehn nach zwei, spricht FF zu ihr. Aus dem Anrufbeantworter. Seine Stimme, so überraschend präsent im Raum, grüßt sie aus Thailand.
»Hallo Leisa, ich bin hier in Bangkok ...«
Sie reißt den Hörer hoch: »Mit wem?!«
»Mit der Ding-Dong, du weißt schon, Miß Wang-Pi.«
»Als was? Als Sextourist?«
»Ich bin doch nicht lebensmüde! Es ist gnadenlos geschäftlich.«
Lisa fühlt den Piekser des Machtverlusts über FF. *Der einprogrammierte Mann verselbständigt sich, er braucht sie nicht mehr.*
»Leisa? Bist du noch dran?«
»Jaa!!« (Ungehaltene Tonlage – bis nach Südostasien!)
»Was hast du, Leisa? Immer noch eifersüchtig?«

Sein Lachen dringt von Südostasien bis in die Holbeinstraße.
»Ich bringe dir was Hübsches mit.« (O Gott, diese Männer! bilden sich ein, mit was Hübschem können sie alles kitten!)
»Bist du noch dran?«
»Jaaa!«
»Leisa! Ich habe keine andere gebumst – nur dich!«
Was für eine Liebeserklärung!
Und die reine Wahrheit. Wenn Lisa wüßte, wie das war mit der Babsi, an dem fortgeschrittenen Abend im Stroganoff, nach dem wilden Tanz zwischen Tischen und Stühlen! Seitensprung – ja oder nein? Nein!

50.

Genesen nach acht Tagen strenger Ruhe und ohne *DingDong*-Pillen, sitzt Dr. Mangold, mit Chefimage, korrekt wie aus dem Ei gepellt, aber mit ausgedünntem Nervenkostüm, an seinem futuristischen Schreibtisch im Chefbüro und öffnet das versiegelte Kuvert, entnimmt eine Videokassette, mit grafisch gestaltetem, grellbuntem Aufkleber. Dr. Mangold traut seinen Augen nicht:

Regenbogenprogramm
Ideenträger/Projektleiter: Franz Ferdinand von Schloßberg
Designer: *Elena Boticina* – Hersteller: *Dr. Mangold CVS*
Präsentationsvideo

Mit ungutem Gefühl schiebt er das Video in den Rekorder. Was er zu sehen kriegt, trifft ihn wie eine schallende Ohrfeige. Er läßt mit Hochdruck Bertram und Paulus antanzen. Bis die kommen, trainiert er Atemübungen, die eigentlich immer helfen, nur hier und heute nicht. Seine Hände zittern. Wenn bloß Miß Wang-Pi mit ihren Happy Pills aus Thailand schon zurück wäre!

Dr. Mangold ist außer sich, fährt die beiden Leitenden an: »Wissen Sie, wie das neue Programm aussieht?! Dann sehen Sie sich *das* mal an!« Er drückt erst auf die Rücklauftaste, dann auf die Starttaste des Rekorders. Auf dem Bildschirm des Farbmonitors erscheinen Bilder ungewöhnlicher Computer-Modelle – in lila, rot, gelb, pink. Und dabei stöhnt Dr. Mangold laut: »Ein Computer in lila! In rot! In gelb! In pink! Sogar mit Punkten! In Regenbogenfarben!«

Dr. Mangolds Stimme schnackelt: »Alles Designer-Entwürfe von einer gewissen Mailänderin! Elena Boticina!«

Dr. Bertram graust es: »Der Firmen-Absturz ist vorprogrammiert.« Vertriebschef Paulus hat es die Sprache verschlagen.

Dr. Mangold zetert, er klopft mit der zugehörigen Werbebroschüre auf den Chefschreibtisch: »Herr von Schloßberg bezeichnet diesen Kakadu-Mist als das neue

Firmenkonzept! Sogenannte *Lady-Computer!!* In Animierfarben! Werbeslogan: *Zum Liebhaben*...!!«
Den erstarrten Bertram und den versteinerten Paulus brüllt Mangold an: »Das Marken-Label..., das Marken-Label...«, den Chef zerreißt es fast, »das heißt EffEff!! Geschrieben: Großes E, klein ff, wieder großes E und klein ff!« Er buchstabiert nochmal: »E-f-f-E-f-f..., soll heißen: *ff wie Frauen-freundlich! ff wie feminin fantasy! ff wie Franz Ferdinand!!* Frau Dr. Mayer-von-Schloßberg kann etwas erleben! Mir so einen Irren in den Pelz zu setzen!« Dr. Mangold faßt sich ans Herz: »Wann kommt der Schloßberg zurück aus Thailand – genau?«
Vorzimmerdame Irene, die alles gehört hat, ist zerrissen zwischen Abscheu vor solch extrem branchenunüblichen Kobolz-Aktionen und ihrer Sympathie für Herrn von Schloßberg, der so charmant lächeln kann. Sie weiß die Ankunft genau: »Siebzehn Uhr dreißig. Flughafen Erding. Herr von Schloßberg und Frau Wang-Pi.«
Dr. Mangold schnauft tief durch (*Gottstehmirbei*, noch dreieinhalb Stunden – dann hab ich wieder meine Glücksbringer-Pillen!)

FF, soeben zurück aus Thailand, mit Flugtasche und Aktenkoffer, mit dem Flair des weltweit agierenden Businesskapitäns, in den Taschen des Trench die *New York Times* und die *Frankfurter Allgemeine*.
Lisa, soeben zu Hause eingetroffen vom Stehempfang bei *Compumax*. Die Schuhe ausgezogen, mit Glanz in den Augen hinter der Bustellibrille.
Sie stehen sich gegenüber, Lisa und FF, und kultivieren

die Spannung, das Hin- und Herschießen von Anziehung und Widerstand zwischen den Polen.
Ein Mann, der keine andere bumst und nach einer gnadenlosen Durststrecke der Frau seines Lebens gegenübersteht, der hat nur *das Eine* im Sinn, ohne Wenn-und-Aber.
Die Powerfrau, die High Tech Queen, steht da und wartet ab, bis zum Hals angefüllt mit engherzigen Vorbehalten und doch zu allem bereit.
Sturmgeladene Stille vor dem Losbruch. Nur vom Cockpit die profan quäkende Botschaft aus dem Anrufbeantworter: »Lisa, hier spricht Tante Edelgart, ich brauche die Gästeliste für deine Geburtstagsparty ...«
FFs Augen halten ihre Augen in Bann, blanke Beutelust im Blick, ein Puma im Ansprung ...
»... Dein Vater will ein Zelt aufstellen lassen im Garten«, Tante Edelgarts Stimme, »da wird doch alles zertrampelt, und für das Käfer-Büffett auch warme Speisen? Ruf zurück, so schnell du kannst.«
Dann wieder die Stille vor dem Losbruch, verstärkt und betont vom Ticken und Piepen. Lisas Augen hinter der Brille sind geweitet, randvoll mit Botschaften aus dem kosmisch bestimmten Bereich: Ja, ich will. Ja, ich bin bereit. (Dazwischen ihr IQ: er ist ein Zocker, ein Stadtindianer trotz Trench und Krawatte, er ist dein Ruin.) Doch die vegetative Welle, die aus ihrem Bauch hochschlägt, überschwemmt die Gehirnzellen, flutet ihre Augen erneut mit einem: Ja, ich gehöre dir. Ja, ich will ...
»Leisa!« Ein Urschrei, der Lisa mitten ins Zentrum trifft.
Das Fluggepäck fällt zu Boden, FF stürmt Leisa, und

seine Stürmerqualitäten machen sie zu seinem Spielball, fegen den Negativstreß aus Lisas Gehäuse, die aufgebauschten Zweifel in einsamen Nächten, die von außen eingeträufelten Vorbehalte, die pervers gehätschelte Eifersucht, den pieksenden Machtverlust.
Lisa erlebt den Mann ihres Lebens ohne Wenn-und-Aber, in einem Sturm der Gefühle, für die sie sich nicht schämt, die überschwenglich und emotionsgeladen und keinesfalls druckreif sie von Kopf bis Zeh erschüttern und erzittern lassen. Sie lebt ihn voll aus, den Mann mit der Rose, den Eroberer mit der Aura des Siegers, Charisma ausstrahlend mit jedem Muskelspiel, zum Niederknien, erotisch verspielt wie Gott Amor, von männlicher Kraft wie ein preisgekrönter Torro . . ., nein, Lisa gibt sich keine Rechenschaft über die Benennung ihrer Gefühle (ihr IQ mäkelt: Vergleiche wie aus der Yellow Press, aber ihr IQ ist nicht gefragt), gefragt sind Tumult und Aufruhr der überirdischen Art . . .
Der Übergang vom Überirdischen zum Irdischen ist nur ein kleiner Schritt. FF hat Hunger und Lisa will sich waschen. FF hat unterwegs T-Bone-Steaks und Ketchup gekauft. Er geht in die Küche und sie durchs Cockpit zum Bad, sieht auf dem Tisch den dorthin katapultierten Teddy, der hat ordentlich die rote Mütze auf und glotzt. »O Gott, der Teddy hat *alles* gesehen!« ruft Lisa, und FF ruft aus der Küche zurück: »Vielleicht ist er jetzt blind!«

Es schäumt und duftet nach Melisse. Lisa steht in der vollen Wanne und verteilt den sahnigen Schaum hingebungsvoll über den Körper, merkt überhaupt nicht, daß

FF, mit einer Tüte in der Hand, in der Tür lehnt und den Anblick genießt, den eine Frau bietet, die sich *danach* putzt und wäscht wie eine emsige Vogelfrau. Und dazu noch doppelt, lebensgroß, von hinten und von vorn, im deckenhohen Spiegel. Sie trifft auf seinen Männerblick im Spiegel, wird rot unter der bereits angeschrubbten Röte, läßt sich ins Melissenwasser gleiten.

Weil nach der Liebe die Entspannung schön ist, steigt FF zu ihr in die Wanne. Das wird sehr eng, die Wanne schwappt über, eine Flut ergießt sich auf die schwarzweißen Checkerfließen. Sie lachen und zanken sich, wer das aufwischen muß – er als Verursacher, oder sie als Hausfrau.

»Wir haben dazu beide keine Zeit.« FF stemmt sich aus der Wanne, wirft ein Badetuch auf den Boden, das sich vollsaugt.

»Jetzt komm einmal, ich habe dir was Hübsches mitgebracht, aus dem Flughafenshop in Bangkok.«

Er zieht seine Schätze aus der Tüte. Das ist ungefähr das Letzte, was Lisa sich wünschen würde, kitschig, blöde, primitiv . . .

»Zieh es einmal an, ich möchte dich darin sehen!«

Und Lisa zieht an, weil sie es nicht madig machen will, was FF so toll findet: einen Rote-Herzchen-BH mit Fransen! Einen in psychedelischen Regenbogenfarben lackglänzenden Mini-Minirock!

»Du siehst toll aus«, lobt er. Ihre Brüste quellen prall über den reflektierenden, roten Plastikherzen hervor und die Fransen zittern bei jeder Körperbewegung. Der kakadumäßige Miniminirock zeigt Bein fast bis zum Po-Ansatz. Beides Kleidungsstücke zum ranfassen und

Reingreifen, für Last-Minute-Käufe von Sextouristen am Bangkoker Flughafenshop, von Thailänderinnen geschneidert nach ihren Vorstellungen von westlichem Geschmack – und ins Schwarze getroffen. Das gefällt FF! denkt Lisa und ärgert sich, weil die vulgäre Zutat ihr überirdisches Erlebnis herabsetzt.

Aber wenn-schon-denn-schon: sie steigt in ihre hochroten, bestickten Pantöffelchen mit dem weißen Kaninchenfell und stöckelt in die Küche: »Ich brate jetzt die Steaks.« FF sieht ihr begeistert hinterher. Dann steigt er in seine Abrißjeans und in ein frisches T-Shirt, als seine Knie schwammig werden, Sterne vor seinen Augen tanzen, ein Black-Out droht. Er läßt sich auf den plüschbezogenen Klodeckel sinken und er düst ab, als Folge von Jet-lag und physischem Streß.

So sitzt er mit Augen-zu und Kopf gegen die kühlen Fließen, bis seine Nase Brandgeruch meldet. Er reißt alarmiert die Augen auf, springt hoch, stürmt aus dem Bad. Qualm zieht in Schwaden durch die Wohnung, vom Cockpit her hört er Lisas Gequatsche am Telefon, in der Küche zieht er die qualmende Pfanne vom Herd, sein Magen dreht sich um: Die schönen T-Bone-Steaks! Kohlschwarz und stinkend!

Jetzt kommt auch Lisa angetippelt, mit einem Aufschrei begleitet sie FFs Aktion, der die glutheiße Pfanne mitsamt den verkohlten T-Bone-Steaks unters kalte Wasser hält und damit eine atompilzartige Fettdampfwolke produziert.

Sie reißt das Fenster auf und er sagt: »Ich geh Currywurst holen!«

Lisa, in ihrem Rote-Herzchen-BH und dem schillernden

Röckchen, kapituliert vor dem Schmutz in der Küche. Sie hört, wie FF zurückruft: »Ich laß die Wohnungstür offen – wegen dem Qualm!« Dann hört sie den Anrufbeantworter, sprintet aus der Küche zum Telefon, an der Tür ertönt der Haustürbrummer, Lisa spurtet zur Tür, drückt den Automatenknopf, FF hat scheinbar das Geld vergessen, wedelt Qualm hin und her, sprintet zurück zum Telefon: »Jaa? Ach Anja, hier ist der Teufel los! Es stinkt und qualmt wie in der Hexenküche . . .« Die Freundinnen beginnen ein Palaver, warum Lisa das versprochene Essen mit FF abgesagt hat? »Der war in Thailand! Große Geschäfte . . .«
Wie aus dem Nichts materialisiert, steht plötzlich Dr. Mangold in der offenen Tür.
Lisa ist entgeistert. Dr. Mangold ebenso entgeistert: Die Freizeit-Aufmachung von Lisa haut ihn um. Er starrt auf ihren Rote-Herzchen-BH, starrt auf ihren Neonfarben-Lack-Mini, er beginnt zu stammeln: »Lila! Gelb! Pink! Rot!«
Lisa hält ihn für übergeschnappt, sie faßt ihn am Arm, führt ihn von der offenen Tür weg ins Appartement. »Sie brauchen jetzt einen Whisky!«
»Kakadufarben . . ., lila, gelb, rot, pink . . .« Dr. Mangold redet monoton, »wie bei den Lady-Computern!«
»Lady-Computer?« Lisa schaltet schnell, macht auf sachlich: »Ein neuer Markenartikel?«
Dr. Mangold explodiert: »Jawohl jawohl jawohl: ein Markenartikel! Der Markenname ist FF wie *Franz Ferdinand!* Ihr Mann hat zehntausend Stück davon bestellt, zehntausend Papageien-PC, Billigware aus Thailand!«
»Wohl von Miß Wang-Pi?« Lisas Argwohn meldet sich.

»Alles designed in Kakadu-Farben!« lamentiert Dr. Mangold weiter.
»Wohl von dieser Mailänderin?«
»Jawohl. Und der PR-Slogan – alles schon ohne mich festgelegt: *Lady-Computer zum Liebhaben!* FF gleich frauenfreundlich fürs Inland – und FF gleich feminin fantasy fürs Ausland – und eigentlich FF gleich Franz Ferdinand!«
»Sie dürfen Herrn von Schloßberg nicht falsch einschätzen«, Lisa versucht zu retten, was zu retten ist, »er ist ein Mann, wie sie im Management heute hoch gehandelt werden, er bringt das, was brandheiß gesucht wird: *Kreativität, Imagination, Visionen* und *Querdenkerlogistik!* – Haben Sie ein Präsentations-Video dabei?«
Dr. Mangold stöhnt. »Jawohl, deswegen bin ich ja hier!« Er reicht ihr die Kassette, ihre Hände berühren sich. Das ist nicht ohne Wirkung auf Dr. Mangold ...
Vor dem Video-Recorder, bei der Demonstration der Kakadu-PC, steht Lisa wohlberechnet dicht neben Dr. Mangold, bedient die Vor- und Rücklauftaste des Recorders, bietet Mangold dabei tiefe Einblicke in ihren Rote-Herzchen-BH.
Beim Aufrichten stolpert sie ein wenig über die Kassettenhülle auf dem Teppich und Dr. Mangold muß sie auffangen. Er hält sie umschlungen, sie lächelt ihn schillernd an: »Dr. Mangold, Sie als erfahrener Frauenkenner wissen doch, was Frauen wollen ..., die Lady-Computer sind erste Ware.«
Ist es die Aufregung über die drohende Geschäftskatastrophe oder die Erregung über Lisas unvermutete Oberweite und ihre nackten Beine?

Dr. Mangold schnappt nach Luft, wird hochrot, seine Beine geben nach, sie hält ihn fest, er klammert sich an sie.
Und plötzlich steht FF neben ihnen, Currywürste auf Pappe in jeder Hand. Eine Welle blinder Eifersucht erschlägt ihn geradezu, er wird ätzend: »Erster Grundsatz, Frau Seminarleiterin: Kein Mix zwischen Privat und Geschäft! Kontraktpartner sind keine Kontaktpartner! Ihre Worte, Frau Dr. Mayer von Schloßberg.«
»Dr. Mangold hat einen Schwächeanfall!« Lisa ist empört, »und du beleidigst ihn – und mich!«
Ein Adrenalinstoß bringt Dr. Mangold wieder zu sich: »Zehntausend Computer haben Sie bestellt, Marke *FF*, in Kakadufarben!« Ihm wird schlecht. »Entschuldigen Sie, ich muß kotzen.«
Dr. Mangold stürzt ins Bad, auf dem pitschnassen Badetuch am Boden rutscht er aus, kann sich gerade noch am Waschbecken halten, er läßt Kaltwasser über seinen Kopf laufen, will das Handtuch greifen, es ist FFs poppige Unterhose, angewidert schleudert er sie ins Eck zu anderen Klamotten. Aus seiner Sakkotasche fischt er ein paar Happy-Pillen, wirft sie sich gekonnt in den Mund und trinkt Leitungswasser nach. Vor dem Spiegel richtet er die Frisur, beginnt systematisch mit der japanischen Fingerzähl-Atemgymnastik.
Vor der Badezimmertür zieht Lisa sich in Windeseile anständig an, sie und FF zanken sich heftig. »Provision und Job stehen auf dem Spiel!« faucht Lisa.
»Schmeißt sich diesem Mangold halbnackt in die Arme!« FF ist absurd eifersüchtig.
»Du hast ja 'ne Meise!!« flippt Lisa aus.
»Dieser Beziehungskiste zwischen dir und Mangold«,

krakeelt FF, »verdanke ich anscheinend meine steile Karriere!«
»Deine Karriere! In engster Zusammenarbeit mit deiner Mailänderin!! Triffst dich mit ihr im Vier Jahreszeiten! Spielst mit ihr *Golf!* Machst werweißwas mit ihr!«
»Jetz werde nicht hysterisch – sie ist die Geliebte deines Vaters!«
»Waaas ...!« Lisa rastet jetzt total aus:
»Du lügst mich doch an!«
FF feixt: »Das ist eine ganz heiße Kiste!«
Lisa ist fertig angezogen, schlüpft noch in die Schuhe. Dr. Mangold kommt aufgefrischt aus dem Bad. Mit mühsamer Höflichkeit verabschiedet er sich: »Also dann bis morgen ...«
Als Mangold draußen ist, schreien beide gleichzeitig:
»Ich laß mich scheiden!«

51.

Nur noch rote Zahlen, geplatzte Wechsel, Pfändungen! Und die irren Machenschaften von diesem Schloßberg!« Dr. Bertram, verantwortlich für das Finanzwesen, lädt bei seinem Chef den Frust ab. Seine Magenfalten sind wie mit dem Messer nachgeschnitten. »Ich lehne jede Verantwortung ab!«

Im Schreibtischsessel, hinter seinem futuristischen Schreibtisch, kauert Dr. Mangold in Erwartung des Adrenalinstoßes.
»Ich kündige hiermit, Herr Dr. Mangold! Ich nehme ab sofort den mir zustehenden Jahresurlaub, unbezahlten, wie ich vermute. Denn die Kassen sind leer.«
Dr. Mangold schreit außer sich ins Sekretariats-Mikro: »Herr von Schloßberg! Sofort zu mir! Den Burschen kaufe ich mir!«
Vorzimmerdame Irene antwortet durch den Apparat: »Herr von Schloßberg wollte gerade zu Ihnen.«
FF erscheint erfolgssicher in der Tür, wird von Dr. Mangold niedergeschrien: »Sie treiben mich in den Ruin! Und alle anderen mit! Die Kassen sind leer und Sie ordern zehntausend von diesen kakadufarbigen Lady-Computern!« Dr. Mangold gerät außer Kontrolle: »Wie sollen wir das bezahlen!!«
Für FF ist die Aufregung unverständlich: »Null problemo: Ich habe doch den Fünfmillionen-Kredit aufgerissen. Auf dem Venture-Markt. Günstige Kondition: fünfundzwanzig Prozent per anno auf fünf Jahre. Sie waren doch selbst dabei, im Stroganoff.«
Dr. Bertram starrt entgeistert auf Dr. Mangold. Der stiert ins Leere, sucht nach Gedächtnisspuren in seinem irgendwie halbtoten Gehirn, er hat keinen Funken Erinnerung. Ein Lokal namens Stroganoff? Und da will dieser Angeber fünf Millionen aufgerissen haben, Wagnis-Kredit, hört sich an wie eine Horrorstory aus dem Businessbereich.
»Herr von Schloßberg, Sie sind ein großkotziges Lügenmaul!«

»Da haut's dir doch den Vogel raus: Dr. Mangold, Sie haben selbst unterschrieben«, kontert FF.
Dr. Bertram ist beleidigt: »Und wieso weiß ich nichts von den fünf Millionen?«
FF zuckt nur die Schultern, er beobachtet mit Unbehagen den Firmenchef, der im Sessel hängt und angestrengt ins Leere starrt.
»Stellen Sie doch einmal rüber zu Corinna«, weist FF die Vorzimmerdame an, »sie soll sofort mit dem Papier kommen.«
»Mit was für Papier?«
»Sie weiß schon.«
Er greift in Mangolds Sakko-Innentasche, inzwischen kennt er dessen Geheimfach. »Herr Dr. Mangold, brauchen Sie vielleicht Ihre Pillen? Irene, ein Glas Wasser!«
Und zu Mangold: »Wie viele?«
Mangold hält vier Finger hoch. Er bekommt seine Pillen, trinkt Wasser nach. Man wartet auf Wirkung.
Mangold kriegt wieder Farbe, sein Auge wieder Glanz, er richtet sich auf im Sessel und sagt zu FF: »Mit diesen Kakadu-PCs setzen Sie meinem Leben ein Ende.«
FF protestiert: »Das ist erst der Anfang, ein echt innovatives Projekt, das wird der große Marktfeger.«
Corinna, im perfekten Citylook, mit Föhnfrisur, überreicht in einer Mappe ihrem Chef FF das gewünschte Papier, der zieht den handgeschriebenen Vertrag aus der Mappe, knallt ihn wie eine Trumpfkarte vor Mangold auf den Schreibtisch.
»Hier!« Er pocht nachdrücklich auf das Gekritzel unten rechts: »Ihre höchstpersönliche Unterschrift!«
Mangold starrt auf seine Signatur, starrt auf den hand-

geschriebenen Betrag: Fünf Millionen! Starrt auf die Prozente: Fünfundzwanzig Prozent!

Dann sackt er im Chefsessel zusammen, japst merkwürdig, kippt leblos aus dem Sessel auf den Teppichboden.

FF diagnostiziert alarmiert: »Wahrscheinlich Herzinfarkt!«

Und zu Dr. Bertram: »Los! Machen Sie Mund-zu-Mund-Beatmung. Ich rufe den Notarzt!«

Dr. Bertram ist total überfordert: »Ich habe ein Magengeschwür.«

FF sagt: »Los, los!« Bertram versucht sein Bestes.

FF zu Irene: »Los, machen Sie Herzmassage! Das kennen Sie doch vom Erste-Hilfe-Kurs.«

FF greift zum Telefon, wählt die Notrufnummer: »Achtung! Hier Herzinfarkt! Bitte sofort kommen. Die Adresse: *Dr. Mangold Computer-Betriebssysteme*. Ja, ich buchstabiere:

M wie Marketing, A wie Analyse, N wie Nettoergebnis, G wie Gewinnoptimierung, O wie Offenbarungseid, L wie Leasing, D wie Datencoordination, C wie Computer, V wie Vertrieb, S wie System, . . . was? Sie verstehen nicht? Na *Mangold!* Wie das Küchengemüse!

Corinna nimmt ihm den Hörer aus der Hand, spricht in die Leitung: »Ich buchstabiere:

Martha Anton Nordpol Gustav Otto Ludwig – Neues Wort: Cäsar Veilchen Siegfried

Industriegebiet zwo, erste Einfahrt rechts.«

Sie blickt triumphierend FF an: »Kommen sofort.«

FF sagt anerkennend: »Gut gemacht. Was ich gesagt habe. Du bist lernfähig, weil voll motiviert!«

»Weitermachen!« befiehlt FF den auf dem Teppichboden

über Mangold schuftenden Helfern, Dr. Bertram Mund-zu-Mund, und Irene rittlings über ihrem Chef wie eine haßerfüllte Hochdruckmaschine gegen dessen Rippen.

52.

Eigentlich reden sie nicht mehr miteinander, seit gestern, seit: *Ich lasse mich scheiden!*
Aber dies hier ist zu brisant für kleinliches Beziehungsspiel. Die Tür zum Appartement wird aufgestoßen und FF stürmt herein, ruft Lisa am Cockpit zu: »Stell dir vor: Herzinfarkt!«
Und auf dem Weg zur Küche:
»Er kippt aus dem Sessel und leistet sich einen Herzinfarkt!«
»Herzinfarkt? Wer? Mangold?« Lisa ist geschockt.
FF erscheint in der Küchentür, hat eine kalte Currywurst von gestern, verschlingt sie, sagt mit vollem Mund: »Ja, Mangold! Der Notarzt hat ihn vorhin abtransportiert, er lebte noch.« FF kommt kauend näher. »Ich sag dir was, die sind so blöde vom Notdienst, wir mußten zweimal Mangolds Namen buchstabieren!«
Nachdem er gegessen hat, dreht er sich eine, zündet sie an und raucht.
Lisa sagt giftig: »Du bist schuld! Du mit deinen dämli-

chen Lady-Computern als Kakadu-Programm! Du hast ihn fertiggemacht!«

»Und die Pillen von Miß Ding-Dong.«

Lisa nimmt das Telefon und wählt. »Jetzt wundert mich gar nichts mehr. Wenn der über den Jordan geht, kann ich mein Honorar vergessen. Die Firma ist nur noch Schrott.«

Am Telefon meldet sich Tante Edelgart: »Gut, daß du anrufst. Soll ich Hering in Aspik bestellen für das Party-Büfett? Oder ist das zu ordinär?«

»Ich will Vater sprechen! Sofort!«

»Und sollen wir Herrn Hossmann einladen?«

»Verdammt, nein!! Der Sägefisch paßt höchstens auf das kalte Büfett! Meinen Vater! Dringend!«

Edelgart ist pikiert. »Jaa, jaa ...«

FF kann ein Lachen nicht unterdrücken. »Das hättest du sehen sollen! Bertram bei der Mund-zu-Mund-Beatmung und Mangolds Vorzimmerdame rittlings auf ihrem Chef, hat ihm bei der Herzmassage fast die Rippen gebrochen!«

»Da kannst du lachen!« Lisa ist empört. »Vater? Ja, ich bin es. Mangold hat einen Hezinfarkt!«

»Interessant«, sagt Dr. Dr. Lorenz Mayer.

»Ist das alles? Du findest das interessant?!«

Lisa ist eigenartig berührt.

»Ich meine, es tut mir leid. Da kann er ja am Golfturnier nicht teilnehmen. Und auch nicht an deiner Geburtstagsparty.«

»Ist das alles, was dich interessiert?«

»Wie steht es mit der Firma?«

»Ein Schrottladen!«

»Mit deinem Ehemann an der Spitze?« Dr. Dr. Mayer lacht.
»Du lachst! Hast du Champagner getrunken?«
»Gar nicht so schlecht geraten! In welcher Klinik liegt er?«
»Heilig-Herz-Klinik.«
»Okay«, sagt Dr. Dr. Mayer, »ich werde ihn umgehend aufsuchen. Was ist mit dir? Hast du dich zum Turnier schon angemeldet?«
»Ich hab keine Lust auf das Turnier!«
»Also dann bis zu deinem Geburtstag, wir machen ein großes Fest.«
Lisa steht da und blickt zweifelnd auf das Telefon in ihrer Hand, dann fragt sie FF: »Habe ich eben mit meinem Vater telefoniert? Er war so merkwürdig.«
»Wahrscheinlich sitzt Elena Boticina neben ihm und hält ihm nicht nur die Hand . . .«

Aber Dr. Dr. Mayers Anteilnahme an Dr. Mangolds Herzinfarkt ist größer, als Lisa denkt. In der Privatklinik Heilig Herz sitzt er an Mangolds Klinikbett, macht seinem Golffreund einen Krankenbesuch. Der hängt an Infusionsschläuchen. Euphorisch von den Infusionen flüstert er: »Ihre Tochter Lisa – die hat vielleicht Titten . . .«
Dr. Dr. Mayer glaubt, sich verhört zu haben: »Sie haben Halluzinationen, Dr. Mangold.«
». . . und ihre knackigen Oberschenkel.«
»Das ist der Medikamentenrausch!« Dr. Dr. Mayer blickt skeptisch auf die Schläuche: »Sie sind ja geradezu obszön euphorisch!«

Dr. Mangold perlen Tropfen von der Stirn.
»Ich rate Ihnen, Streß abzubauen, Ballast abzuwerfen, möglichst auszusteigen«, sagt Dr. Dr. Mayer eindringlich, »Sie müssen sich sanieren!«
Dr. Dr. Mayer beugt sich dicht runter zu Dr. Mangold, redet auf ihn ein mit fast diabolischem Unterton: »Ich habe da einen optimalen Vorschlag für Sie.«
Er macht ihm Vorschläge, denen Dr. Mangold mit begeistertem Kopfnicken zustimmt. Dr. Dr. Mayer sagt abschließend: »Das gibt eine enorme Überraschung!«

53.

Bunte Lichterketten von Baum zu Baum im altmodischen, verträumten Park rund um Dr. Dr. Mayers helle erleuchtete, altherrschaftliche Villa, Bodenfackeln und eine riesengroße, angestrahlte, goldene Vierzig, ein orientalischer Tanzpavillon, ein luxuriöses Feinschmekkerbüffet unter den Bogenlampen auf der ausladenden Terrasse und eine hochkarätige Gästeschar, Stimmen, Lachen, Gläserklingen und Musik – hier wird ein großes Fest gefeiert: Dr. Dr. Lorenz Mayer gibt eine Sommerparty für seine Tochter Lisa zum vierzigsten Geburtstag. Von der Champagner-Nobelmarke bis zu den Papierservietten, vom Glühbirnenersatz bis zur Zigarrenauswahl

liegt die perfekte Organisation und Abwicklung der Festivität wieder in den Händen der renommierten Party-Agentur, nur die Gästeliste wurde von Vater und Tochter persönlich erstellt, und FF hat seinen Wunsch durchgeboxt, daß die *Black-T*-Band zum Tanz aufspielt, denn die bietet den besonderen Sound, der ein Fest erst zum Fest macht:
Musik vom Feinsten, Sound-Power zum Ausflippen, Beat, der in die Beine geht, Bläser zum Niederknien, ein Sänger, der seine Message jedem in die Ohren powert – *alles und mehr als alles!* – Ja! Ja! Ja! Die Paare auf der Tanzfläche des Pavillons verstehen und akzeptieren die Botschaft: es gibt *mehr als alles!*, und *zuviel ist nicht genug!* Sie tanzen, wie sie noch nie getanzt haben, die Musik der *Black-T*-Band mischt ihr Blut auf, bringt ihre Körper zum Swingen, öffnet ihre Herzen, läßt sie die Beine werfen und die Füße in italienischen Pumps und hochglanzpolierten Herrenschuhen den Rhythmus auspowern, die Hände zupacken nach den Händen des Partners im Vor-und-Zurück-Schwung, die Männer fangen die Taillen ein, ziehen die Damen an ihre Brust, kreisen mit ihnen um die eigene Achse wie zwei-Personen-gleich-eine-Person, sie erleben das Freisein, jenseits aller Zwänge, die Lust am Lachen, den hochgeputschten Sex, die Lösung verschnürter Gefühle . . .
Das strahlendste Tanzpaar sind Lisa und FF. Lisa, das Geburtstagskind, mit ihrem legendären Ehemann. Sie sind die schnellsten, talentiertesten Tänzer, ein Paar, so flippig und elegant, daß am Rand der Tanzfläche die Societygäste, mit erlesenen Häppchen links und erlesenen Getränken rechts, das Essen und Trinken vergessen.

Ja, Lisa wird heute vierzig. Sie ist emanzipiert genug, daß sie aus ihrem Lebensalter kein Geheimnis macht, sie kann es sich leisten, denn sie sieht knackig aus, zum Anbeißen an der Seite ihres zehn Jahre jüngeren Ehemanns. Auf der marmorglatten Stirn nur eine Spur von Furche – die vom Vater geerbte, steile Unwetterfalte, in den Augenwinkeln einzelne Krähenfüßchen, eine Figur zum Träumen im schwarzen, schulterfreien Paillettenkleid mit superkurzem Rüschenrock zu Klassebeinen in straßverzierten Designerpumps, die Maroni-getönten Haare von Guru Strohelms Meisterhand persönlich kess gegen den Strich gebürstet zu einer flippigen Igelfrisur, die glitzerlustigen Augen durch Kontaktlinsen von der Brille befreit.

Die Herren am Rand der Tanzfläche, die bei ihrem Anblick Essen und Trinken vergessen, haben unsagbare Phantasien. Die Damen sind verschossen in den Ehemann, den sie bei der Hochzeit als wilden *Stadtindianer* erlebten, und der inzwischen Topmanager sein soll, an der Spitze einer Computerfirma, und der heute Abend in seinem Smoking, mit der Kurzhaarfrisur und dem ab und zu aufblitzenden Ohrring so unverschämt gut aussieht und so unverschämt gut tanzen kann, daß sie in Gedanken konkurrieren, wer als nächste seine Tanzpartnerin sein wird.

Grund zu Klatsch und Tratsch gibt auch ein anderes attraktives Paar: Dr. Dr. Lorenz Mayer beweist sich als eleganter Tänzer, der sich mit Geschick den ungewohnten Rhythmen anpaßt, mit einer kupferroten Superfrau im kupferfarbenen Alta-Moda-Modell, Elena Boticina, mit Sommersprossen auf der Nase und flammend roten Lippen, die Dr. Dr. Mayer anlächeln, anlachen, ansprechen, und mit blitzenden Augen, die ihn anhimmeln. Und Dr. Dr. Lorenz Mayer himmelt zurück, lächelt, lacht ... Für alle sichtbar und unempfindlich gegen Klatsch und Tratsch: ein heiß verliebtes Paar.

Ein Mann wie ein russischer Tanzbär, leichtfüßig trotz Körpergewicht, im bordürenverzierten Festtags-Russenkittel, Stroganoff-Chef Ivan, schwenkt Dr. Anja Busse über den Tanzboden, daß Anja fast die Besinnung und die Balance verliert, russisch-total, fest in seinem Arm, ob sie will oder nicht. Aber sie will ja. Der mächtige Mann mit den leichten Füßen ist groß, aber Anja, mit ihrer von brillantbesetzter Spange notdürftig gehaltene Haarmähne und ihren Endlosbeinen in extra hohen Stöckelschuhen überragt Ivan um einen halben Kopf. Das Societyvolk am Tanzflächenrand verkneift sich das Lachen: das Paar hat einen grotesken Touch.

Es gibt noch mehr zu sehen: schöne Frauen, interessante und weniger interessante Herren. Lisas Freundin Susanne hat ihren neuesten Flirt mitgebracht, ein im Patientenkreis aufgelesenes, bärtiges Psycherl, dessen Qualitäten mehr als auf der Tanzfläche wohl im Geldbeutel zu finden sind. Das Ehepaar Dr. Karin Huber-Moosbaum und Herr Moosbaum trägt die neueste Brillenkreaktion zur Schau, der Gatte steuert die Gattin tanzgeübt und elastisch, trotz Fettbauch, durch die Tanzenden. Lifestylistin Maya Kadowski-Schelling, im brandneuen Modell aus der brandneuen Kollektion ihres High-Class-Fashion-Shops, wird zu den dominant ausgespielten Bläser-Crescendi eher sanft bewegt von

Frisier-Guru Mike Strohelm in Smokingjacke aus Goldbrokat.
Die Band *Black-T* endet mit einem Schlagzeug-Furioso und überläßt die Tänzer ihrer Atemlosigkeit, ihrem unfeinen Schweiß und ihrem Durst, der sie das Büfett stürmen läßt, wo Tante Edelgart, wie ein Wachhund, als bissige Frau des Hauses ihr Revier regiert, ein Terrain, ernstlich gefährdet durch diese rothaarige Hexe, die Lorenz immer Lorenzo nennt – in einem Tonfall, der ihm den Verstand zu rauben scheint.
Lisas Freundinnen Anja, Susanne, Maya und Karin setzen zum Sturm an auf ihr Lieblingsobjekt: FF, von dem sie soviel wissen, diesem Stadtindianer, der sich von Lisa heiraten ließ, dem Lisa die lange Mähne pesönlich abgeschnitten hat und der keine Cowboystiefel mehr trägt, der eine Spitzenkraft der Industrie sein soll, und sich gerade deshalb nicht von seinem Ohrring trennte, der in Thailand Geschäfte tätigt und angeblich seine Frau betrügt . . .
Dr. Dr. Mayer gibt der Band ein Zeichen, Edelgart hat dafür gesorgt, daß jeder ein gefülltes Champagnerglas hat, die Bläser lassen einen Tusch erklingen.
Erwartungsvolle Stille. Als Einzige flüstert Elena Boticina: »Lisa, Sie werden gleich eine große Überraschung erleben, fantastico!« Lisa zeigt gemischte Gefühle: die Geliebte und Vertraute des Vaters geht ihr empfindlich gegen den Strich, die angekündigte, fantastische Überraschung wird doch nicht etwa Vaters Verlobung mit dieser Mailänderin sein!
Dr. Dr. Mayer ergreift das Wort: »Ich bitte um Gehör. Jetzt kommt die große Geburtstagsüberraschung! Meine

liebe Lisa, für dein erfolgreiches Schaffen habe ich mir ein ganz besonderes Geschenk ausgedacht ...« Er gibt der Band nochmals ein Handzeichen für einen erneuten gewaltigen Tusch.
»Mein Geschenk an dich ist die Firma *Dr. Mangold CVS*, die, so schlage ich vor, den Namen *Mayer von Schloßberg CVS* tragen soll!«
Gespannte Stille. Lisas Nerven reagieren mit einem Schock, ihr IQ löst einen Kurzschluß in Kettenreaktion aus, mit einem unerträglichen Klingeln überspringen die elektromagnetischen Signale die Schaltstellen der Gehirnzellen und nerven Lisa mit schrillen Gongschlägen. Hinter ihr steht FF und sie hört sein: »Scheiße!«
Dr. Dr. Mayer hascht nach einem Lacher: »Es war ein günstiger Kauf. Ich gratuliere dir, mein Kind, nun bist du Unternehmenseignerin!«
Alle klatschen. Ein nobles Geschenk von einem noblen Vater!
FF faßt Lisa von hinten um die Mitte, zieht sie an sich, küßt sie in den Nacken, flüstert mit heißem Atem an ihrer Haut, daß sich ihre Nackenhärchen erregt aufstellen: »Beknackte Scheiße! Dein Vater hat sie nicht alle! Jetzt verrate ich dir einen großen Mist: Ich habe einen Wagnis-Kredit aufgenommen! Wir haben fünf Millionen auf dem Hals – zu fünfundzwanzig Prozent per anno!«
Lisa ist entsetzt, kann ihrem Entsetzen nicht Ausdruck geben, denn alle umringen Lisa, man gratuliert mit Händeschütteln, Wangenküßchen, kleinen, begeisterten Aufschreien.
Lisa sagt zornig halblaut zum Vater neben ihr: »Dieses

extravagante, ruinöse Geschenk habe ich wohl deinem aufgelockerten Lebenswandel zu verdanken?«
»Es ist die Einlösung meiner Wettschuld. Du hast gewonnen. Du hast deinen Ehemann offensichtlich erfolgreich einprogrammiert. Es war schon immer mein heimlicher Wunsch, dich als Unternehmenseignerin zu sehen, mit eigenem Soll-und-Haben, ist doch besser, als mit Unternehmensberatungen für Pleitegeier den Schuhputzer zu machen. Ich hoffe, es macht dich glücklich.«
Lisa sagt: »Du hast ja keine Ahnung, was dieses Geschenk für mich bedeutet!«
Er gibt ihr einen Kuß auf die Wange: »Dr. Mangold wünscht dir Hals- und Beinbruch.«
Auch Elena Boticina verabreicht Lisa einen Kuß rechts und einen Kuß links, dann stürmische Umarmung, dann ein Von-sich-Strecken mit optimistischem Anstrahlen, Elena führt sich auf, als wäre sie bereits Lisas jugendliche Schwiegermutter!
»Lisa, Sie sind jetzt meine Chefin, bei dem heißen Lady-Computer-Großprojekt! Ist das nicht fantastico?!«
Lisa verpaßt ihr ein vernichtendes Statement: »Das ist absolut nicht fantastico! Ihr Kakadu-Programm, Elena, ist mein finaler Todesstoß!!«
Elena Boticina starrt Lisa ungläubig und erschreckt an. Aber Lisa muß weiter Wangenküsse, Handküsse und Schmeicheleinheiten entgegennehmen, Anja, Susanne, Maya und Karin fordern ihr Recht auf Busenfreundschaft und Sensationslust: Lisa und ihr extremes Leben sind aufregender als jeder Kino- oder TV-Film!
Mit einem Fanfarenstoß der Bläser beginnt die *Black-T-*

Band mit einem fetzigen Dixie, Lisa sieht ihren Vater tanzbereit auf sich zukommen, da ergreift sie die Flucht auf die Toilette. Ein pulsierender Kopfschmerz martert sie, in hartem Beatrhythmus dröhnt es: Fünf Millionen! Fünf Millionen! Fünf Millionen! Der Puls rast, sie läßt Wasser über ihre Handgelenke laufen. Eine hellsichtige Eingebung sagt ihr, daß FF abgehauen ist. Sie schleicht sich in die Party, hält Ausschau. Es ist wahr: er ist weg!
Sie nimmt ihre Handtasche, verläßt eilig das Fest, geht zum Parkplatz. Aber da steht ja sein Sportwagen! Als sie näherkommt, sieht sie die Schrift, mit Allesschreiber hingeschmiert, auf der Windschutzscheibe:
Zu verkaufen! Liebhaberpreis – Fünf Millionen DMark!

54.

Lisa fährt ihren BMW in die Tiefgarage auf den Stellplatz. FFs altes Motorrad ist nicht da. Der stechende Kopfschmerz meldet sich wieder.
Im Appartement hat FF ein Abschiedsszenario der unfeinen Art hinterlassen. Lisa steigt durch das Chaos. Auf dem Kingsizebett, im Bad, in der Küche liegen FFs Klamotten, hingeschmissen, aus dem Schrank gezerrt, ohne weiteren Verwendungszweck: seine Smokingjacke, sein Partyhemd, seine Designerkrawatte, sein Ar-

manianzug, sein Fischgrätsakko, sein Kaschmirsweater, seine Schuhe. Auf dem Teppichboden ein Müllchaos: zerknülltes Papier, alte Comics, Tankstellenzettel, leere Tabakdosen, Colabüchsen. Anscheinend hat FF die Taschen seiner Bomberjacke hier entleert. Wie ein Elektroschock trifft Lisa die Entdeckung: Auf dem Kingsizebett kein Teddy mehr da! Den Teddy mit der roten Zipfelmütze hat FF mitgenommen! Diesmal ist es endgültig: FF hat aufgegeben. FF ist weg, fort für immer.
Die Panik packt sie hart und grausam, sie ist am Ende, sie kann ihr eigenes Grab schaufeln in einem gigantischen Scherbenhaufen, eine Grube im Trümmerfeld des beruflichen Bankrotts, des finanziellen Ruins, des Imageverlustes – und der verlorenen großen Liebe . . .
Sie hastet ins Bad, läßt ihre Kontaktlinsen ins Zahnputzglas fallen und öffnet die Schleusen für die Tränen, die wie Bäche ihr Gesicht nässen. Selbstmitleid überflutet sie.
Nach Abfluß der Tränen gewinnt sie ihre Fassung zurück, ruft in Vaters Villa an, Tante Edelgart ist am Apparat. Ehe die ein langes Lamento über Lisas rätselhaftes Verschwinden loslassen kann, sagt Lisa: »Anja soll zu mir in die Wohnung kommen, sofort, es ist sehr dringend. Du weißt schon: Dr. Anja Busse. Sag ihr das!« Sie legt auf, um Edelgarts Randbemerkungen zu entgehen.
Am Fenster steht Lisa dann herum, starrt in die Nacht, sie zieht eine herbe Bilanz: Geisteskrank muß sie gewesen sein, einen Stadtindianer zu heiraten, mit Kick gegen die Gesellschaft, bedenkenlos den Vogelwilden einzuprogrammieren in die Industrie, ohne nach dem Wenn

und Aber zu fragen, ihn der Kontrolle entschlüpfen zu lassen. Sie, die sonst mit kühlem Kopf und emotionslos, unsichere Kandidaten für Topjobs fallen läßt, ihnen den Karriereknick beschert, ohne deshalb schlechter zu schlafen, hat diesen Outsider hochgeputscht, der sich ein krasses, schrilles Spiel geleistet hat, als Wellenritt gegen den Zeitgeist, mit Mega-Absturz in die Katastrophe.

Und warum das alles? Aus blinder Liebe! Aus Lust am Kampf-und-Machtspiel gegen den Vater, aus spielerischer Wettsucht. Der Einblick in die eigenen Abgründe macht sie fertig. Der Gefühlsstau würgt ihr den Kreislauf ab, sie muß sich bewegen, setzt an zum Hin-und-Hergehen, aber das Müllchaos ist hinderlich.

Am Boden entdeckt sie einen zerknüllten, ungeöffneten Brief, den hebt sie auf, adressiert an Franz Ferdinand von Schloßberg, Stroganoff, München-Thalkirchen. Sie liest laut den Absender: »Maria von Schloßberg-Ferera, Rio de Janeiro.«

Ohne Skrupel reißt sie den Umschlag auf, beginnt zu lesen, platzt plötzlich laut heraus: »Habe meinem Sohn Franz Ferdinand notariell einen alten Hotelkasten in Leipzig (aus den wiederaufgetauchten Liegenschaften derer von Schloßberg) auf seinen Namen überschreiben lassen ...«

Lisa sucht auf dem Brief nach der Telefonnummer, nimmt ihr Telefon, drückt eine Nummer: »... wie ist die Vorwahl von Rio de Janeiro?«

Die Türglocke ertönt, Lisa drückt den Türöffner, wählt die Nummer in Rio de Janeiro.

Ein merkwürdiges Telefonat startet von Kontinent zu

Kontinent. Erst schreit eine Frauenstimme: »Hallooo??«
Dann sagt Lisa: »Hier spricht Dr. Lisa Mayer von Schloßberg, Ihre Schwiegertochter ...«
Eine Art Aufschrei quittiert diese Mitteilung und dann kommt Lisa nicht mehr zu Wort.
Mit Gewalt verschafft sie sich Gehör: »Was ist mit dem Hotel in Leipzig?«
Es gongt an der Appartementtür. Lisa öffnet, mit ihrem schnurlosen Telefon in der Hand. Anja, noch im Party-Dreß, steht in der Tür: »Was hetzt du mich mitten in der Nacht hierher ...?!«
Lisa wehrt ab, zeigt aufs Telefon, sagt abseits: »Meine Schwiegermutter!«, winkt Anja in die Wohnung, eilt zum Anrufbeantworter und drückt die Verstärker-Taste, damit Anja mithört.
»... den Kasten in Leipzig will ich nicht. Wahrscheinlich eine Verfalls-Ruine, total sanierungsbedürftig und kostenintensiv ... Franz Ferdinand kann damit machen, wozu er Lust hat ...«
»Nimm das Telefonat auf Band!« sagt Anja zu Lisa, »zur Dokumentation!«
Lisa nickt, drückt die entsprechende Taste, schreit ins Telefon: »Moment mal! Franz Ferdinand ist überhaupt nicht mehr hier! Er ist weg! Abgehaun!«
Die Frau in Brasilien produziert ungebremsten Redefluß: »Mein Sohn ist also verschwunden! Zum Totlachen, das sieht ihm ähnlich. Franz Ferdinand macht nur was, solange es gut geht. Dazu hab ich ihn erzogen, ohne Wenn und Aber, extrem antiautoritär.«
Lisas und Anjas Gesichter zeigen Verblüffung.

»Und Sie sind mit ihm verheiratet? Sie Ärmste!«
Lisa macht den Mund auf, will was sagen, kommt nicht zu Wort.

»... Mein Sohn ist genau wie ich. Er braucht die Freiheit, genau wie ich. Wenn's mir nicht mehr paßt, geh ich. Da kann mein Eduardo noch so winseln und auf allen Vieren kriechen. Und eins sage ich Ihnen ...«
Lisa und Anja können nur noch tief durchatmen.

»... Kritik kann Franz Ferdinand überhaupt nicht ertragen, da macht er gleich den Aufstand, wie bei seinem Stiefvater, diesem Rinderzüchter damals, den hat er so in Wut gebracht, der hat dann sogar auf ihn geschossen und Franz Ferdinand ist abgehaun, noch in der Nacht ... Seitdem sind Ansichtskarten das einzige, was ich von ihm habe ...«
Lisa erhebt ihre Stimme: »Ich ...«
Die Frau ist nicht zu drosseln. Wenn Lisa per Bildschirmtelefon den Durchblick bis Rio hätte, die Szene am anderen Ende der Leitung würde ihr den Rest geben: Wie da FFs Mutter auf ihrer Terrasse, bei eisgekühlten Drinks, im ausladenden Rohrsessel hängt und ins Telefon palavert, haufenweise Brillanten an den Fingern, eine qualmende Kuba-Zigarre zwischen Zeigefinger und Daumen, die üppigen Haare auf dem Kopf zusammengezurrt mit einem indianischen Holzperlenband – vor sich angestrahlte Palmen und dahinter das Lichtermeer von Rio, neben sich, auf der Bambusliege, den beleibten, schnarchenden, brasilianischen Ehemann. Die Frau in Rio holt Luft und schmettert weiter in die Leitung: »Ich habe genug Ländereien und Bestitztümer hier in Brasilien am Hals. Durch Heiraten und Erbschaften.«

Sie lacht. »Drei Ehemänner habe ich unter die Erde gebracht ...« Sie lacht noch mehr. »Der vierte liegt hier neben mir und schnarcht!«
Lisa macht noch einen Versuch: »Hallo! Moment mal!«
Dann aus Brasilien ein empörtes: »Eduardo!!« Darauf ein Wortschwall portugiesischer Flüche. Dann Stille.
Das Telefonat ist unterbrochen, beendet. Lisa fuchtelt mit dem Hörer. »Was ist nun los?«
Anja bläst hörbar die Luft raus: »Sei froh, daß deine Schwiegermutter so weit weg wohnt.«
»Das ist ja zum Durchdrehn!« stöhnt Lisa und wirft sich aufs Kingsizebett zwischen FFs Klamotten, mit dem zerknüllten Brief zwischen den Fingern ...
»Du hast mich doch nicht von der Geburtstagsparty hierher beordert, um deine Schwiegermutter anzuhören!« Anja setzt sich an den Bettrand. »Also, wo ist dein Problem?«
»Ich bin ruiniert! So oder So oder So!« Lisas Stimme zittert. »Vaters Geburtstagsgeschenk macht mich fertig. Ich bin Eignerin einer Konkursfirma und jeder erwartet, daß ich sie in die schwarzen Zahlen hochwirtschafte, weil das mein Beruf ist.«
»Du kannst die Annahme des Geschenks verweigern.«
»Kann ich nicht! Wenn ich die Firma nicht nehme, verliere ich meinen Ruf, weil ich die Firma ja vorher im Sanierungskozept hatte!«
»Du kannst die Firma verkaufen.«
»Das wäre ein Eingeständnis meiner Unfähigkeit! Und wer kauft überhaupt so eine Firma, wo jeder Zentimeter hoch belastet ist, sogar Grund und Boden sind geleast. Nur mein Vater kauft sowas günstig als Geburtstags-

überraschung. Vielleicht als nachträglichen Beweis für FFs spektakulären Dilettantismus.«
Lisa ist am Rande eines neuen Tränenausbruchs. Anja nimmt ihre Hand und fragt die Freundin: »Soll ich dir einen Tee machen, vielleicht Pfefferminz?«
Lisa setzt sich auf im Bett, schüttelt sich vor Grausen: »Kein Mensch gibt mir, bei dieser Konstellation, noch einen Beratervertrag!«
Sie schnellt aus dem Kingsizebett, stellt sich vor Anja und schleudert Selbstanklagen heraus: »Als Headhunterin bin ich erledigt! Ich habe meinen Ehemann hochgeschossen in eine Top-Position! Ich habe ihm ohne Kontrolle alles überlassen! Habe nicht gemerkt, daß er einen Kredit aufnimmt: Fünf Millionen! Fünfundzwanzig Prozent per anno! Wagnis-Kapital!«
Anja ist erschlagen: »Das sind ja einskommazwofünf Millionen Zinsen jährlich!«
Lisa bekennt ihren größten Kummer: »Es ist alles im Eimer! Nicht mal einen Ehemann habe ich noch!«
»Du mußt jetzt einen kühlen Kopf und eiserne Nerven beweisen, das ist doch immer deine Stärke gewesen.«
Lisa ist kurz vor einem hysterischen Anfall. »Ich habe keine Stärke mehr, keinen kühlen Kopf und keine Nerven!«
Sie flippt aus, schreit: »Beknackte Scheiße! *Da haut's dir ja den Vogel raus!* Ich sehe schon, wie sie sich alle totlachen. Diesen Kollaps überlebe ich nicht! So gigantisch bin ich noch nie gegens Riff geknallt!«
Anja wundert sich über Lisas Sprachschatz.
Lisa lacht abgedreht: »Jetzt sag' ich dir was, Anja:

Ich werde bei mir selbst Unternehmensberaterin! Da kann ich wenigstens ein Honorar fordern!!«
Was Lisa nicht hinausschreit, was in ihrem Inneren tobt: FF ist weg! FF ist weg! FF ist weg! Nie mehr Blaue Stunde im Kingsizebett. Nie mehr Juchzer auf der Waschmaschine. Nie mehr Sex mit allen Lichtern an im Bad. Nie mehr Küsse mit Geschmack nach Tabak und Bier. Nie mehr seinen Lustschrei *Leisa*!!
Anja setzt an zu juristischen Spitzfindigkeiten, aber Lisa fällt ihr ins Wort: »Bitte, Anja, geh!«
Anja zeigt Verblüffung, sie steht vom Bettrand auf, nimmt Lisa den Brief ab. »Er hat also ein Hotel geerbt, das muß er beim Notar regeln.«
»Aber er ist nicht da, FF ist weg, ist abgehaun.«
»Hat er keine Adresse hinterlassen?«
»Macht der doch nie!« Und nach einer Pause voller Erbitterung: »Bitte geh, ich muß allein sein! Ich glaube, das Wetter schlägt um, eine Migräne ist im Anmarsch, ich rufe dich morgen an. Okay?«

Anja geht, und Lisa nimmt drei Kau-Aspirin, leert eine Flasche Mineralwasser, nimmt Eiswürfel aus der Kühlbox (das einzig vorrätige), füllt einen Netzbeutel zum Strümpfewaschen, schreckt damit Gesicht und Nacken ab, und die Ohren, die Handgelenke, die Achselhöhlen, den Brustansatz, soweit das schulterfreie Partykleid es zuläßt. Die Abschreckaktion wirkt sich aus, drückt das Seelenchaos in den Untergrund, schaltet Lisas in die Wüste geschickten Intelligenz-Quotienten ein. Ergebnis: Lisas Denksystem funktioniert in bewährter Routine, cool, taktisch, zielorientiert. Erster Schachzug im

Rette-sich-wer-kann-Manöver: Es gilt, FF ausfindig zu machen, wegen der Hotel-Erbschaft, wegen des erheblich verschleppten Notariatstermins, und weil finanzielle Angelegenheiten der Regelung bedürfen.
Ich bin ganz cool! sagt sich Lisa, sie nimmt den Brief vom Nachttisch, schiebt ihn in den Ausschnitt, überlegt an welchem Ort FF wohl aufzuspüren ist. Ich bin ganz cool! Ich bin ganz cool! wiederholt sich Lisa und weiß doch, daß sie sich vollügt. Ich muß ihn finden, ich werde ihn finden, FF, den Hotelbesitzer, FF, der den Teddy mitnahm . . .
Die Denkbarbeit beginnt: Ist er im Stroganoff? Nein. Bei dieser Babsi? Nein. Ist er abgetaucht in einem Dreißigtonner *on the road again?* Eine Eingebung aus ihren tiefsten Tiefen macht Lisa hellsichtig wie ein Medium. Es gibt nur einen Ort, der echte Zuflucht für FF bedeutet.
Lisa sieht auf die Uhr, zwanzig Minuten seit Anja weg ist. Es ist spät, aber die Nacht ist noch lang. Lisa stürmt los, nimmt keinen Mantel, keine Jacke. Im BMW flitzt sie durch die nächtliche Stadt in Richtung Garmisch, schießt über die Autobahn. Ihre Nerven jubeln: endlich positiver Streß, endlich Aktion!
Bei der Ausfahrt Seeshaupt mit jaulenden Reifen in die Kurven, kreischende Bremsen. Lisa reißt den Wagen nach links, jagt die Landstraße entlang, über die kurvenreiche Piste, nach rechts, nach links, bergauf, bergab, mit aufgeblendeten Scheinwerfern durch die nächtliche Voralpenregion, unter einem Himmel, an dem die Wolken jagen und mit dem halben Mond Verstecken spielen.
Bei Kirchham links rein und dann im Wald über den

unbefestigten Holzweg. Ihr Herz beginnt ganz unprogrammgemäß zu klopfen bis in den Hals. An der bestimmten Stelle bei der bestimmten Baumgruppe biegt sie ein, fährt mit Karacho auf die Waldlichtung, daß die schlafenden Hühner aufschrecken, hysterisch gackern. Als sie die Autotür öffnet, hört sie schon die Mundharmonika.

Sie steigt in das Moos und die Wurzeln. Die Mundharmonika verstummt nicht, während sie, mit Augenmerk auf Wurzeln und Mulden, durch das wechselnde Hell und Dunkel über die Lichtung auf die Musik zugeht. Nein, die Melodie verstärkt sich, die Töne zittern, powern, kehren das Innerste nach außen, Gefühl und Leidenschaft kommen auf den Schallwellen daher, treffen Lisa ins Zentrum.

Als erstes schimmern das weiße T-Shirt und die magisch gehängten, bleichen Tierschädel vor den Umrissen der Hütte auf. Der jagende Wind am Himmel fegt die Wolken weg, in der momentanen Helligkeit sieht sie FF auf der Bank vor der Hütte, wie er bläst und nicht aufhört und sie herankommen läßt, bis sie ganz nah ist. Als sie vor ihm steht, sich zu ihm niederbeugt, nimmt er endlich die Mundharmonika von den Lippen, ihre Augen treffen sich im diffusen Licht, ihre Augen sagen ihnen: Ich kann ohne dich nicht leben!

FF legt die Mundharmonika zur Seite, faßt nach ihr, zieht sie neben sich auf die Bank, sagt »Leisa!« mit gefühlsbeladener Stimme, und küßt sie küßt sie küßt sie, die geglaubt hatte, sie würde nie wieder geküßt werden von ihm.

Als sie nach den Küssen atemlos die nächtliche Waldluft

eingesaugt haben, bittet Lisa: »Komm nach Hause. Wir haben viel Arbeit.«

Was für eine Liebeserklärung!

Und: »Du bist Hotelbesitzer. Du hast einen Hotelbau geerbt, in Leipzig, von deiner Mutter.«

FF läßt ein verächtliches Lächeln raus. »Da hauts dich glatt vom Sockel! Nochn tödlicher Schrottladen!«

Er steht auf von der Bank, nimmt Abstand und bekennt, was ihm nicht leicht über die Lippen geht: »Ich sag dir mal was, Leisa: ich kann nicht leben ohne dich. Und ich kann, verdammtnochmal, nicht leben mit dir. Es haut nicht hin. Es paßt nicht zusammen.«

Lisa wird heftig: »Ich will nicht verzichten, ich will dich haben, ich brauche dich. Alles andere ist egal.«

»Ich habe dich zum Absturz gebracht. Das wirst du nicht so einfach vergessen. Verdammt, ich weiß es: Wir müssen uns trennen.«

Lisa rennt in die Hütte: Django soll helfen, Django ist weise, Django weiß Rat.

Django hockt auf seinem Schemel am prasselnden Feuer, die Pfeife mit qualmendem Kraut im Mund, über dem nackten Oberkörper die Lederweste, indianische Amulette im Brustfell, er sieht auf von der Schildkröte, die er gerade mit Perlen auf ein Lederstück stickt, er blickt gar nicht erstaunt, mit wohlgefälligem Blick auf Lisa, deren Pailettenkleid im Feuerschein schillert, genau wie ihre Augen vor Zorn und Verzweiflung.

Der Hund zu Djangos Füßen begrüßt Lisa mit freudigem Jaulen und schlapperndem Ohr. Lisa geht in die Knie, vergräbt ihr Gesicht anlehnungsbedürftig in dem weichen Nackenfell.

Django schmunzelt in seinen schwarzen Krausbart beim Anblick dieses Melodrams, und er grinst über FFs wiederaufgenommenes Mundharmonikaspiel, das durch die offene Tür dringt: es klingt zornig, aufmüpfig, ungestüm und voller Leidenschaft. Wenn zwei zusammengehören, dann diese Zwei, die so im Aufprall gestrandet sind mit ihren Gefühlen: sie beim wedelnden Hund und er bei wutentbrannter Musik. Lisa blickt hoch zu Django: »Sprich eine Zauberformel, Django, mit der ich den Puma halten kann.« Django pafft, läßt Zeit verstreichen, ehe er antwortet: »Es gibt keine Zauberformel, Leisa«, er steht auf, ein Bär, der mit Masse und Wucht die Hütte sprengt, »aber es gibt ein gutes Mittel, die Magennerven zu beruhigen: Rührei mit Pilzen!«

Lisa ist geschockt und enttäuscht von dem profanen Vorschlag, aber er ist schon gegangen, bringt aus dem Vorratsstadl fünfzehn frische Eier und einen Korb voll Waldpilzen und holt seine altgediente Eisenpfanne. Lisa muß die Eier in eine Riesenschüssel schlagen und schaumig verrühren. Django putzt die Pilze, und um die Arbeit schmackhaft zu machen, gibt es einen Wurzelschnaps, und noch einen, und Lisa schüttelt sich bei soviel Bitterkeit.

Die Musik von draußen verliert die Wut und den Zorn, wird zu Blues, traurig, einsam und verzweifelt, und hört ganz auf, als der Duft von frisch gebratenen Eiern und Pilzen vor die Hütte dringt.

Als die Eisenpfanne mit Eisenrost auf dem grob gezimmerten Hüttentisch steht und sich zu den Eiern und Pilzen der frische, scharfe Geruch von eben geschnitte-

nem Schnittlauch beimischt, erscheint im Türrahmen FF, erledigt, ausgepunktet, gestrandet, hungrig.
Beim Essen und beim Wurzelschnaps lösen sich die Zungen, sie erzählen Django alles, was passiert ist, was sie gewagt haben, was schief ging, sie gestehen Fehler ein, FF verflucht seine Eigenmächtigkeit, Lisa ihr Wunschdenken, er schimpft über ihr *Abrakadabra*, sie verwünscht sein *hier-und-da* und *weg-und-zurück*, sie hat nie Essen im Kühlschrank, er hinterläßt ein Chaos, wo er geht und steht, er wirft ihr vor, daß sie versucht hat, ihn umzufunktionieren zum Roboter, sie attackiert ihn wegen des fünf-Millionen-Wagnis-Kredits, sie wirft ihm Eifersucht vor, er wirft ihr Eifersucht vor, beide fühlen sich schuldig am Herzinfarkt von Dr. Mangold, beide bekennen ihre Schwächen, ihre Irrtümer, bekennen ihre Liebe.
Django braucht keine weisen Sprüche aufzutischen, die zwei haben mit ihrer großen Beichte reinen Tisch gemacht, Platz für einen Neuanfang geschaffen.
Django holt seine Gitarre, seine Pranke greift in die Saiten, er beginnt zu singen mit seinem abgründigen Baß. FF fällt mit befreiter Seele ein, in hochtouriger Gaucho-Stimmlage, sie singen das Lied *vom Leben, das zu leben lohnt*. Ein Lied mit vielen Strophen, von vielen Dingen, die einen am Kopf treffen, daß du denkst, es lohnt sich nicht mehr.

»Du bist es manchmal nicht gewohnt,
daß Leben sich zu leben lohnt ...«

Sie lachen beim Singen und FF steckt seine Mundharmonika in die Jeanstasche, nimmt seine Leisa und schwenkt die schöne Leisa im Tanz, denn es ist doch immer noch

ihr Geburtstag! Er tanzt mit ihr zur Hüttentür, sagt auf die schnelle »Servus« zu Django, zieht Lisa mit hinaus, zu seinem verschlammten Motorrad, will ihr den Sturzhelm aufsetzen.
Aber Lisa läuft zurück zu Django, der in der Hüttentür steht, sie umarmt den Faun, greift in das Fell auf seinen nackten Armen, blickt ihm in seine Augen, küßt ihn sogar und sagt: »Danke, Django, danke für das Rührei mit Pilzen!«
Django läßt sich die spontane Aktion mit Wohlbehagen gefallen: die High-Tech-Queen an seinem Hals! Er nimmt eines von den Amuletten, die an seinem Nacken baumeln, hängt es Lisa um, faßt sie bei den nackten Schultern: »Es wird dich stark machen!«
FF brettert auf dem Motorrad über die Lichtung, stoppt mit knatterndem Auspuff vor der Hüttentür, ruft ungeduldig: »Leisa! Steig auf!« Lisa stülpt den Sturzhelm über, will aufsteigen, er hält sie zurück, zieht seine Bomberjacke aus. »Zieh an!« Sie kriecht in die riesige Jacke, die nach FF riecht, sieht sich wie mit Blitzlicht: Absurd im Paillettenkleid mit Sturzhelm und Bomberjacke! Beim Hochziehen vom Reißverschluß fühlt sie in der Bomberjacke den eingequetschten Teddy. Da werden ihr die Augen naß.
Sie sitzt auf, klammert sich an FF, um ihn nie wieder loszulassen. Dann brettern sie los mit tanzenden Scheinwerfern, mit Geknalle und Gestank über die Waldlichtung, auf dem dunklen Holzweg durch den Wald, unter den jagenden Wolken um den halben Mond über Land, am bewaldeten Seeufer entlang und bergauf und links vorbei am Bauernhof und dann auf den schottrigen,

abschüssigen Kuhweg. FF stoppt das Motorrad, ein warmer Luftstrom bläst sie an. Unter ihnen der See, ihr See! Schwäne auf bewegten Wellen, unter einem dramatisch unruhigen Himmel.
FF läßt die Maschine bergab rollen, in die Ortschaft, abwärts bis zum Seeweg, bis zu dem versteckten Bootshaus hinter den dichten Bäumen. Sie klettern über den Querholzzaun, gehen gegen den warmen Luftstrom auf den Bootssteg hinaus bis zum Ende. Die Wellen klatschen gegen die Pfosten und bespritzen sie, der Wind fährt ihnen in die Haare. FF winkelt seinen Arm um den Stegpfosten, umfaßt mit dem anderen Lisa, unter der Bomberjacke. Und weil FF FF ist, macht er den Rückenverschluß von ihrem Partykleid auf und findet das speziell geliebte Speckröllchen in der Taille.
Eine plötzlich Windbö springt sie an, Lisas kurzer, gekrauster Rock weht heftig um ihre Beine. Und noch eine heftige Windbö, sie klammern sich am Stegpfosten und aneinander fest. Der Wind wird immer wilder, sprunghafter, ein Föhnsturm kommt auf, mit Luftströmen aus Afrika, fegt den Himmel frei, läßt den auf einmal doppelt hellen Halbmond in den heranströmenden Wellen tanzen, macht aus dem frischgefallenen Schnee auf den oberen Bergspitzen eine grellweiße Zakkenlinie am Horizont. Die Schwäne suchen das Ufer auf, Lisa und FF rennen vom Steg und werfen sich ins weiche, warme Moos am Ufer.
Sie lachen und kämpfen im Wind um jedes Kleidungsstück, das sie ablegen, suchen Steine zum Beschweren, Lisas Paillettenkleid flattert an einen Baum, macht dort fest wie auf den Bügel gehängt. Endlich liegen sie in

nackter Umschlingung im Wind im Moos. Nein, sie sind nicht Neptun und Nymphe, sie sind Mann und Frau. FF will Lisa nicht mit Tricks und Wassersprüngen verführen, er will sie lieben, nur lieben . . . ohne Wenn-und-Aber, ohne Dies-und-Das, stark in dem Gefühl, daß einer ohne den anderen nichts ist, nichts kann, nichts fühlt, nicht lebt. Es ist das Hier und Jetzt, das Du und Ich, das Wir, was zählt. Lisa öffnet ihre Augen beim Liebesakt, sieht die Rose tanzen. FFs Augen verfangen sich an dem zwischen rosiges Weiberfleisch gequetschten Amulett.
Diese Nacht ist ihre Nacht, sie denken nicht an morgen . . .

Epilog

Wer für morgen sorgt, das sind in der Holbeinstraße im Cockpit die elektronischen Hausgeister, die keine Freizeit kennen, und keine Liebesstunden, die treu ergeben rund um die Uhr schuften, solange sie unter Strom sind.
Was Lisa und FF zur Stunde nicht wissen und sie auch überhaupt nicht interessiert, das meldet bereits die Elektronik: Ein *Fax* informiert mit Pfeifton, daß da einer ein Hotel kaufen will, in Leipzig, ein Immobilienkönig, geboten sind fünf Millionen Mark . . .
Aus dem Anrufbeantworter quäkt die Message einer Miß Wang-Pi, daß da eine Agentur sei, von Frauen gemanagt, die dreitausend Lady-PC bestellt haben, aus dem Kakadu-Projekt.

Das Liebespaar am See wird das noch früh genug erfahren. Diese Nacht ist ihre Nacht. Sie lassen sich durchpeitschen bis ins Mark vom warmen Föhnsturm, lassen sich vollpudern vom rötlichen Wüstenstaub, der über die Alpen geblasen wird, schmecken den Sand der Sahara zwischen den Zähnen, lassen sich vollspritzen von den klatschenden Wellen, lassen sich wegtragen von der eigenen Leidenschaft, nackt den kosmischen Elementen ausgesetzt, eins mit der Natur.
»Heute nacht werde ich schwanger«, sagt Lisa.
Und FF lacht glücklich und angefeuert, er ruft den Schwänen zu: »Heute nacht wird sie schwanger!!«
Und wie eine Liebesformel verspricht er ihr ins Ohr: »Dann besuch ich ein Windel-Wickel-Seminar!«